역사의 아웃사이더

윤종영

1936년 경기도 출생, 인천고등학교 졸업, 연세대학교 사학과 졸업,
연세대학교 교육대학원 졸업, 국사편찬위원회 연구관, 교육부 역사담당 편수관(1980~1992),
명지대학교 강사, 무악실학회 회장, KBS 학교방송·사회교육방송 역사방송 담당,
교육부 교육과정·교과서 편찬심의위원, 국립문화재연구소 문화재안내문 감수위원,
전 서울 금천고등학교 교장, 현재 한국문명학회 회장, 국민훈장 석류장 수상(1987)
논저 | 『한국교과 교육과정의 변천』(공저) 『국사 교육과정 해설』(공저) 『한국 편수사 연구』(공저)
『빛을 남긴 사람들』 「국사교과서 파동」 「한국 개국기의 대청관계 변화에 대한 연구」 「역사 교육의 과제」 등

역사의 아웃사이더

윤 종 영 지음

초판 1쇄 인쇄 · 2006년 2월 21일
초판 1쇄 발행 · 2006년 2월 25일
발행처 · 도서출판 혜안
발행인 · 오일주
등록번호 · 제22-471호
등록일자 · 1993년 7월 30일
주소 · ㉾ 121-836 서울시 마포구 서교동 326-26번지 102호
전화 · 3141-3711~12 | 팩시밀리 3141-3710
이메일 · hyeanpub@hanmail.net

값 12,000 원

ISBN 89-8494-264-2 03910

역사의 아웃사이더

윤 종 영 지음

혜안

필자가 지금까지 살아오면서 인연을 맺은 지역이 여러 곳이지만 이 중에서 서강西江(서울), 강화도江華島(인천시), 수락산水落山(경기도) 세 곳은 특별한 곳으로 들고 싶다.

서강은 부근에 있는 연세대학교를 다니면서 첫 인연을 맺은 이래 이 곳에서 근 40여 년을 살며 인생의 황금기를 보낸 곳이다. 필자가 살던 곳은 한강이 내려다보이는 와우산 밑, 조선시대 광흥창 터 부근으로 서강의 심장부였다. 이러한 인연으로 필자는 호를 서강으로 하였다. 강화도는 초등학교 수학여행 때 첫 인연을 맺은 이래 6·25전쟁 중 첫 피난지, 사회의 첫 출발지, 한국사 연구의 첫 답사지 등 뜻 깊은 인연을 가지고 있다. 특히 필자는 문교부 역사편수관으로 있으면서 초등학교 학생들이 한국사를 체계적으로 배우는 첫 걸음으로서 강화도를 선정하였고, 이것이 교과서에 수록됨으로써 필자와의 인연이 더욱 깊어졌다. 이러한 인연으로 필자는 이 곳을 제2의 고향처럼 생각하고 기회 있을 때마다 찾곤 한다.

수락산은 1970년대에 우연하게 찾았다가 이 산의 풍광에 반해 자주 찾게 되었고, 뒤에는 이 곳과 인연이 깊은 서계 박세당을 그리워하여 찾게 되었다. 처음에는 등산 횟수에 무관심했는데 뒤에 재미 삼아 횟수를 셈해 보니 거의 1000회에 육박하고 있다.

최근 필자는 강화도와 수락산을 중심으로 해서 이 곳과 관련이 있는 역사를 밝혀 그 인연을 더욱 깊게 하였다. 강화도에서는 이 곳의 사상 학문을 상징하는 강화학파를, 이 곳의 호국적인 정체성을 상징하는 삼별초 항쟁을, 조선시대 왕족의 유배지로서의 정치적인 질곡을 상징하는 광해군을 선정하였다. 수락산에서는 이 곳과 인연이 깊은 초기 실학을 상징하는 서계 박세당을 선정하였다. 이 지역과 관련된 역사적 사건이나 인물에 대한 이 연구들은 해당 지역의 역사성을 밝히는 것도 중요하지만 그보다도 이를 통해 한국사의 전체 모습에 쉽게 접근하고 이해할 수 있게 하는 데 더 의미를 두었다. 그리고 이 주제들은 당시의 정치·사상·학문 주류에서는 제외되었지만 뒤에 이것들이 우리 역사에 끼친 영향을 더듬어보면서 우리가 받아들일 역사적인 교훈을 되새겨보았다. 또 여기에 등장하는 역사적인 인물과의 시공을 초월한 만남을 통해 당시 시대상이나 역사적인 실체를 재미있고 쉽게 이해하도록 하였다.

필자는 이들 지역관련사에서 우리나라 역사에서 이민족의 침입과 이에 대한 민족적인 대응 과정, 특히 대외정책에서의 명분론과 현실적인 실리론 등의 허실을 살펴보았다. 또 조선시대의 교조적이고 폐쇄적인 성리학풍에 도전하여 사상과 학문의 다양성을 추구한 조선후기의 국학 연구와 실학의 생성 및 발전의 실체를 더듬어 보면서 조선 후기에 심화되어 간 정치적 혼돈과 각 정파가 추구한 정책의 성격 등을 규명해 보았다. 특히 강화학파와 실학과의 연계성, 삼별초의 출항지, 삼별초의 진도항쟁 및 탐라 함락 과정, 광해군의 죄상 문제 등을 새롭게 규명하여 보았다.

여기에 수록된 일부 글은 한국문명학회의 학술지인 『문명연지』에 연재되었던 글이고 일부는 새로운 글로 꾸몄다. 필자는 이 책을 내면서 이 책이 이 분야나 또 이 지역에 관심 있는 분들에게 안내서 역할을 하였으면 하는 자그마한 기대를 갖는다.

끝으로 나의 사랑하는 안해 홍종남과 아이들에게 깊은 고마움을 전하고 이 책의 출판을 기꺼이 맡아준 혜안 출판사의 오일주 사장과 편집사원 여러분에게 깊은 사의를 표한다.

글 싣는 차례

삼별초를 따라

<u>01</u> 강화도

여몽전쟁麗蒙戰爭과 강도江都

나와 강화도의 인연은 매우 깊다. 내가 처음 강화도를 찾은 것은 1947년 가을, 강화도 전등사로 초등학교 수학여행을 온 때로 기억된다. 그 후 여러 가지 인연으로 강화도를 자주 찾게 되어 이제 강화도는 나에게 제2의 고향처럼 되어 있다. 더욱이 1980년대, 내가 문교부 역사편수관으로 있으면서 초등학교 학생들이 우리 역사에 체계적으로 접근할 수 있는 주제로서 강화도를 선정하고 이를 사회과 교과서에 단원화시킴으로써 나와의 인연은 더욱 깊어졌다.

강화도를 주제로 삼았던 것은 이 곳이 선사시대부터 근·현대에 이르

강화대교

기까지 우리의 역사가 압축·투영된 곳이고 이와 관련된 많은 역사적 유물·유적이 남아 있어 우리 역사 전체를 흥미롭고 쉽고 체계있게 배울 수 있기 때문이다. 이 단원을 설정한 이후 관계학자나 관심있는 인사들로부터 긍정적인 호응을 많이 얻었다.

2002년, 고려의 대외전쟁 관련 소설을 쓰고 있는 강화 출신 언론인 구종서 박사로부터 삼별초 관련 유적지 답사를 제의 받고 강화도를 다시 찾았다.

나는 강화도 대교 앞에서 차를 내려 새로운 눈으로 해협 건너 강화를 바라보며 700여 년 전, 몽골군에 맞서 싸운 당시의 모습을 그려보았다.

몽골은 고려에 잘 알려지지 않았던 생소한 나라였다. 통일 이전에는 여러 부족들이 몽골 고원의 초원지대에서 가축떼와 어울려 유목생활을 하며 목초지를 놓고 오랜 동안 쟁탈을 벌이면서 부족들 간에 이합집산離

14

合集散을 계속하였다. 그러던 중 12세기 말, 몽골 부족에 테무진鐵木眞이라는 영웅이 나타나 몽골의 여러 부족을 통일하고(1206년) 몽골제국을 이루었다. 이후 몽골제국은 주변 국가들을 침략해 나가면서 정복사업을 활발히 전개하여 영토를 크게 확장하여 뒤에는 동서양을 아우르는 대제국으로 성장하였다.

고려가 몽골제국에 대한 정보를 들은 것은 여진인 포선만노蒲鮮萬奴가 세운 동진국東眞國을 통해서였으나, 직접적인 접촉은 고종 6년(1219), 금나라에 속해 있던 거란족이 반란을 일으켰다가 몽골군에 쫓겨 고려로 침입하면서부터였다. 거란족들은 고려에 들어와 서경 부근의 강동성江東城에 웅거하며 이 곳을 본거지로 삼으려 했다. 이에 고려는 이들을 뒤쫓아온 몽골군과 연합하여 거란족을 격파하고 강동성을 회복하였다. 이 때 고려군을 이끌었던 조충·김취려 장군과 몽골군 원수인 합진이 만나 형제의 맹약을 맺음으로써 공식적인 외교관계가 성립되었다.

몽골은 고려에 대해 강동성 회복의 은혜를 내세워 많은 공물을 요구하였다. 고려로서는 이들의 지나친 요구와 횡포에 경제적인 부담이 컸고 민족적 자존심에도 크게 상처를 받아 이를 계속 수용하기 어려웠다. 이러한 와중에 고종 12년(1232), 몽골 사신 저고여著古與가 피살되는 돌발사건이 발생하여 양국 관계는 국교 단절이라는 최악의 사태를 맞게 되었다.

저고여는 고려에 사신으로 와서 오만불손하게 처신하여 고려 상하로부터 미움을 산 인물로, 귀로에 압록강 부근에서 습격을 받고 살해되었다. 저고여 살해는 고려와 몽골 간의 불화를 바라던 여진족 등의 생존을 위한 행위였다고 볼 수 있다. 몽골로서는 중국 대륙을 정복하기 위해 어떻게든 고려를 복속시킬 필요가 있었고, 따라서 이 사건을 전쟁의 명분으로 활용하였다.

당시 몽골군의 전력과 전술은 어떠하였을까. 몽골족들은 땅은 척박하고 대륙성 기후로 추위와 더위가 교체되는 어려운 조건 속에서 목축업을 생업으로 삼아 말 등이나 천막에서 생활하는 기마족이었기 때문에 어려운 환경에 대한 적응력이 뛰어난 훌륭한 투사형 전사들이었다. 그래서 몽골병은 보병이 전혀 없는 기병으로 구성되었다. 이들은 갑옷 대신 양가죽 등으로 만든 가죽 상의를 입고 방패도 일부 선두부대만 사용하였다. 이들은 갈고리 달린 창, 끝이 뾰족한 칼, 말 등에서 쉽게 사용할 수 있는 활 등과 허리에 부착하는 도끼 등 다양한 공격형 무기로 무장했다. 또한 각자 말 사료인 꼴망테와 훈제된 고기, 응유凝乳 등의 기본 식량을 소지하였으므로 보급부대의 동반없이 전쟁을 수행할 수 있는 능력과 말 잔등에서 며칠씩 쉬지 않고 잠자며 행군할 수 있는 능력을 가진, 당시로는 세계 최고의 기동력과 전투력을 가진 군대였다.

몽골군의 전술은 공격 목표가 결정되면 밤낮없이 신속하게 행군, 목표 지점 부근에 집결하여 적이 방어진을 구축하기 전에 기습 공격을 하는 것이다. 만약 기습이 실패하면 적의 측면을 돌아 포위하거나 후퇴하는 척하는 기만전술을 쓰면서 부채꼴형으로 산개하여 적의 측면을 공격하였다. 이들 부대는 5열 횡대로 대형의 움직임은 낮에는 깃발 신호, 밤에는 등불 신호로 통제 지휘되었고 이에 맞추어 최고의 전투 훈련이 되어 있었다.

몽골군은 전쟁에서 심리전을 이용하여 성공적인 결과를 얻곤 하였다. 성을 공격할 때는 적군이 볼 수 있는 지근 거리에 일단의 전투기병부대를 파견, 성을 직접 공격하지 않고 성을 싸고 돌며 성민들을 불안감에 빠뜨렸다. 그러다가 성이 극도의 공황에 빠지게 되면 기습적으로 공격하여 성을 함락시켰고 공격 전에 항복하지 않고 저항한 성의 백성들은 잔인하게 살해하였다. 이러한 전술은 상당한 효과를 얻어 몽골군이 중앙아시아를 거쳐 유럽을 원정할 때 많은 성들이 몽골군의 항복 통첩을 받으면 전쟁을 포기하고 항복하곤 하였다.

이러한 몽골군과 맞선 고려군의 방어전술은 어떠하였을까.

우리나라는 예로부터 북방 유목민족과의 오랜 접촉과 전쟁을 통해 유목민족의 전술을 익숙히 알고 있었기에 이에 대한 효과적인 방어전술을 갖고 있었다. 우리 민족은 험난한 산악과 협소한 도로, 강과 해협 등과 같은 자연적인 장애물을 이용하여 유목민족 기마병의 장기인 기동력을 둔화시키고, 대군으로 정면 대결을 펼치기보다는 험난한 산성에 의지하여 그들의 기마전술이 별로 힘을 발휘하지 못하도록 하면서 힘이 약화되기를 기다린 후, 대규모 병력을 동원하여 정면 대결하여 격파하는 전술을 사용하였다.

고려도 몽골의 침입에 대비하여 유목민족에 대한 전래의 전술에 의거, 산성을 수축하고 각 지방 단위로 군비를 정비하는 등 어느 정도 전쟁 준비를 하였지만 당시 고려 중앙정부의 정치상황으로 완벽한 대비책을 강구하지 못하였다.

당시의 고려는 국가의 모든 권력이 최씨 2대 무인집정자인 최우崔瑀에 집중되어 있었다. 최우는 고종 6년(1219), 1대 집정자인 그의 부친 최충헌이 사망한 후 권력을 승계하여 초기에는 주변으로부터 많은 도전을 받았으나, 오히려 부친보다 뛰어난 정치적 역량을 발휘하여 도전 세력을 제압하고 곧 정치적으로 안정을 되찾았다. 더욱이 그는 이규보·진화 등을 포섭하여 무신정권의 최대 반대세력인 문인세력을 아우르는 데 성공하였을 뿐 아니라, 조계종을 적극적으로 후원하여 무신정권과 불편한 관계였던 교종 대신에 선종과 연결하여 불교계와 화의하는 데 성공하였다. 이로써 의종 24년(1170), 정중부의 무신란으로 시작한 무신정권의 역사 가운데 국내외적으로 가장 안정된 전성기를 맞이하게 되었다. 몽골군은 이렇게 비교적 안정된 고려에 침입하였다. 그런데 고려 중앙정부는 이 전쟁에 왜 완벽하게 대비를 하지 못한 것일까.

가장 중요한 원인은 무신정권이라는 특수한 정치 상황으로 인한 중앙군의 약화에서 찾을 수 있다. 물론 무신란 이전부터 고려의 군사제도는 붕괴되기 시작하였고 이것이 바로 무신란의 한 원인이 되기도 하였지만, 무신란 이후 무신들이 정권 유지를 위해 행한 사병私兵 양성은 이 같은 흐름을 더욱 가속화시켰다. 여기에 중앙군인 2군 6위를 대신할 수 있는 방대한 사병군의 경우, 무신집정자들이 자신들의 세력 약화를 우려하여 전쟁에 투입하는 것을 기피하였다. 이러다 보니 전쟁 준비가 철저하게 이루질 수 없었고 대부분의 대몽전쟁은 대거란 전쟁에서 보았던 대규모의 중앙군 중심의 방어전이 아닌 소규모의 지방군 중심으로 이루어졌다.

고려는 평화시에도 중앙 상비군으로 4만 5천 정도의 병력을 유지하면서 일단 유사시 30만 중앙군을 동원할 수 있는 군사편제를 가지고 있었으나, 몽골이 침략할 당시에는 이러한 체제가 완전히 무너진 상태였다. 이에 따라 각 지방은 지방군인 주현군州縣軍과 그 지방의 토호, 농민, 천민 들이 성에 웅거하면서 몽골군을 상대로 방어전을 전개해야 했다. 이러한 어려운 여건 속에서도 방어전에 동원된 고려군의 사기는 왕성하여 몽골과의 오랜 전쟁기간 동안 여러 차례 승리를 얻어내고 자기 고장을 훌륭히 지켜내곤 하였다.

몽골군의 첫 침입은 고종 18년(1231) 8월, 살리타撒禮塔가 이끄는 대군이 압록강을 건너오면서 시작되었다. 몽골군은 함신진咸新鎭(의주)을 필두로 평안도와 황해도에 있는 여러 성을 공격하면서 점차 개경을 압박해 들어왔다. 이러한 몽골군의 공격에 고려군은 도처에서 결사적인 항전을 벌이며 침입군을 궁지에 몰아넣곤 하였다. 특히 귀주성龜州城에서는 서북면도병마사 박서 장군이 몽골군의 거듭되는 맹렬한 공격을 성공적으로 물리쳐 몽골군에게 큰 타격을 주었다. 결국 몽골군은 성에 대한 공격을 포기하고 우회하여 남하하였다. 몽골군이 수도인 개경 부근에 도달하고 그 별동부대가 한강 이남지역까지 남하하자, 고려의 최씨정권은 몽골의 요구를 받아들이고 강화를 맺었다.

몽골군은 다음 해 1월에 철수하면서 서경을 비롯한 서북면 지방의 14개 성에 72명의 다루가치達魯化赤(몽골이 점령지역에 주재시키는 민정감독관)를 남겨놓았다. 몽골과의 전쟁이 끝나고 몽골군은 철수하였지만 몽골의 행패는 심하였다. 이들은 수달피水獺皮 수천 장과 왕족, 귀족들의 자손(동남童男·동녀童女) 500명 그리고 기술자 수백 명 등 과다한 공물을 요구할 뿐 아니라 공물의 과다함을 호소하는 고려 사신들을 압송하는 등의 행동을 자행하여 고려 군관민을 격분시켰다. 특히 개경에 머물던 다루가치의 최고책임자인 도단都旦의 오만불손한 행동은 몽골에 대한 적개심을 불러일으켜 고려정부가 개전을 결심하게 하는 데 중요한 배경이 되었다.

고려는 재추회의宰樞會議 등 국정최고 회의를 연일 열어 대책을 논의하였다. 몽골과의 전쟁을 피할 수 없다는 점에 대해서는 대체로 의견이 모아졌지만, 전쟁을 수행하는 방법을 놓고는 의견이 분분하였다. 한 편에서는 수도를 사수하면서 항전하자고 했고, 다른 한 편은 해도로 수도를 옮기고 항전하자고 하면서 팽팽히 맞서 쉽게 결론이 나지 않았다. 이에 당시 최고의 집권자인 최우가 서울을 강화도로 옮기고 몽골에 항전하는 쪽으로 결론을 냈다.

강화도는 육지와 좁은 해협을 사이에 두고 위치한다. 따라서 그러한 위치가 전쟁에 절대적으로 유리한 배경이 되어준다고 할 수 없겠지만, 몽골군은 원래 바다에 매우 미숙했을 뿐만 아니라 바다에 대해 생태적인 두려움을 안고 있었기 때문에 상당히 유효하였다. 더욱이 강화도의 주위 바다는 조석간만의 차가 크고 해협은 조수의 흐름이 빠르고 사나운 파도가 쳐 방어기지로는 최적의 섬이었다. 게다가 개경뿐만 아니라 육지와도 가깝고 한강, 임진강, 예성강의 하류로 전국의 조운漕運과 수로가 잘 연결되어 있어 전쟁을 수행하는 데 분명 유리한 기지가 될 수 있었다.

최우는 고종 19년(1232) 6월, 강화도 천도를 선언하고 몽골과 국교를 끊었다. 그리고 국내에 머물고 있던 다루가치들을 잡아죽여 전쟁에 대한 의지를 내외에 표시하였다. 당시 개경주민은 10만 명 정도 되었던 것으로 추산되는데, 정부를 따라 강화도로 피난한 사람은 왕족이나 귀족을 제외하면 그리 많지 않았다. 남아 있는 개경 주민뿐 아니라 대부분의 백성들은 정부의 지시에 따라 산성이나 섬으로 들어가 전쟁을 맞았다. 이런 것을 입보入保정책이라고 하는데, 고려의 대몽전쟁에서는 가장 주요한 전략이었다. 기병을 중심으로 하는 몽골군의 전략을 분쇄시키는 데는 이것이 최선의 선택이었다고 할 수 있겠으나, 이로 인해 백성들이 받아야 할 피해와 고통은 실로 엄청난 것이었다.

고려는 강화도로 천도한 후 곧, 궁궐과 관아를 짓고(1234년 완성) 해변에는 외성을 쌓고 궁궐 주변에는 내성을 쌓아 몽골과의 장기전에 대비하였다. 고려의 궁궐인 연경궁은 현존하는 강화성 북문 아래에 위치하였고(사적 제133호) 그 부근 일대가 중앙정부의 관청가를 이루고

강화산성. 고려가 강화 천도후 지은 도성 가운데 내성에 해당하는 산성이다. 원래 흙성이었으나 조선 숙종 때 석성으로 쌓았다.

있었을 것이다. 나중에 조선시대에도 이 곳은 강화도의 중심지로서 강화 유수부가 위치하였다.

고려가 전쟁을 선포하자 몽골은 그 해 살리타撒禮塔를 주장으로 한 대규모 군대를 동원하여 고려를 침략하였다. 몽골은 강·온 정책을 병행하여 침략군을 남하시키면서, 한편으로 사자를 강화도에 파견하여 고려정부에게 개경으로 환도할 것을 요구하는 등 평화적인 교섭을 진행하였다. 그러나 고려는 몽골군에게 먼저 철군할 것을 요구하였기 때문에 회담은 지지부진하였다. 이에 살리타는 주력군을 한강 이남으로 이동시켜 지금의 용인시 남사면에 위치한 처인성處仁城을 공격하였다. 처인성은 언덕에 의지하여 쌓은 작은 토성으로, 일반 양민이 아닌 부곡이라고 부르는 천민들의 집단 거주지역이었다. 결국 몽골군과의 싸움에서 주축을 이룬 것은 이 부곡민인 천민들이었고, 이들의 결사적인 항전에 몽골군

황량한 고려궁지. 남아 있는 당시의 건물이 없어 추측만 해볼 수 있을 뿐이다.

은 궁지에 몰렸다. 더욱이 몽골군의 최고사령관인 살리타가 이 곳에서 고려군의 승장僧將 김윤후(자현원自峴院의 주지)에게 사살 당하면서 몽골 군은 개전 이래 최대의 굴욕적인 패전을 맛보고 황급히 철수하였다. 그 뒤 몽골은 중국의 금金나라와 송宋나라를 토멸하는 일에 매달리게 되어 고려에 대한 공격의 끈을 잠시 늦추었으나, 대륙문제가 어느 정도 해결되자 고려에 대한 공격을 재개하였다.

고종 22년(1235) 세 번째로 고려를 침략한 몽골군은 당고唐古를 주장으 로 삼아 약 5년 동안 고려의 전 국토를 유린하였으나, 도처에서 고려군의 용감한 저항을 받고 고전하다 결국 철수하였다. 이 뒤에도 몽골군은 고려와 강화를 맺는 고종 46년(1259)까지 수차례에 걸쳐 침입하여 고려에 엄청난 피해를 주었다.

물론 이 전쟁에서 고려만이 일방적으로 피해를 본 것은 아니었다. 오랜 여몽전쟁 기간 중에 고려군도 도처에서 몽골군에게 심대한 타격을 입혀 이들에게 패배의 아픔을 맛보게 하였다. 특히 1차 침입 때 귀주성·자주성 싸움, 2차 침입 때 광주전투와 처인성 싸움, 4차 침입 때 죽주성 싸움, 5차 침입 때 충주성 싸움, 6차 침입 때 진주성 싸움과 충주성 전투 등에서 고려군관민은 대승을 거두었다.

이 밖에도 고려는 각 지역에서 소수의 병력으로 지방민과 함께 밤을 이용하여 적에게 기습공격을 가하는 게릴라전을 통해 몽골군에 큰 피해를 주었다. 여몽전쟁의 와중에 얻은 이러한 승리들은 강화도 중앙정부의 성공적인 전략에 힘입은 것도 있지만, 그보다는 내 고장 내 나라를 지키겠다는 온 국민의 강력한 애국심이 원동력이 되었다. 더욱이 농민, 노비, 소·부곡민 등 평화시에 사회적으로 별로 대접받지 못한 하층민의 적극적인 참여가 가장 큰 힘이 되었다고 볼 수 있다.

오랜 여몽전쟁 과정 중에 고려 국내에는 큰 정치적인 변화가 일어났다. 대몽항전에서 강경파로서 전쟁을 이끌어 온 최씨 무신정권이 몰락한 것이다. 전쟁 초기의 집권자인 최우가 고종 36년(1249)에 집권 30년 만에 죽고 최항이 그 뒤를 이었으나 그도 고종 44년(1257) 집권 8년 만에 사망하고, 그 뒤를 최의가 이었다.

최의는 전쟁 상태의 국정을 이끌 만한 인물이 못 되었다. 이로 인해 민심이 최씨정권에 등을 돌리고 정국이 혼란해지자 고종 45년, 문신 유경 대사성大司成, 무신 김인준 별장別將, 임연 낭장郎將 등이 최의를 죽이고 정권을 왕에게 환원시켜 오랜만에 왕정복고가 이루어졌다. 대몽 강경파인 최씨 정권이 몰락하자 강화파인 문신들의 주장에 따라 다음 해인 고종 46년, 몽골의 요구를 받아들여 강화를 체결하였다.

그러나 무신들은 문신들에게 그렇게 쉽게 정권을 넘겨주지 않았다. 정변의 실질적 주체였던 무신 김준(김인준 개명)과 임연 등은 문신 유경을 내몰고 정권을 장악하여 무신정치를 계속하면서 몽골과의 강화에 제동을 걸었다. 거기에다 무신들 사이에 내분이 일어나 김준을 내몰고 새로운 실력자로 뛰어오른 임연은 몽골과의 강화에 노골적으로 반대하였다.

문제는 고려왕실이 과거의 왕실이 아니었다는 점이다. 몽골과의 강화를 통해 고려왕실은 몽골왕실과 유대를 맺고 있었고, 이 때문에 무신집권자는 전처럼 전횡을 하기 어려웠다. 더욱이 원종은 원나라의 세조와 특별한 유대를 갖고 있어서 몽골로부터 크게 비호를 받고 있었다. 고려왕실은 생존을 위한 방편으로 몽골과의 강화에 집착하였고, 반대로 무신들은 자신의 정권을 유지하기 위하여 대몽 강경책을 고집할 수밖에 없었다.

임연은 한때 친몽정책을 고집하던 원종을 내쫓고 안경공安慶公 창을 왕으로 올렸다. 그러나 몽골의 강력한 항의와 위협 때문에 어쩔 수 없이 다시 원종을 복위시켜야 했다. 이 사건은 몽골을 등에 업고 강력해진 고려왕실의 정치적 입지와, 반대로 약화된 무신정권의 입지를 잘 보여주는 것이라 하겠다.

삼별초의 봉기와 별립산

삼별초는 여몽전쟁 중에 강화도 방어와 대몽항전에 주도적인 역할을 한 좌별초左別抄, 우별초右別抄, 신의별초神義別抄를 아울러 부르는 이름이다. 원래 최우가 집권한 초기인 고종 초반에 혼란한 개경 치안을 담당하기 위하여 야별초夜別抄라는 경찰부대를 창설한 것이 처음이다. 그 뒤에

야별초가 개경뿐 아니라 전국의 치안을 담당하는 부대로 성장하면서 기구와 인원이 확대되자 이를 좌별초와 우별초로 나누어 편성하였다. 그러다가 여몽전쟁이 일어나 대몽골전에서 선도적인 역할을 할 부대가 필요해지게 되자, 몽골에 포로로 붙잡혀 갔다가 탈출하였거나 가족이 몽골에 피해를 보아 몽골에 대한 적개심이 강한 장정을 뽑아 신의별초라는 특수부대를 만들고 이를 기존의 좌·우별초와 함께 삼별초라고 부르게 되었다. 따라서 이 부대는 원래 관군인 국군으로 사병이 아니지만 창설자인 당시 집권자인 최우의 특별한 비호를 받으며 점차 최씨정권을 옹위하는 정치색 짙은 성격의 부대가 되었다.

삼별초군은 강화도 천도 이후 최씨정권뿐 아니라 최씨 몰락 이후에도 김준, 임연 등 역대 무신집권자의 세력 기반이 되었다. 또 이 부대는 대몽골전쟁 중에 강화도 방어전뿐 아니라 전국 각지에서 혁혁한 전과를 올려 여·몽 양국 모두에게 서로 다른 입장에서 관심의 대상이 되었다. 고려 입장에서 삼별초는 대몽전쟁의 승리를 위하여 더욱 강화하여야 할 대상이었고, 몽골군의 입장에서는 고려 정복을 위하여 가장 먼저 격파하여야 할 대상이었다.

친몽적인 원종은 대몽 강경파인 무신 집권자 임연과 국왕폐립 사건 이후 극한 갈등을 빚다가 몽골의 세조가 국왕 폐립사건의 진상을 조사하기 위하여 원종·임연·안경공 창을 소환하자 이를 핑계 삼아 몽골로 들어갔다. 원종은 이 기회를 이용하여 몽골의 옹호를 받으며 고려에서 실권을 회복하고자 하였다. 이에 원종은 세자와 몽골 공주와의 혼인을 청하며 임연을 제거하기 위한 몽골군의 파병을 요청하였다.

이 요청을 받은 몽골은 대병력을 고려로 파병하였고, 원종은 이 몽골군의 호위를 받으며 귀국길에 올랐다. 원종의 속뜻을 알아차린 강도의 임연은 몽골과의 전쟁을 선언하고 종전과 같이 전국에 관리를 파견하여 산성과 해도로 입보入保하여 항전토록 하였다. 그런데 이처럼 긴박한 정국을 이끌어 나가던 임연이 병을 얻어 급사하고 그 아들 임유무가 전권을 이어받았다. 임유무는 나이도 어리고 경륜도 부족하여 이 난국을 헤쳐나갈 만한 능력이 부족하였다.

한편 원종은 귀국길에 사신을 강도로 보내 문무관료를 비롯하여 모든 백성들에게 개경으로 환도하라는 명령을 내렸다. 임유무는 왕명을 거부하기로 결심하고 삼별초를 교동에 배치한 후 전국에 대몽항전을 선언하였다. 그러나 이 때는 최우가 대몽항전을 선언하였을 때와는 국내외 정세가 판이하게 달라져 있었다. 임유무의 정치적 기반은 취약하였을 뿐 아니라 고려왕실이 몽골의 강력한 지원을 받으며 몽골 편에 서서 항전에 강한 제동을 걸었기 때문에 고려 전체가 분열되어 가고 있었던 것이다. 더욱이 임씨 무신정권 내부에도 분열이 일어나 임유무가 살해당하고 왕실이 100여 년 만에 권력을 회복하므로 자연히 항몽세력은 정권에서 물러나게 되었다. 이에 조정에서는 왕명을 받아 재추회의를 열고 강화도에서 개경으로의 환도를 결정, 이를 내외에 고시하였다.

여몽간의 강화 성립은 무신 중심의 항전파와 왕실·문신 중심의 강화파와의 오랜 대결에서 강화파 즉 문신들이 거둔 승리요, 무신정권의 종언이었다고 볼 수 있다. 이러한 조정 결정을 둘러싸고 문신과 무신들은 이해관계를 달리하여 상당한 차이를 보였지만 대체로 오랜 피난 생활을 청산하고 고향으로 돌아가는 것이기에 반기는 사람이 많았다. 그러나 이 조치는 몽골에 대한 굴욕적인 굴복을 의미하였기 때문에 반대하는 분위기도 적지 않았다. 특히 항몽전에서 주역으로 활동한 삼별초군은 이 결정에 강하게 반발하였다.

삼별초의 불온한 분위기가 개경에 전해지자 원종은 원종 11년(1270), 사람을 보내 이들을 달래보려 했지만 뜻을 이루지 못했다. 그러자 이번에는 태도를 바꾸어 장군 김지저를 강화도로 파견하여 삼별초의 해산을 명령하고 삼별초군의 명단을 가져오게 하였다. 왕의 이 같은 처사는 강한 항몽의식으로 뭉친 삼별초군에게 왕실에 대한 반감을 높이고 동시에 위기감을 불러일으켰다.

삼별초는 왕의 명령을 거부하고 그 해 6월 1일, 장군 배중손, 야별초지유夜別抄指諭 노영희의 지휘하에 봉기하였다. 강화도에서 개경으로의 천도에 반대한 이들은 강화도를 봉쇄한 후, 이 곳에 와 있던 몽골 사신과 친몽골적 인사를 처단하고 몽골과의 항전을 선언하였다. 삼별초는 당시 강도 무장부대의 중추 세력이었고 다른 친왕적인 무장부대가 없었기 때문에 아무런 저항 없이 쉽게 강화도를 점령할 수 있었다.

이들은 우선 강화도 해안을 봉쇄하여 친몽세력의 침입과 조정 관료들의 개경으로의 탈출을 막고, 개경에 있는 원종과의 절연을 선언하였다. 그리고 왕족인 승화후承化候 온溫을 새로이 왕으로 추대하고 관부에 새로운 관료를 임명, 새 정부를 구성하였다. 이러한 급속한 움직임을 보건대, 현존하는 기록은 없지만 몽골과의 강화 이후를 대비하여 사전에 나름대로 계획을 세우고 있었던 것으로 보인다. 그리고 이 계획에 따라 사태에 대응하여 조직적으로 일을 추진한 것이 아닌가 생각된다.

삼별초 봉기를 이끈 배중손·노영희·유존혁·김통정·이문경 등의 출신 성분이나 경력에 대해서는 별다른 기록이 남아 있지 않다. 그러나 『고려사』 등 일부 기록을 통해 유추해 보면, 고려시대의 대부분의 무장들처럼 명문집안이 아닌 농민 출신으로 탁월한 능력과 재능을 인정받아 장군급의 고위 장성으로 입신하고 뚜렷한 소신과 국가관을 가지고 있었

외포리 앞바다

던 것으로 보인다. 이들이 왕(황제)으로 추대한 승화후 온은 문종의 동생 평양공平壤公 기基의 직계후손으로, 평양공 기가 역모사건에 연류되어 승화후 온을 비롯한 후손들이 여러 어려움을 겪었기에 쉽게 삼별초 정부의 수반을 맡게 된 것으로 생각된다.

강화도에서는 당시의 모습을 엿볼 수 있는 흔적이 하나도 없으나, 지금의 강화읍 고려궁지가 있는 관청가에는 삼별초의 지휘부가 설치되고 이 곳에서 모든 일이 추진되었던 것으로 보인다. 그리고 삼별초군은 강화읍을 중심으로 개성 남단인 개풍군 대성면 대안인 송해면 철산리, 하점면 창후리 일대, 연백군 해성면 대안인 교동면 해안, 내가면 외포리 일대 등에 포진하였을 것이다.

그러나 강화도 전 해안을 완전히 봉쇄할 수는 없었고, 따라서 이번 사태에 불안을 느낀 일부 군관민이 강화를 탈출하는 것을 막기에는 역부족이었다. 게다가 삼별초의 봉기 소식을 접한 개경정부가 곧 진압부

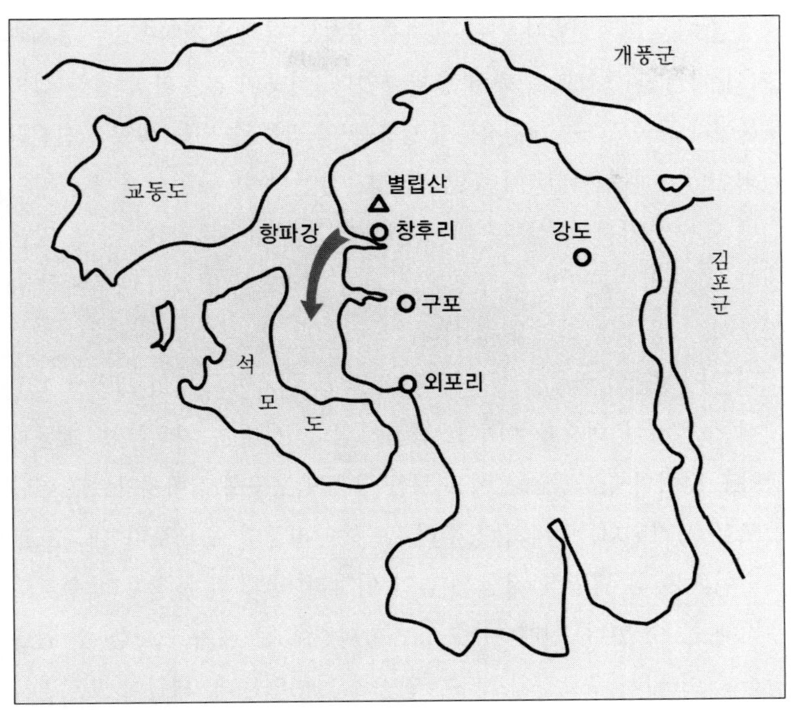

삼별초 지휘부의 출발지

대를 파견할 것이라는 소문이 돌면서, 개경에서 가까운 강화에 그대로
머물러 있기가 어려웠다. 이에 따라 강화도에서 근거지를 옮기자는
쪽으로 의견이 모아져, 새로운 근거지로 진도를 선정하고 봉기 이틀
후인 6월 3일 남행을 단행하였다. 극히 단시일 내에 이러한 결정이
내려질 수 있었던 것은 강도 천도 이후 여러 차례에 걸쳐 보다 안전한
섬으로 천도하자는 논의가 이루어졌고 이와 관련하여 구체적인 계획이
마련되어 있었기에 가능하였을 것이다. 즉 삼별초 수뇌부는 이미 사전에
이러한 일들을 예상하고 봉기 이전부터 준비작업을 진행하고 있었고,
단시일 내에 쉽게 실행에 옮긴 것으로 보인다.

삼별초는 모든 선박과 인원, 물자를 강화도 서해안 지역으로 이동시키고 이 지역을 중심으로 해서 출발하였다. 이곳이 본토와 인접한 섬의 북쪽이나 동쪽보다는 개경정부의 방해를 덜 받을 수 있는 비교적 안전한 지역이었기 때문이다. 이 곳은 석모도(삼산면)와 교동도에 둘러싸인 천혜의 수군기지로, 삼별초가 봉기하기 전부터 여몽전쟁 중에 많은 전함, 조운선, 민간어선 등과 많은 물자가 집결되어 있었기 때문에 출발지로서 가장 적합하였을 것이다.

이들은 지금의 별립산 서쪽 창후리로부터 내가면 구포리 해안선 곳곳에서 승선하여 대오를 이루고 남하하였다. 삼별초 지휘부는 교동과 강화도 사이의 항파강缸破江에 위치한 창후리 포구에서 마지막으로 떠난 것으로 생각된다. 당시의 창후리 포구는 지금의 포구보다 내륙으로 깊숙이 들어와 별립산 정남향 밑인 이강리 앞의 현재 창후리 수로로 추리해 볼 수 있다. 원래 이 수로는 항파강에 큰 배가 드나들 수 있을 만큼 폭이 넓은 수로라기보다는 일종의 만이었는데, 세월이 흐르면서 점차 토사가 쌓이고 농경지로 잠식되어 작은 수로로 변하였다. 최근에는 하구에 수문을 설치하여 담수를 저장하는 저수지로 바뀌어 버렸기 때문에 당시 모습을 떠올리기는 어렵게 되었다.

창후리 포구는 강화도 서해안 군항 가운데 강도에서 평지로 가장 가까운 거리에 있고 삼별초의 주둔지인 교동도와의 교통요지였다. 그뿐만 아니라 여기에는 강화도 서해안 일대를 조망할 수 있는 별립산別立山이 있어, 지휘부를 이 곳으로 이동시키고 별립산에 통제부를 설치하여 남행을 지휘하며 모든 물자와 병력을 승선시킨 후 마지막으로 지휘부가 이 곳을 떠났을 것이다. 『고려사』에 낭장郎將 윤길보 등이 "부락산浮落山에 올라 삼별초군의 남행을 내려다보고 위세를 올렸다."라고 하는 대목이 나오는데 이 글에서 언급된 부락산이 바로 별립산일 것이다. 이 부근에서 삼별초의 남행 모습을 전체적으로 조망할 수 있는 곳으로는 별립산 외에는 없기 때문이다. 그리고 이 산이 서해에서 떠내려와[浮落] 여기에 자리를 잡았다는 이야기가 전승되어 내려오는 것으로 미루어도, 별립산이 부락산과 같은 산임을 알 수 있다. 더욱이 삼별초는 제주도의 최후 본거지를 항파두성缸破頭城이라고 불렀는데, 아마도 자신들의 강화도 출발점이었던 항파강을 기리기 위하여 그런 이름을 붙이지 않았는가 추측된다. 물론 일설에는 삼별초 최후의 지도자인 김통정이 교동 출신이어서 그런 이름을 붙였다는 이야기도 있으나, 어떻든 항파강과 삼별초 지휘부가 중요한 관련을 갖고 있었던 것만은 확실하다 하겠다. 구포仇浦에 대해서는, 내가면 구포리라고 보고 이 곳을 지휘부의 출발지로 보는 견해도 있으나 앞서 제시한 여러 가지 정황으로 미루어 별립산 밑인 창후리로 보는 쪽이 옳다고 생각된다.

당시 삼별초군이 동원한 선박은 병선, 조운선, 어선으로 다양하였다. 여몽전쟁은 주로 육전이 중심이 되었기 때문에 특별히 수군 육성에 주력하지는 않았다. 그러다 보니 강화도에 있던 선박들도 병선보다는 조운선과 수송선 쪽이 많았다.

당시의 군선 수가 어느 정도 되었는지는 정확히 알 수 없으나 여말의 군선 수와 관련된 기사를 보면, 공민왕 23년 7월 최영 장군이 '목호牧胡의 작폐作弊'를 토벌하기 위해 제주도 원정에 나섰을 때 동원한 전함이 314척으로 되어 있다. 이는 최대 규모라 할 수 있겠는데, 물론 모두가 전함은 아니고 병력 수송선이 대부분이었을 것이다. 왜구의 출몰이 잦아져 수군을 대거 확충한 우왕 6년에 최영 장군이 해도도통사海島都統使로서 전함이 100척밖에 안 된다고 하는 기록 등이 이 같은 예측을 가능케

해준다. 그렇다면 삼별초가 남행할 당시에는 전함이 50척 내외였을 것이고, 나머지는 관선인 조운선과 병력수송선 그리고 민간 수송선과 어선 등이었을 것이다.

당시의 조운선은 벼 1천 섬을 실을 수 있는 초마선哨馬船이었는데 전국의 해창이 60여 척을 보유하고 있었다. 아마 이 곳에 집결한 조운선은 50척 내외였을 것이고 그 밖에는 대체로 벼 300섬 정도를 운반할 수 있는 군용 수송선과 민간 선박, 어선 등이었을 것이다.

삼별초의 남행에 동원된 함선 수는 당시 기록에는 1000여 척으로 나와 있는데, 역시 정확한 기록이라고는 보기 어렵다. 앞에서 지적한 바와 같이 전함 50척에 내외 조운선 50척 내외, 그리고 군용선 수송선과 민간선박이 500~600척 정도였다고 보는 게 타당하지 않을까 생각한다.

어쨌든 이 정도 규모의 선단이었다면 거기에는 엄청난 인원과 물자가 적재되었을 것이다. 승선 인원은 삼별초군과 동조세력 그리고 개경으로 출륙하지 못한 양반관료와 그 가족들 및 출륙한 양반관료들의 잔류 가족들이 인질로 채워졌고, 적재된 물자도 조세미租稅米와 강도江都 공사公私 소유의 많은 귀중품들이었다.

나는 삼별초 출발지역을 한눈에 볼 수 있는 별립산(높이 399.8m)에 올라 "구포仇浦로부터 항파강缸破江까지 배 머리와 배 꼬리가 서로 접하여 무려 1천 척이나 되었다."라고 삼별초군의 출발 모습을 기록한 『고려사』 구절을 되새기며 산 위에서 강화도 서해안 일대를 내려다보았다. 출발의 중심지였던 하점면 창후리, 망월리, 내가면 구하리 등지는 현재 개간사업으로 해안선이 바다 쪽으로 많이 나가 고려시대 포구로서의 자취를 찾아볼 수 없게 되었지만, 당시 서해안 일대 곳곳에서 남행을 준비하고 결행하던 모습을 그려보기에는 충분하였다.

삼별초 지휘부의 출발지인 찰후리 앞바다

  이 곳에 통제부를 설치하고 1천 척에 달하는 거대한 함선군의 움직임을 지휘한 당시 삼별초의 수뇌부의 흔적도 찾아보기는 했는데, 지금은 산 정상에 레이다 기지가 설치되어 있어 역시 당시의 자취를 찾기란 어려웠다.

  삼별초군의 남행길은 구체적으로 기록된 것이 없으나 해상로에 밝은 조운선이 선도하고, 대체로 지방의 조창에서 강화도에 이르는 조운로漕運路를 따랐을 것으로 보인다. 강화도에서 인천 월미도, 영종도 사이를 지나 영흥도 옆으로 하여 당진 대난지도 서방을 거쳐 서산 안흥진 서방으로 하여 보령 원산도 남방을 거쳐 서천 연도 동방, 옥구 계화도 서방, 영광 위도 동방, 영광 법성진 서방을 거쳐 무안 지도, 임자도 사이로 하여 무안 자라도 동방으로 진도에 이르렀을 것이다.

  삼별초군의 남행은, 6월 3일 강화도에서 출발하여 그 해 8월 19일 진도에 도착하여 70여 일이 소요되었다. 이렇게 시일이 많이 소요된 것은 우선 항해한 서해안이 전형적인 침강 해안지대로서 해저의 기복이 심한데다 조류 간만의 차가 심하여 항해에 어려움이 많았기 때문이다. 거기에다 이들이 항해한 6, 7, 8월은 1년 중 가장 풍랑이 심하여 선박 운행이 어려운 시기로, 이 때는 조운선 운행까지 삼갔기 때문에 풍랑을 피하여 자주 포구에 머물렀을 것이다. 또한 일행 가운데에는 노약자와 부녀자가 많이 포함되어 있었기 때문에 이들의 건강을 위해 육지에 상륙시켜 머무르게 한 것 등도 중요한 이유가 되었을 것이다. 그뿐만이 아니다. 이들은 조창이 있는 곳에 들러 보관된 곡식을 아우르고 항로 부근의 관아를 공략하여 군졸들을 흡수하면서 남하하였기 때문에 시일이 많이 소요될 수밖에 없었다. 이 같은 과정을 거치면서 인적·물적 자원을 충원·보충하면서 내부 조직도 정비하여 진도에 도착할 때에는 거의 완벽한 국가체제를 이루고 있었다.

개경정부는 이러한 삼별초군의 남행에 대해 신속하고 강경하게 대응하지 못하였다. 우선 개경정부는 삼별초군을 제압할 정도의 군사력을 갖추지 못한 상태였다. 뿐만 아니라 정부 관료들도 많은 수가 아직 개경에 복귀하지 못한 상태였고 게다가 일부는 삼별초군과 함께 남행하는 바람에 정부 기능이 거의 마비되었기 때문이다.

개경정부는 삼별초군이 남하한 지 10일이 지나서야 김방경 장군을 역적추토사逆賊追討使로 임명하여 추격하게 하였다. 그러나 김방경이 추격군으로 이끈 개경정부군이라야 60명에 지나지 않을 정도로 미미하여 몽골군 1천 명을 지원받아 남으로 내려왔다. 이들은 영흥도에서 삼별초군과 맞닥뜨렸지만 삼별초군의 위력에 눌려 별다른 공격도 해보지 못했다. 이후에도 군사력을 갖추지 못한 개경정부는 삼별초군의 남하에 대해 적극적인 군사행동을 하지 못했고, 이러한 이유로 삼별초군은 별다른 방해 없이 진도까지 무사히 남하할 수 있었다.

<u>02</u> 진도

진도정부와 용장산성

오랜만에 몇몇 지우와 함께 진도를 찾았다. 출발에 앞서 국사편찬위원회의 소개로 진도 향토조사위원인 박명석 씨와 연결되어 그의 안내를 받기로 하였다. 우리 일행은 목포에서 자동차로 진도대교를 건너 진도읍에 여장을 풀고 박명석 씨를 앞세워 본격적인 삼별초 답사길에 올랐다.

답사는 삼별초 상륙지, 궁성터 및 산성, 여몽연합군의 상륙지 및 격전지, 승화 온의 무덤, 삼별초군의 제주도 출발지 등의 순서로 진행하였다. 진도는 강화도에 비해 삼별초군의 유적과 이와 관련된 많은 이야기가 남아 있어 당시 모습을 쉽게 머리 속에 그려볼 수 있었다.

삼별초군은 70여 일의 항해 끝에 1270년 8월 19일, 종착지인 진도에 도착하여 지금의 벽파진碧波津에 상륙하였다. 이들이 종착지로 진도를 선택한 이유는 여러 가지일 것이나, 가장 중요한 것은 진도가 남해와 서해를 연결하는 교통의 요지였기 때문에 이 곳을 장악하면 영·호남지역의 조운로를 통제할 수 있을 뿐 아니라 경상도와 전라도 일대에 강력한 영향력을 미칠 수 있다는 계산 때문이었다.

후에 충무공이 명량해전에 승리하여 이 곳을 장악, 왜군의 수륙병진책을 무산시켜 임란을 승리로 이끌었는데, 이 곳의 지리적인 중요성을 다시 한 번 생각하게 한다. 물론 이 밖에도 이 곳에 최씨 무신집권자의 개인 농장이 있어 삼별초 지휘자들이 익숙했다는 점도 하나의 이유가 될 것이다.

삼별초군은 진도에 들어와 당시 읍성인 용장성龍藏城(현 진도군 군내면 용장리)을 서울로 삼고 제반 시설을 갖추어 나갔다. 이 곳에는 전부터

완성까지 많은 인력과 시간이 소요된 진도 용장성

지방 관아와 용장사라는 사찰 등이 있어 이들 건물들을 사용하면서 궁성 및 관청 건물들을 빠른 시일 내에 축조해 나갔다. 그러면서 적의 침입에 대비하고 도성의 위용을 갖추기 위하여 용장산성 축조에 착수하였다. 이 성은 주봉인 선황봉仙隍峰을 기점으로 주위의 능선을 따라 돌로 쌓은 상당 규모의 석성石城으로, 완성에는 많은 인력과 시간이 소요되었던 것으로 생각된다.

이들은 짧은 기간 동안에 강도에 필적할 만한 웅장한 서울을 건설하였다. 이것이 가능하였던 것은 진도를 비롯한 인근 지역주민의 적극적인 호응과 삼별초 정부가 이들을 동원할 수 있는 정치적·경제적인 힘을 가지고 있었기 때문이다.

나는 용장산성 안의 궁성터(사적126호)를 밟으며 터 위에 세워졌던 궁성 모습을 그려보았다. 궁성터의 규모는 지금 강화도의 고려 궁궐터가 도시 가운데 위치하여 많은 변화가 있었음을 감안하더라도 강도에 비해 규모나 짜임새가 훨씬 돋보였다. 현재는 7천여 평의 면적에 9층의 계단식 대지와 석축만 남아 있으나 피난정부의 초라하고 옹색한 궁성이라기보다 흥성하는 신흥국가의 궁성 모습을 연상시킨다. 나는 궁성터와 그 주변을 돌아보며 옛날 어렸을 때 보았던 개성의 만월대를 떠올렸다. 송악산을 뒤로 두고 양 옆으로 산세를 두른 가운데 몇 개의 석축 계단만 남아 있던 만월대 궁궐터와 비교하면, 규모는 그에 미치지 못해도 주변 경관이나 궁궐터에서 상당한 비슷하다는 느낌을 받은 것은 지나친 비약

36

위에서 내려다본 용장산성 내의 궁성터

일까. 아마 삼별초 수뇌부는 그들이 그리워하던 만월대와 개경을 염두에 두고 새로운 궁궐터를 선정하고 그것을 모델로 해서 궁성을 축조하였을 것으로 추정되는데, 실제로 그럴 가능성이 크다.

삼별초의 진도정부는 자주성을 훼손시킨 개경정부를 대신한 고려의 정통정부正統政府임을 자임하고 몽골과 대등한 자주독립국가라는 것을 자처하였다. 이들은 국왕 대신 황제라는 칭호를 사용하고 몽골의 연호를 사용하지 않는 등, 개경정부와의 차별성을 강하게 드러냈다.

한편 진도정부는 진도 인근의 전라도·경상도 지역 지방 관아에 황제의 명의로 제지帝旨를 보내고 귀속 여하와 조세의 납부를 명하였다. 대부분의 이 지역 지방관리들은 진도정부의 명령에 따라 귀부하였고 귀부하지 않은 관리들은 진도정부를 지지하는 백성들에게 축출 당하거나 살해 당하였다. 물론 삼별초 정부는 지방관아들 가운데 자신들을 지지하지 않을 경우 군대를 파견해서 이들을 토벌·소탕하고 그 곳에 관리를 파견하여 세력권을 확대시켜 나갔다.

특히 삼별초 정부는 활발한 해상활동을 통해 남해안의 대부분의 섬을 장악하였다. 이들은 진도를 거점으로 삼아 남해도, 거제도, 완도를 점령하고 이 곳에 군대를 주둔시켜 경상도와 전라도 일대를 제압하였다. 남해도에는 유존혁 장군을, 완도에는 송징 장군을 주재시켜 이 지역을 통치하게 하고 이 곳을 부근지역의 근거지로 삼았다.

삼별초 정부는 진도가 육지에서 가까운 작은 섬이라는 취약점을 보완할 수 있는 배후 근거지를 확보하기 위해 제주도 원정까지 단행하였다. 당시 제주도는 고려정부가 해상에서 삼별초군의 활동을 견제할 수 있고 중국과 일본을 연결하는 해상교통의 요충이었고, 몽골 입장에서는 그들이 계획하고 있는 일본원정을 위한 가장 긴요한 전략요충지였다. 그래서 개경정부는 삼별초 정부가 진도에 정착하자 제주도를 방어하기 위해 영암부사 김수를 파견하였으나 곧 세가 미약하다고 판단하여 고여림 장군에게 천여 명의 병사를 주어 방어하게 하였다.

삼별초 정부는 그 해 11월 3일, 장군 이문경의 지휘 아래 제주도 명월포明月浦에 상륙하여 교묘한 전술로 방어군을 교란시키면서 이들을 격파하고 제주도를 점령하였다. 이로써 삼별초 정부는 진도에 자리잡은 지 6·7개월 만에 진도를 중심으로 하여 내륙으로는 영호남 지역과 남해안, 서남해 연안 도서를 포괄하는 해상 세력권을 형성하였다.

진도정부의 이 같은 세력확장은 삼별초 봉기가 항몽적인 성격이 강하기도 했지만 체제개혁적인 성향이 강했기 때문에 유망 농민이나 노비 같은 소외계층인 하층민들로부터 적극적인 지지를 받을 수 있었던 것이 중요한 바탕이 되었을 것이다. 진도정부는 대외적으로도 고려의 정통정부를 표방하고 독자적인 외교활동을 전개하였다. 이들은 강력한 몽골군과 개경정부에 대응하기 위하여 원종 12년(1271)에 일본에 사신을 파견하여 대몽연합전선의 구축을 제의하기도 하였다. 즉 일본에 외교문서를 보내 조만간 몽골이 일본 원정에 나서게 될 것임을 경고하고 이를 저지하기 위한 일본의 적극적인 지원과 협조를 요청하는 등 대몽전쟁을 위한 대외활동을 활발하게 벌였다.

이제 삼별초군이 강화도를 떠나 진도에 자리잡은 후 개경정부는 어떠한 대응조치를 취했는지 살펴보자. 개경정부는 삼별초군이 진도에 자리잡고 남해와 서해의 교통로를 차단시켜 조운을 끊었기 때문에 경제적으로 큰 타격을 받았다. 우리나라 최대의 곡창지대인 영·호남의 조세 수입이 두절되자 국가의 경제적 기반이 무너지게 되었고 삼별초 토벌은 국가존립을 위해 가장 시급한 문제가 되었다.

개경정부는 참정지사 신사전을 전라도 토적사討賊使로 삼아 전라도로 급파하였으나 나주까지 내려왔다가 삼별초군의 공격을 받고 개경으로 도망치고 말았다. 당시 이 지방의 분위기를 보면, 개경정부로부터의 병력 지원이 미미했던데다 지방민들이 진도정부에 대해 호의를 갖고 있었기 때문에 겁에 질린 많은 관원과 군인들이 대오를 이탈하여 개경으로 탈출하고 또 일부 잔류 관원들은 진도정부에 귀부하였다. 그 밖의 관원들도 개경정부를 도와 삼별초군과 싸우려는 의지를 갖고 있지 않았다.

이러한 분위기에 위기감을 느낀 개경정부는 9월, 김방경을 전라도 추토사追討使로 임명하고 본격적인 진도 공격에 나섰다. 김방경은 몽골 원수 아해阿海가 이끄는 몽골군과 연합해서 남하하여 진도가 건너다보이는 해남에 진을 구축하였다. 양군이 대치한 가운데를 흐르는 바다가 유명한 울돌목[鳴梁]이다. 울돌목은 강화도의 손돌목처럼 자라목같이 좁은 해협인데, 밀물과 썰물 때 조수가 좁은 해협을 통해 흘러가므로 물살이 빠르고(속도 9~11노트) 요란한 소리를 내어 공격보다 방어에 좋은 곳이었다. 정유재란 때 이순신 장군이 공격해오는 왜군을 거의 섬멸시켜 전세를 뒤바꿔놓은 곳도 바로 이 곳이다.

나는 벽파진의 이충무공 전적비에 올라 울돌목의 요란한 물소리를 들으며 부근에 포진하였던 삼별초군과 건너편 대안에 진을 구축한 여몽군을 그려보며 그 때의 전쟁 분위기를 떠올려보았다.『고려사』는 당시 삼별초군의 모습을 묘사하기를, 모든 전함에 괴상한 동물 모습을 그려넣고 배에는 수없이 많은 깃발을 꽂고 전투가 벌어지면 징소리, 북소리, 고함소리가 온 바다를 뒤덮었다고 한다. 지금은 당시 모습을 알려줄 유적이 거의 없으나 나를 안내하던 박명석 씨의 유창한 묘사에 힘입어 당시 양 진영의 모습과 전쟁 상황을 쉽게 유추해 볼 수 있었다.

당시 이 곳에 파견된 개경정부군은 삼별초군보다 전투력이나 사기, 장비 면에서 열세였을 뿐 아니라 주력군인 몽골군도 해전에 미숙하여 공격은커녕 삼별초군의 공격을 막아내는 데 급급한 형편이었다. 여몽연합군의 갈등으로 일시 파면되었던 김방경이 다시 부임하여 삼별초군에 대해 총공세를 펼쳤으나 오히려 삼별초군에게 대타격을 받고, 김방경은 포로가 될 위기까지 당할 정도로 패배를 맛보았다.

무력공격에 실패한 개경정부와 몽골은 진도정부에 대해 회유책을 쓰는 쪽으로 정책을 전환하였다. 먼저 박천주와 몽골 사신 두원외杜員外를 진도로 파견하여 귀순할 경우 어떤 불이익도 당하지 않을 것이라는 원종의 유지를 전달하였다. 이에 대해 진도정부는 사신은 맞아들이되, 몽골과의 직접적인 교섭을 내세워 회유를 거부하였다.

나는 이들 사신을 접대하였다는 벽파정 유지에 올라, 개경정부를 배제하고 몽골과의 직접적이고 대등한 교섭을 주장한 진도정부의 기개를 떠올려 보았다.

몽골은 직접 교섭을 주장하는 진도정부의 요구를 받아들여 홀도답아 忽都答兒를 파견해서 교섭을 맡게 하였다. 사실 진도정부의 본심은 몽골과의 화의보다는 시간을 벌어 국내외로 영향력을 확대하고 남부지역에 대한 지배권을 확고하게 구축하는 데 있었을 것이다. 진도정부는 이 교섭을 통해 개경정부 대신 자신들이 고려의 정통 정부임을 내외에 과시하여 대내적으로 내부 결속과 자신감을 다지게 된 것은 물론 영호남 지역의 관원과 주민들에게도 강한 신뢰감을 심어줄 수 있었다. 즉 대외적으로는 몽골과 대등한 국가로서 개경정부와의 차별성을 확인하고 독립성을 인정받는 외교적인 성과를 거둔 것이다. 어떻든 진도정부는 진도에 자리잡은 지 6개월이라는 단기간에 한반도 남부지역을 자신들의 영향권 안에 넣는 데 성공하였다.

진도정부의 최후와 남도진성

개경정부와 몽골은 회유책이 별다른 성과를 얻지 못하고 진도정부의 본심을 알게 되자 대대적이고 적극적인 공세에 나섰다. 정책 변화의 주된 이유는, 진도정부가 영·호남으로 지배권을 확대해 나가면서 개경정부가 정권의 존립 자체에 큰 위협을 느꼈고, 일본 원정을 계획하고 있던 몽골로서도 시급히 남해안을 확보할 필요가 있었기 때문이다. 더욱이 교섭기간을 전후하여 삼별초군이 남해 연안 곳곳에서 승리를 거두면서 전국적으로 여기에 호응하는 분위기가 고조되고, 심지어 개경에서까지 진도정부를 지지하는 봉기가 일어나자 위기감을 느낀 여몽 진영에서는 진도정부 공세에 총력을 기울이지 않으면 안 될 상황으로까지 내몰려 있었다.

여몽연합군은 그동안의 패배를 거울 삼아 자기들의 약점인 수군을 증강하고 병력을 증원하는 데 힘을 기울였다. 개경정부는 개경의 중앙군은 물론 전국적으로 병력을 징발하고, 전함도 증강하여 400여 척을 동원하였으며 몽골군 역시 대대적으로 증원군을 파병하였다. 반면 삼별초군은 계속된 승전에 고무되어 여몽군의 공세를 비교적 가볍게 생각하고 많은 병력을 인근 해역으로 출동시켜 진도 방어에서 많은 허점을 안게 되었던 것으로 보인다.

진도 공격에 나선 여몽연합군은 3군으로 편성되었는데, 지휘부는 중군으로 김방경과 몽장 흔도忻都, 좌군은 고려 출신 몽장 홍다구洪茶丘, 우군은 대장군 김석이 이끌었다. 공격시기는 여름과 장마가 시작되는 6월 이전으로 결정하여 기후의 제약없이 공격력을 최대한 살릴 수 있도록 하였다.

모든 준비가 끝나자 여몽연합군은 원종 12년(1271) 5월 15일, 진도정부에 대한 총공격에 나섰다. 공격군은 삼별초군을 기만하기 위하여 좌·우군을 숨기고 중군을 중심으로 벽파진을 공격하였다. 삼별초군은 여몽연합군의 위장전술에 속아 1차 공격 때와 같이 여몽군의 주공격지점을 벽파진으로 판단하고 모든 병력을 벽파진 방어에 집중시켰다.

삼별초 지휘부가 이렇게 쉽게 여몽연합군의 기만전술에 속은 것은 우선은 계속된 승리와 몽골의 회유책으로 적의 공격의도를 가볍게 생각하였기 때문이다. 또한 진도정부는 용장산성 봉우리에 있는 망루(군내면 용장리 주산 위의 속칭 '망바위')에서 진도 대안인 해남군 쪽을 내려다보며 적의 움직임을 쉽게 파악할 수 있었기 때문에 적의 공격 의도를 사전에 알 수 있다고 생각하였는데, 이를 잘 알고 있던 적이 오히려 이 점을 역이용한 것이다. 게다가 여몽군은 당시 최신예무기인 화포와

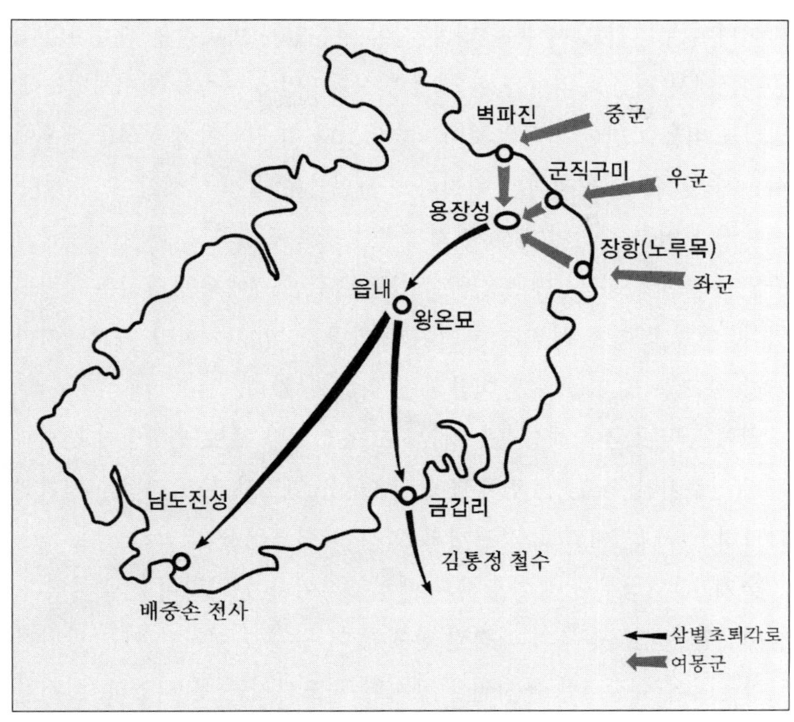

여몽연합군의 진도공략도

화창 등으로 무장하여 해전뿐 아니라 육전에서도 이전에 볼 수 없던 위력을 발휘하였다.

공격군 중군이 벽파진을 공격하여 공방전이 치열하게 전개되는 사이 본군 뒤에 숨어 있던 좌군은 기습적으로 방비가 허술한 장항獐項(노루목)으로 상륙하여 용장성을 우회하여 배후를 공격하였다. 우군은 군직구미軍直仇味(벽파진과 장항의 중간지점)에 상륙하여 용장성 동쪽으로 공격하였다.

배후에서 출현한 공격에 허를 찔린 삼별초군은 큰 혼란에 휩싸이면서 방어벽이 무너졌고 이 틈을 타 본진이 여유있게 벽파진에 상륙하였다. 공격군에서 최선봉 역할을 한 좌군의 상륙지인 노루목을 찾아보았는데, 당시를 떠올릴 만한 흔적은 보이지 않았으나 이 지역이 용장성을 배후에서 기습할 수 있는 최적의 위치라는 사실만은 쉽게 이해할 수 있었다. 홍다구가 이끈 좌군이 제일 먼저 용장성으로 진입하고, 곧이어 우군과 중군인 본진이 용장성에 도착하여 삼군의 협공 속에서 용장성은 함락되었다. 이렇게 쉽게 삼별초 본거지가 함락된 이유는 여러 가지겠지만 가장 주요한 요인들을 들어본다면 다음과 같다.

첫째, 삼별초군이 해상권을 장악하고는 있었다 해도, 연합군이 병력과 무기(신무기인 화포 등) 면에서 삼별초군을 압도하였고, 적정을 정확히 파악하고 세운 치밀한 작전계획 역시 삼별초군을 제압하였다.

둘째, 진도정부는 국가로서의 행정조직이나 통치력이 허술하였다. 남해연안은 진도정부의 세력권 안에 들어 있기는 했지만 이는 방만한 영향권이어서 강력한 통치권을 행사할 정도까지는 못 되었다. 이러한 연유로 조세 수납과 인원 동원 등에 허점이 많았고 국가기반도 그만큼 허약하였다.

셋째, 오랜 전쟁에 지친 국민들은 평화를 갈구하고 있었고 이에 진도정부에 대한 평민층의 지지가 약화되었다. 특히 진도정부의 일부 수뇌부까지 이 같은 분위기에 편승하여 몽골과 화의하고자 하는 움직임을 보이는 등 삼별초군의 결전의지가 약화되었다.

넷째, 삼별초군이 남천南遷을 단행할 당시 지지세력 외에도 반대진영에 속해 있던 인사나 가족들까지 대거 동반하였는데, 이들이 계속 진도정부에게 부담이 되고 전쟁 수행에 방해가 되었다. 또 이 가운데 일부는 여몽군과 내통하여 중요 정보를 제공하는 등 삼별초군의 허실이 적에게 노출되었다.

용장성이 함락되자 삼별초 지휘부는 자신들의 배후 거점인 제주도로 철수할 계획을 세운 것으로 생각된다. 정확한 기록은 보이지 않지만 용장성을 탈출한 삼별초군은 읍내까지 후퇴하여 여기서 부대를 양분한 후 일대는 배중손이 이끌고 적의 주력군을 유인하면서 남도포南桃浦(임회면臨淮面 남도리南桃里)로, 일대는 김통정이 왕온을 모시고 금갑항金甲港(의신면義新面 금갑리金甲里)으로 향한 것으로 추정된다.

궁정 요인들과 주력군을 거리가 가까운 금갑 쪽으로 후퇴시켜 해상을 통해 제주도로 빠르게 탈출할 수 있도록 배중손은 가능한 한 적을 남도성까지 유인하여 시간을 벌고자 하였을 것이다. 그러나 기마병을 중심으로 한 여몽군의 추격은 속도가 매우 빨라 금갑으로 향한 부대는 논수골에서 적에게 발견되어 대규모 전투를 벌였고, 이 때 왕온을 비롯한 많은 병사들이 전사했다고 한다.

이러한 혈전을 치르면서 김통정은 잔여 부대를 이끌고 금갑에서 해상으로 탈출하는 데 성공하였다. 배중손은 적과 계속 싸우며 남도진성에 도달하여 여기에서 최후의 항전을 벌이면서 좀더 많은 인원의 탈출을 기원하여 자신의 탈출은 포기하고 전사한 것으로 전해진다. 배중손의 죽음으로 진도정부는 남도진성南桃鎭城에서 막을 내린다.

일설에는 배중손이 진도 이후의 기록이 나오지 않는 점을 들어 여몽군의 공격이 있기 전에 몽골군과의 화의를 주장하다 항전파에게 숙청당하였다는 주장도 있으나, 당시 삼별초군에서 배중손이 차지하는 비중이나 여러 정황으로 보건대 신빙성이 없는 것으로 생각된다.

의신면 일대의 삼별초군 항전지와 제주도 출항지를 찾아 박명석 씨의 설명을 들으면서 한곳 한곳을 차례로 더듬으며 이 곳에 얽힌 역사의

왕온의 무덤. 추정이라 분명하지는 않다.

혼적을 눈여겨보고 시공을 초월하여 당시 모습을 그려보았다. 속칭 '왕무덤재'라 알려진 산마루 길가에 왕온의 죽음을 추모하기 위해 이 곳을 지나는 지방민들이 한개 한개 쌓아올렸다는 돌더미를 보며, 그의 죽음을 애통해한 백성들의 심정을 읽어보았다.

산등성이 너머의 왕온 무덤(의신면 침계리)이라고 전승되어 오는 무덤을 찾았다. 무덤에 참배하면서 그 진위를 떠나 왕온 무덤이라고 믿고 지금까지 이를 지켜온 민초들의 마음을 보았다. 의신면 돈지리 들판에서는 당시 전사자들의 집단 매장지로 전래되어 오는 속칭 '떼무덤'이라는 곳을 보았지만 역시 당시를 회상할 만한 혼적은 보이지 않았다.

왕온의 죽음을 목격한 비빈들과 후퇴하는 삼별초군에서 떨어진 가족들이 의신면에 있는 우항천牛項川에 투신 자살하였다고 전승되어 오는 속칭 '여기급창女妓及唱두멍'이 있다. 이 곳 사람들은 이것을 백제 패망 때의 애사를 간직한 낙화암에 비유하는데, 대부분 매립되어 당시 모습을 연상하기에는 미흡하였다.

그렇지만 지금도 비오는 밤에는 이 곳에서 여인의 한 서린 울음소리가 들린다고 하는데, 이는 단순한 환청이라기보다 지방민들의 옛 역사에 대한 애틋하고도 안타까운 마음을 보이는 것이라 생각하였다.

진도정부의 막을 내린 남도진성(임회면 남도리 사적 127호)을 찾았다.

이 성은 석성으로 뒤에 주산을 두고 좌·우 양편이 산으로 둘러싸인 천혜의 요새지일 뿐 아니라 전면의 바다도 멀리 조도, 독거군도 앞에 관도와 사자도가 막고 있어 폭풍우를 피할 수 있는 양항良港의 조건을 갖추고 있다.

우리를 안내한 박명석 씨가 이 곳을 지리풍수설의 도화부수로桃花浮水路라는 절경지라고 극찬하며, 조선왕조 때 수군 만호가 머무르며 왜구를 방어하는 요새지였다고 설명하였는데, 충분히 공감이 갔다. 성에 오르니 한참 복원공사가 진행중이었는데, 조심스럽게 성 위를 한바퀴 둘러보았다. 현존하는 성은 조선시대 것으로 보이나 고려시대에도 이 곳에 성이 있었던 것으로 보이며, 특히 진도정부는 이 곳을 제주도와 연결하는 군사·교통의 요충지로 삼아 성을 쌓고 진을 설치하였던 것으로 보인다.

이러한 연유로 배중손은 남도진성에 의지하여 적과 싸우면서 이 곳에 있던 군선을 이용하여 제주도로 탈출할 계획을 세웠던 것으로 생각된다. 그러나 배중손과 삼별초군은 해상과 해안 쪽이 먼저 여몽군에 유린되자 탈출을 포기하고 이 곳에서 가능한 한 적의 주력군을 붙잡아 두어 금갑포로 탈출한 삼별초군의 추격을 막으며 최후를 마쳤을 것이다.

나는 바닷가에서 성을 바라보며 이러한 배중손의 최후는 자신이 주도적으로 이룩한 진도정부에 맥맥히 이어 내려온 문화민족으로서의 민족적 자긍심과 외세에 굴하지 않는 자주독립정신의 발현이라 생각되었다. 배중손의 최후에 대한 기록은 전혀 보이지 않지만, 예로부터 이 곳이 배중손의 전사지로 전승되어 오고 있는 것은 여러 가지 상황 논리로 보아 상당히 신뢰성 있는 이야기로 생각되었다.

03 제주도

김통정金通精과 항파두성缸坡頭城

진도 답사를 마치고 우리는 벽파진에서 제주행 여객선에 승선하여 삼별초군의 제주도 항해로를 따라갔다. 김통정이 이끈 삼별초군의 출항지는 아니지만 벽파진에서 출항한 배는 삼별초군이 제주로 향하던 중 중간 기착지였을 것으로 추정되는 추자도秋子島로 향하였다. 벽파진(07시 출발)에서 추자도까지(09시 15분 도착) 2시간이 소요되었는데 당시에는 상당한 시간이 소요되었을 것이다. 배중손이 이끄는 삼별초군의 희생적인 최후 항전에 힘입어 진도를 떠난 삼별초군은 여몽연합군의 추격을 피해 추자도에 일단 머물면서 뒤에 탈출한 잔여 병력을 추스르고 대오를 정비하여 제주도로 향했을 것이다.

물론 추자도에서는 삼별초와 관련된 어떤 흔적도 찾기 어려웠다.

48

제주도 항파두성

다만 삼별초군이 이 곳에서 진도에서 전사한 동료들의 영혼을 위로하며 적에 대한 복수를 다짐하였을 것이라는 생각은 쉽게 할 수 있었다. 추자도는 삼별초군이 제주도에 거점을 확보한 후 내륙을 연결하는 중요 기지로 활용되었다. 삼별초군이 본토를 공격할 경우 대부분 이 곳에 일단 머무르면서 정세를 관망한 후 공격에 나섰고, 귀환할 경우에도 이 곳을 거쳐 제주도로 돌아오곤 하였다. 원종 13년(1272)에는 초유사招 諭使로 파견된 금훈琴薰을 붙잡아 이 곳으로 끌고와 일단 억류하였다가 뒤에 석방하기도 하였다.

　따라서 여몽연합국 측에서 보면 제주도를 공략하기 위해서는 추자도 점유가 절대적이었을 것이다. 추자도를 확보해야 본토에 대한 정보를 차단시켜 삼별초군을 고립시킬 수 있고, 공격군을 추자도에서 일단 정비한 후 기회를 보아 제주도를 기습할 수 있기 때문이다. 실제로 원종 14년(1273), 여몽연합군은 제주도를 공략하면서 먼저 추자도를 공략하여 이 곳에 공격군을 대기시켜 놓고 공격에 유리한 시기를 기다렸

항공에서 내려다본 항파두성

다가 야밤에 출발하여 새벽에 제주도에 기습상륙하는 데 성공한다. 나는 제주도를 여러 차례 찾기는 했지만 주로 항공편을 이용하였고, 선박을 이용한 것은 이번이 두 번째였다. 삼별초의 제주도 철수로와 꼭 같지는 않지만 추자도를 거쳐 비슷한 해로海路를 통해 제주로 항해하였다. 바다 멀리 제주도의 모습을 보면서 참담한 패배를 맛보고 이 곳에 재기의 터를 만들고자 했던 당시 삼별초군의 절망과 희망이 교차되었을 심정을 되새겨보았다. 이들은 이미 이 곳에 터전을 잡고 있던 이문경과 휘하 장병들의 영접을 받으며 상륙하였을 것이다. 진도에서 탈출에 성공한 김통정 휘하의 삼별초군은 3000여 명 정도로 추산되는데, 당시 제주도 인구가 기록에는 보이지 않지만 전해오는 이야기로 약 8천~1만여 명 정도였다고 하니 삼별초군은 제주도 인구의 약 1/3 정도를 차지한 것으로 보인다.

우리는 제주도에 도착하여 이 곳에서 언론인으로 제주도 문화재 분과

위원장을 맡고 있는 향토사학자 홍순만 씨를 소개받고 그의 안내를 받았다. 그를 통해 기존 학계에는 별로 알려지지 않은 삼별초에 대한 전승들을 전해듣는 수확을 얻었다.

삼별초군은 원종 12년(1271) 5월, 진도가 여몽연합군에게 함락된 후 제주로 근거지를 옮겨 자리를 잡았다. 김통정이 이끄는 삼별초군이 제주도로 들어온 후, 진도 밖에서 자리를 잡았던 남해도의 유존혁劉存奕(80척의 선단) 등 삼별초군들이 속속 제주로 철수하여 합류하였다. 그리고 진도정부에서 파견한 이문경 장군이 이끄는 기존의 제주도 삼별초군도 합류하게 되어, 진도정부보다는 못하지만 상당한 세력을 재정비하게 되었다. 그러나 진도 시절의 경우 개경정부와 맞서 정통정부로서의 면모와 강력한 주장을 보였던 데 비해, 제주도에서는 정부체제를 갖추지 못한 채 하나의 항몽 군사집단의 성격을 띠었던 것으로 보인다. 이곳에서의 지휘부를 보면, 고려왕실을 대표하는 인물을 내세우지 못한 채 김통정을 최고지도자로 삼고 그 밑에 유존혁, 이문경, 오인절吳仁節 등 기존의 삼별초 지도자가 지휘부를 구성하여 대몽항전을 전개하였다.

제주도에서 새로운 지도자로 부상한 김통정金通精이 어떠한 인물인지에 대해서는 알려진 바가 별로 없다. 현존하는 당시 기록에는 그의 출신이나 경력 등이 전혀 나와 있지 않고, 다만 개경정부가 김통정을 회유하기 위하여 그의 조카인 낭장 김찬金贊을 파견했다는 기사만이 그의 집안을 짐작케 하는 유일한 힌트가 되고 있다. 강화도에서는 김통정이 이 지역 교동 출신이라는 이야기가 전승되어 오고 있으나, 이를 입증할 만한 기록은 없다. 대략 김통정은 개경 부근에 뿌리를 둔 괜찮은 집안 출신이 아닌가 생각된다. 그가 진도정부 시절에 어느 정도의 지위에 있었는지를 알 만한 기록도 역시 보이지 않으나, 『고려사』가 그를 적장賊

將으로 표기하고 있는 점, 진도 함락시 승화후 온承化候溫 등 지휘부와 주력군을 이끌었던 점으로 미루어, 삼별초 봉기 이후 계속해서 배중손에 필적할 만한 계급을 가진 실력자였던 것으로 판단된다. 이러한 배경을 갖고 김통정은 제주도에서 삼별초군을 이끌고 2년여 동안 항몽투쟁을 계속할 수 있었을 것이다.

『고려사』 등의 당시 기록에 김통정에 대한 기록이 전혀 보이지 않는 것과는 다르게, 제주도에는 그에 대한 설화가 많이 전하고 있다. 설화의 내용에 따르면, 김통정은 지렁이의 화신으로 몸에 비늘과 날개가 있으며 조화무쌍한 재주를 부리는 무적의 인물이다. 이는 제주도민들이 삼별초에 대해 호의적이었으며 몽골에 맞서 싸운 김통정에게 기대와 애틋한 사랑을 갖고 있었음을 보여준다. 이러한 설화들은 당시 제주도민과 삼별초의 관계를 일정하게 유추해 볼 수 있게 하는데, 과연 실제 상황은 어떠하였을까.

진도가 삼별초군의 상륙과 더불어 쉽게 삼별초의 지배 하에 들어간 것에 비해 제주도는 상황이 많이 달랐다. 제주도는 본토와 넓은 대양을 사이에 두고 떨어져 있었기 때문에, 외견상으로는 본토에 귀속되어 있었지만 역사, 문화, 습속 등에서 거의 독자성을 띠며 독립국가처럼 생활하고 있었다. 제주도가 고려에 귀부한 사실은 태조 21년(938) "탐라국의 태자 말로末老가 내조來朝하였다"는 『고려사』 기록을 통해 처음 보이지만, 당시는 중앙정부가 직접적인 통치력을 행사하지는 못하였다. 제주도가 중앙정부의 직접적인 지배 하에 들어가게 된 것은 숙종 10년(1105)의 일이고, 지방관 파견은 그보다 훨씬 늦어서 의종毅宗조인 12세기 중반에야 이루어졌다. 그러나 이 때에도 본래 자치적인 성주星主의 권위를 그대로 유지하게 했으며, 조세징수 등 행정력을 간접적으로

행사하였을 뿐이다. 그러다가 12세기 후반부터 중앙정부의 통제력이
강화되면서 성주의 권위가 약화되었고, 일부 지방관은 징세를 가혹하게
하는 등 행패가 심하여 이에 대한 제주도민이 저항이 자주 일어나곤
하였다. 제주도민은 중앙정부에 대하여 식민적인 지배자와 수탈받는
피지배자라는 의식이 강하였다. 그래서 개경정부군보다는 삼별초군
쪽에 더 우호적이었을 것이다. 원종 11년(1270), 제주도 명월포明月浦(옹
포리)에 상륙한 이문경이 이끄는 삼별초군을 제주 현지인들은 거의
해방군처럼 맞이하여 개경정부군에 대한 상세한 정보를 제공하였을
뿐 아니라, 전투가 벌어진 후에도 삼별초군을 일방적으로 지원하였다.
홍순만 씨의 안내로 당시 이문경군李文京軍의 상륙지인 명월포와 전적지
를 돌아보았다. 당시 삼별초군은 명월포 앞섬인 비양도를 거쳐 이 곳
백사장 쪽으로 상륙한 후 내륙으로 진격하였다. 그리고 동제원東濟院(주
동구리)에 진을 설치하고 군을 정비한 후 김수金須와 고여림高汝霖이
이끄는 방어군을 공격하여 송담천松淡川에서 섬멸적인 타격을 주며 승리
를 거둬 제주도를 진도정부로 귀속시켰다. 이 곳에는 그 역사적인 유래를
알려주는 표석이 서 있는데, 홍순만 씨의 설명과 함께 표석에 적힌
글을 보며 당시의 전투 모습을 쉽게 그려볼 수 있었다. 아울러 당시
이 곳에 파병된 개경정부군이 삼별초군의 공격을 예견하여 충분한 준비
를 하였고 숫적으로 앞섰음에도 패망할 수밖에 없었던 것은, 공격군의
사기 못지않게 제주도민의 적극적인 지원이 가장 큰 요인으로 작용하였
을 것이다.

　제주도로 퇴각하여 자리를 잡은 후, 김통정은 개경정부와 제주도민
사이에 간극이 생긴 이유를 잘 알고 있었기 때문에 성주와의 타협점을
찾아 이 곳의 자치권을 인정해 주었다. 몽골과의 전쟁 때도 중립적인

태도를 취하는 것에 대해 묵인을 해준 것으로 보인다. 따라서 삼별초군이 제주도에서 전개한 여러 전투에 제주도민이 참여한 예는 극히 적었고, 본래의 삼별초군이 단독으로 수행한 것으로 보인다.

김통정이 삼별초군을 이끌고 제주도에 상륙한 후 처음에는 이문경 휘하의 삼별초군이 진을 설치한 조천포朝天浦에 머물렀던 것으로 보인다. 이들은 삼별초의 새로운 거점으로 북제주군 애월읍 상귀리, 고성리(현재 항몽유적지로 널리 알려져 있다)에 성을 쌓아 이를 항파두성缸坡頭城이라 부르고 지휘부의 근거지로 삼았다. 이 곳은 해안에 근접해 있어 바다를 쉽게 조망할 수 있고, 애월포涯月浦를 외항으로 하고 명월포와 조천포, 함덕포의 중간지점에 위치하여 적이 상륙할 가능성이 가장 높은 이 지역을 통합 방어하는 데 유리한 전략적 요충지였기 때문이다. 나는 홍순만 씨의 안내를 받으며 항파두성을 중심으로 한 일대의 항몽유적지를 돌아보았다. 이 곳은 1977년에 성곽 일부가 보수되고 항몽순의비抗蒙殉義碑가 세워지는 등 새로운 관광명소가 되어 있다. 항파두성은 강화도의 고려궁지나 진도의 용장산성을 옮겨놓은 것처럼 상당히 비슷한 위치에 자리잡았는데, 전체 모습은 비교적 유사하되 상당히 보강된 모습을 보였다. 진도 패전을 교훈삼아 방어시설을 확장 강화한 것이었다. 항파두성은 내성과 외성 두 겹을 쌓았는데, 내성은 장방형 석성石城으로 둘레가 750미터 정도 되고, 성 안에는 최고지휘부와 관아, 병사들을 수용하는 병영, 군수물품을 저장하는 창고, 관리들의 주거지 같은 건물들이 들어섰을 것이다. 외성은 토성土城으로 둘레가 6킬로미터 정도에 이르는데, 동서남북의 사대문이 있었고 성 안의 면적은 거의 30만 평에 이르렀던 것으로 보인다. 특히 외성에서는 성 위에다 재[灰]를 두텁게 뿌려 놓았다는데, 적이 침입하면 꼬리에 비를 매단 말에게 그 위를 달리게 하여 매운 재를 일으켜서 적의 눈을 가리게 하는 방어시설이었다고 한다. 항파두성의 유지와 일부 복원된 토성(1km)을 바라보면서 삼별초군이 이 성을 쌓을 때 이 곳은 자신들의 최후의 근거지가 될 것이다, 성이 함락되면 곧 자신들의 무덤이 될 것이라고 생각하며 흙 한 삽 돌 하나에 정성을 담아 작업하였을 당시의 비장한 모습들이 떠올라 풀 한 포기 나무 한 그루도 무심하게 보이지 않았다. 이러한 방어시설을 마련할 수 있었던 이들의 높은 의기와 항몽의지가 경이롭게까지 생각되었다. 삼별초군은 항파두성을 본부 거점으로 삼고, 이 성의 외항이며 관문인 애월포에 목성木城을 쌓아 수군의 근거지로서 적의 침입을 막는 전초기지이자 적을 공격하는 주요 거점으로 삼았다. 이 밖에도 귀일포貴日浦, 명월포, 고내포高內浦 등 제주도 북부해안 지역의 주요 포구에도 성을 쌓아 방어시설을 갖추고 제주해안 전체를 둘러싼 소위 '환해장성環海長城'이라는 이름으로 300여 리에 이르는 장성을 쌓았다고 하는데, 일부 유적이 남아 있다. 그러나 이 장성에 대해서는, 당시 삼별초군의 능력에 비추어 이런 대규모 축성작업이 가능하였을지에 대해 의문이 제기되기도 하고, 현재 남아 있는 장성 유적도 해일을 막기 위한 제방이라는 설이 있다. 하지만 삼별초군이 제주도를 자신들의 최후의 근거지로 생각하고 진도 패전을 거울삼아 방어시설의 건설에 온갖 정성을 기울였다는 사실을 염두에 둔다면, 이러한 장성 축성의 가능성 자체를 완전히 배제할 수는 없을 것이다. 더욱이 장성 가운데 일부는 삼별초군이 봉기한 후 이들의 침입을 막기 위해 개경정부가 파견한 고여림高汝霖이 쌓았는데, 주요 포구의 주변은 이전에 축성된 것으로 알려져 있으며, 또 이 장성이 제주도 전 해안을 둘러싼 것이 아니라 주로 동·서·북 해안을 중심으로 한 것이라서 당시의 삼별초군의 힘만으로도 축성은 가능하지 않았을까 싶다. 물론 이러한 방어시설은 삼별초군의 강한 의지와 노력 외에도 제주도민의 참여와 적극적인 협조에 의해 가능하였을 것이다. 실제로 삼별초군의 제주 방위시설은 강화도나 진도의 그것에 비해 상당히 보강되어, 내성·외성·환해장성 등 세 겹으로 방벽을 두르고 각 주요 포구에도 나름대로 성곽을 쌓아 자체 방어시설을 구비하였다.

삼별초의 활동과 조운漕運

삼별초군은 근거지와 방위시설이 일정하게 정돈되자 근 1년여 만인 원종 13년(1272) 3월부터 개경정부와 몽골에 대해 수세적인 태도에서 공세적인 태도로 전환하고 추자도를 전진기지로 삼아 본토 공격을 재개하였다. 이 공격은 내륙지방의 호응세력에게 용기를 불어넣어 인적·물적 보충을 꾀하고 적의 공격을 사전에 차단한다는 방어적인 성격도 강한 것이었다.

삼별초군의 주된 1차 공격목표는 조운선漕運船과 조창漕倉이었다. 이들은 조운선을 공격하여 개경정부의 재정에 타격을 가함과 동시에 군량미 확보라는 이중의 효과를 얻을 수 있었다. 또한 이러한 목적을 위해 조운선을 직접 공격하지 않는다 해도 조운선이 통과하는 조운로의 주요 지점에 위치한 섬이나 포구를 공략하여 점령하고, 수시로 조운로를 내왕하며 조운을 단절시켰다. 그러나 이 때는 진도 시절과는 다르게 점령지를 장기간에 걸쳐 점령하여 이를 영유화하기보다 일시적으로 점령한 후 목표만 달성하면 철수하곤 하였다.

이러한 삼별초군의 활동 가운데 주요한 것을 보면, 먼저 원종 13년 3월에 전라도 앞바다를 공격하였다. 이들은 회령군會寧郡(전남 장흥)을 공격하여 조운선 4척을 나포하고 부근의 해남군과 해제군海際郡(전남 무안)의 관아를 공격 점령하였다. 그 해 5월에는 대포大浦(전남 목포?)를 공격하여 조운선 13척을 나포하고 조운로를 따라 움직이면서 탐진현耽津縣(전남 강진)을 공략하여 관아와 조창을 점령하였다. 그 해 6월에는 좀더 활동의 폭을 넓혀 조운로를 따라 북상하여 충청도는 물론 경기도 연안까지 자주 모습을 나타냈을 뿐 아니라 8월에는 조운선을 나포하여 개경으로 올라오는 미곡 800석石을 탈취하는 등 개경의 왕실을 비롯한 관료들을 전전긍긍하게 만들었다. 삼별초군이 원종 13년 3월부터 8월까지 5개월 동안 조운로를 공격하여 얻은 것은,『고려사』에 기록된 것만 보더라도 조운선이 30여 척에 조세미가 4천여 석이나 되었다. 삼별초군의 조운로에 대한 이러한 공세로 개경정부는 재정적으로 막대한 타격을 입게 된 것은 물론이고 정부의 존립까지 위협받는 상황에 처하게 되었다.

삼별초군의 2차 공세 목표는 인적 충원이었다. 삼별초군은 진도 공함으로 인한 인적 손실의 충원을 위해 내륙지방으로 진출하여 지지세력뿐 아니라 군졸이나 노역에 충당할 수 있는 인적 자원들을 제주도로 데려왔다. 그뿐만 아니라 사전에 파악한 자료와 정보를 토대로 하여 지방 수령이나 군관민 가운데 삼별초에 호의적이거나 백성들로부터 인망을 얻고 있는 유능한 인재들을 가려내어 제주도로 데려와 이들을 적재적소에 배치하여 활용하였다. 이러한 일들은 부족한 인적 자원의 충당이라는 목적 외에 지방관료들의 삼별초에 대한 적극적인 저항 의지를 꺾고 백성들로부터 호응을 얻어내기 위한 것이었다. 이러한 활동 가운데 주요한 것들만 들면, 원종 13년(1272) 9월에 서해안의 고란도孤瀾島를 공략하여 이 곳에 머물고 있던 홍주부사洪州府使 이행검李行儉을 비롯한 많은 군관민을 포로로 잡고, 계속하여 인근지역 결성結城(충청도 홍성), 남포藍浦(충청도 보령) 등지를 공략하여 수령과 군관민을 잡아갔다. 또 그 해 11월에는 개경 부근의 중부권을 공략하여 안남도호부安南都護府(인천시 부평)를 점령하고 부사府使 공유孔愉를 비롯하여 많은 군관민들을 붙잡아 제주도로 데려갔다. 더욱이 같은 달 삼별초군은 경기도 영흥도靈興島에 침입하여 이 곳을 점령하고 부근 연안을 횡행하였는데, 이에 크게 당황한 개경정부가 몽골에 도움을 요청하여 몽골병 수십 기가 파견되어 궁궐을 지키는 상황을 연출하기도 하였다. 이 밖에도 같은 달에 거제도에 침입하여 현령을 잡아가는 등 남서해안 곳곳에 출몰하여 필요한 인물뿐 아니라 많은 예비병력인 청장년들을 붙들어 갔다. 이는 개경정부를 거의 공황에 가까운 혼란에 빠뜨렸고 지방관료들은 전전긍긍하면서 소신있는 행정력을 펼치지 못했다. 삼별초군에 잡혀간 인물들 가운데 이행검·공유 같은 유명 인물 등은 주요 직책에 발탁되어 자의건 타의건 삼별초를 위하여 많은 일을 하였고 이 중 일부는 제주도 함락 후 여몽군에 의해 개경으로 귀환하였다.

삼별초군 공세의 3차 목표는 방어를 위해 군선이나 군선 제조창을 파괴하는 것이었다. 당시 개경정부는 남서해안 곳곳에 전함제조창을 설치하여 제주도 원정을 위한 군선을 제조하고, 특히 경상도 연안에서는 몽골군이 주둔하며 제주도와 일본 원정을 위한 전함을 직접 만들고 있었다. 삼별초는 이들 군선이나 군선제조창을 파괴하는 것이 제주 원정을 막을 수 있는 가장 효과적인 방어전술이라고 판단하여 연안포구 가운데 군선이 정박해 있는 군항이나 군선제조창이 있는 곳을 집중적으로 공격하였다. 이렇게 군선을 파괴하는 것만이 아니라 군선의 제조를 원천적으로 막기 위하여 조선기술자를 납치하거나 살해하기도 하였다. 이러한 활동 가운데 중요한 것을 보면, 원종 13년 9월 앞에서 기술하였던 고란도 공격시에 삼별초군은 고려의 군선 6척을 불태우고 조선기술자

수명을 납치 살해하였다. 그 해 11월에는 합포合浦(마산)를 공격하여 몽골의 군선 20척을 불태우고 몽골병을 다수 포로로 끌고 갔다. 원종 14년 11월, 삼별초군은 합포를 기습 공격하여 몽골 전함 32척을 불태우고 다수의 몽골병을 포로로 끌고 갔다. 특히 합포와 김주金州(김해) 지역은 몽골의 일본원정을 위하여 몽골병뿐 아니라 몽골군으로 징발된 한족漢族 출신의 조선기술자와 병력 등이 주둔해 있었기 때문에 삼별초군은 이 지역을 집중 공격하였다. 같은 해 3월에는 탐진耽津(전라도 강진)을 공격 하여 전함을 공격하고 많은 군졸을 잡아갔다.

삼별초군의 이러한 적극적인 공세는 개경정부와 몽골군을 곤궁한 입장으로 밀어넣었을 뿐 아니라 상당한 위기감까지 불러일으키게 하였 다. 삼별초군은 이 같은 활동을 통해 소기의 목적을 달성하였다고 할 수 있다. 하지만 진도 시절과는 달리 근거지가 내륙에서 멀리 떨어져 있고 소유한 병력이 적다는 한계성을 탈피하지 못해 공격한 지역을 계속 유지하지 못하고 공세를 지속적으로 전개할 수 없었다.

삼별초의 최후와 김방경金方慶

개경정부와 몽골은 삼별초의 계속되는 공세를 저지하기 위하여 진도시 절 때와 마찬가지로 일단은 유화책으로 접근하였다. 원종 13년(1272) 3월, 개경정부는 금훈琴熏(합문부사閤門副使)을 제주역적초유사濟州逆賊招 諭使로 삼고 이정李貞(산원散員) 등을 수행원으로 임명하여 제주도로 파견 하였다. 이들은 4월 15일 제주를 향해 출발하였으나 역풍을 만나 보마도 甫麻島에 머물다가 김희취金希就 등이 이끄는 삼별초군에게 붙잡혀 추자 도로 끌려가 억류되었다. 삼별초군은 이 사실을 제주도의 지휘부에 보고하였으나 지휘부는 이들에 대해 냉담하였다. 진도 시절 여몽군과의 교섭 과정 중에 진도의 허실이 노출되었을 뿐 아니라 내부의 전쟁의지가 약화되어 결국 패퇴하였다는 뼈아픈 자성에 바탕한 반응이었을 것이다. 삼별초군은 금훈을 돌려보냈으나, 나머지 수행원은 대부분 살해한 것으로 알려지고 있다. 『고려사』에는 금훈이 개경으로 돌아와 원에 올린 표의 내용이 기록되어 있는데 그에 따르면 삼별초군이 초유사를 박대한 이유는 이러하였다. 과거 진도에서 회유책을 써서 그들의 마음을 늦추게 한 후 대군을 보내 성을 공격하여 부모처자를 다 죽게 만들었던 원수가 이제 다시 똑같은 수법으로 자신들을 유인誘引하려 하니 용서할 수 없다는 것이었다. 이는 삼별초 수뇌부가 여몽연합군의 회유책에 대해 공격을 위장하기 위한 전략이라는 부정적인 시각을 갖고 있었음을 보여준다.

1차 회유책에 실패한 여·몽 정부는 2차로 좀더 적극적인 회유책을 시도하였다. 이들이 회유책에 계속 미련을 갖고 있었던 것은 도해작전渡海作戰의 어려움과 여·몽 양 정부가 제주도 문제를 시급히 해결해야 할 필요성이 있었기 때문이다. 즉 개경정부는 삼별초의 제주도 점유와 이들의 서남해안에 대한 잦은 출몰로 중앙정부의 권위가 실추되고 통치권이 무너져 가고 있었기 때문에 이 위기로부터 벗어나기 위해 삼별초 문제를 어떻게든 신속하게 해결해야 했다. 몽골 역시 일본원정과 남송정벌을 위해 가장 중요한 전략요충지인 제주도를 영유할 필요가 있었고 일본원정에 고려군의 참여를 절대적으로 필요로 하고 있었다.

여·몽 양 정부는 좀더 적극적인 회유책으로서 삼별초 수뇌부의 친족들을 동원하였다. 원종 13년 8월, 김통정의 조카인 김찬金贊(낭장郎將)과 이소李邵(삼별초 고위직의 친척인 듯함), 삼별초의 고위장군인 오인절吳仁節의 친척인 오환吳桓·오문吳文·오백吳伯이 제주도로 파견되었다.

그러나 삼별초는 이들과의 면담도 거절한 채 김찬만을 억류하고 나머지 전원을 살해하였다. 이러한 가혹한 조치는 진도의 재판을 막기 위해 내부 결속을 다지고 내외에 자신들의 확고한 항몽의지를 드러내기 위해서였을 것이다.

2차 회유책이 실패하자 여·몽 정부는 유화책이 성공할 수 없다는 것을 깨닫고 전쟁을 통해 삼별초 문제를 해결하는 쪽으로 정책을 바꾸었다. 여·몽 양국은 전쟁 승리를 위해 국력을 총동원하였다. 개경정부는 김방경을 중군행영병마원수中軍行營兵馬元帥로 임명하여 원정군의 최고 사령관으로 삼고 전쟁준비에 나섰다. 김방경은 본관이 안동인 명문 출신으로 음서蔭敍를 통해 무반직에 나아가 여러 관직을 거치면서 주변으로부터 신망을 얻은 능력있는 지휘관으로, 당시 개경정부가 신뢰할 수 있는 무반 출신으로는 최고의 인물이었다. 따라서 그는 삼별초 봉기 이후 그 대응책 마련에서 항상 항상 중심인물로 부각되었고 진도 공략 때도 고려군의 최고사령관으로서 몽골군과의 어려운 연합작전을 성공으로 이끌었다. 김방경이라는 이 뛰어난 전쟁 지휘관의 존재는 개경정부에게는 큰 행운이었지만 삼별초에게는 불행이었다. 개경정부는 몽골과의 협력 아래 전투병 6천 명, 공격군을 수송할 200여 척의 군선과 수병水兵 3천을 동원하기로 하고 이를 위해 각 도에 초군별감抄軍別監, 수로감선사水路監船使를 파견하여 병력을 초모하고 남서해안 곳곳에서 군선의 제조를 독려하며 전국의 군선을 현재의 목포 부근인 영산강 입구로 집결시켰다. 몽골은 고려에 주둔중이던 몽골군 2천 명과 중국에서 동원한 한군漢軍 2천 명, 무위군武衛軍 2천 명, 그리고 경상도 연안에서 제조한 군선을 동원하였다. 그러나 병력 집결 과정에서 군선들은 자연적인 재해를 입어 손상이 컸다. 『고려사』 기록에 보면 경기도에서 동원된 군선은

남하중에 폭풍을 만나 20척이 파손 침몰되고 남경판관南京判官, 인주부사
仁州府使 등 115명이 사망하였다. 경상도에서 오던 군선도 군선 27척이
파손 침몰하는 등 전라도를 제외한 지역에서 동원된 군선들은 대부분
파손을 입어 제주도 공격에는 전라도 군선 160척만이 참여하였다.

이렇게 하여 제주도 공격군은 여몽군 1만 2천 명과 군선 160여 척으로
구성되고 군은 진도 공격군과 마찬가지로 중군과 좌·우 3군으로 편성
되었다. 중군은 지휘부에 김방경과 몽장 흔도忻都가 최고사령관이 되고,
그 휘하에 대장군 한희유韓希愈와 나유羅裕 등이 참여하였다. 좌·우군은
몽장 홍다구洪茶丘와 사추史樞 등이 이끌었다. 이처럼 군의 편제나 지휘부
의 면면은 진도 공격 때와 같았고, 병사들 역시 대부분 진도전에 참전한
병사들로 구성된 것으로 보인다. 원종 14년 2월, 원정군은 영산강 중류인
반남현潘南縣(나주시)에 집결하여 부대를 재정비하고 4월 9일 중간기착
지인 추자도를 향해 대장정에 올랐다. 제주도의 삼별초군은 여몽연합군
의 공격 사실을 미리 알고 있었을 것이다. 이들은 추자도 전진기지의
소수 병력만으로는 공격해 오는 대군을 상대하기 어렵다고 판단하여
병력을 철수하고 제주도 방어에 총력을 기울였던 것 같다. 공격군은
본토에서 제주도로 가는 통상항로를 따라 반남현을 출발하여 남해안을
돌아 3일 후 추자도에 기착하였다. 추자도에 이르는 동안에는 별다른
저항을 받지 않았으나 폭풍우 때문에 상당한 피해를 입었던 듯하다.
그러나 원정군은 삼별초군이 이미 철수한 후라 아무 방해도 받는 일
없이 추자도에 닻을 내릴 수 있었고, 전열을 정비하여 풍세를 살피며
대기하다 바람이 잦아진 4월 17일경 일제히 출항하였다.

여몽연합군은 다음 날 새벽, 3개 방면으로 살륙작전을 전개하였다.
이들은 진도 공격 때 재미를 보았던 위장전술과 비슷한 공격작전을

전개하였다. 먼저 주력군인 중군은 삼별초군이 전혀 예상하지 못한 함덕포咸德浦로 상륙하였다. 함덕포는 삼별초군의 본거지인 항파두성에서 상당히 거리가 떨어져 있었기 때문에(직선거리 25km) 아마도 적은 규모의 방어병력만이 주둔하고 있었을 것이다. 주력군인 중군은 함덕포에서 방어군의 완강한 저항에 부딪혔으나 압도적인 숫적 우세를 배경으로 쉽게 상륙하고 항파두성을 향하여 신속히 진격하였다. 홍순만 씨의 안내를 받아 함덕포의 중군 상륙지를 찾아보니 해안에 바위가 많아 상륙에는 어려움을 겪었을 것으로 생각되었다. 바위 하나 하나를 더듬어 보고 방어군이 바위에 매복하여 공격군에 맹렬히 저항하였다는『고려사』기록을 되새겨보면서 당시의 전쟁 모습도 그려보았다.『고려사』에는 방어군의 완강한 저항에 고전하다 김방경의 호통에 대정 고세화高世和 등이 용감히 적진에 뛰어들어 적을 제압하여 승리하였다고 기록되어 있다. 우군은 삼별초군의 가장 중요한 수군기지이자 항파두성의 외항인 애월포涯月浦로 상륙할 것처럼 위장하여 항파두성의 주력군을 이 곳으로 불러들인 것으로 보인다. 이는 진도 공격 때 중군이 벽파진에 상륙을 기도하여 삼별초의 주력군을 이 곳에다 잡아두고, 좌·우익군을 다른 곳으로 기습 상륙케 하여 승리를 거둔 것과 같다. 좌군은 비양도飛揚島에 상륙한 후 이를 거점으로 명월포明月浦에 상륙하여 삼별초군과 격전을 벌였는데, 삼별초군의 주력이 애월포로 이동한 후였기 때문에 쉽게 승리를 거두었다. 좌군은 이 곳에서 다시 군선에 승선하여 항파두성에서 가장 가까이에 위치한 군항포에 기습 상륙하였다.

　홍순만 씨와 명월포를 찾았다. 앞에는 비양도가 가까이 보이고 주변에는 어선들이 한가로이 머물고 있으나 겨울바다여서 그런지 스산하기만 하고 옛일을 상기시킬 만한 분위기는 느껴지지 않았다. 다행히 홍순만 씨 같은 향토사학자들의 노력 덕분에 앞서 본 동제원전적지 등의 삼별초 관련 유적지에는 역사적 사실을 알리는 표석標石이 세워져 있어 옛일을 상기하는 데 많은 도움을 주었다. 홍순만 씨는 좌군이 이 곳에 상륙하여 삼별초군을 격파하였다는 기록에 근거하여, 좌군이 이 곳에서 내륙으로 진격하여 삼별초군의 격파에 주도적인 역할을 하였다는 주장에 의문을 제기하였다. 즉 이 곳에 상륙하고 초전에 승리를 거둔 것은 사실이지만 좌군은 이 곳에서 곧 철수하고 군항포로 재상륙하였다는 의견을 제시하였다. 나는 홍씨의 주장이 기록에 근거한 것은 아니나 정황 논리로 보아 가장 설득력이 있다는 생각이 들었다. 곧이어 벌어진 공격군과 삼별초군과의 최대격전인 파군봉破軍峰전투는 이 주장에 타당성을 더해 준다. 명월포라면 여몽전쟁 와중에 중요한 사건들과 인연이 많은 지역이다. 삼별초군의 제주도 원정 때 이문경 장군의 상륙지이자, 고려말 최영 장군이 '목호牧胡의 작폐作弊'라고 한 몽골군의 잔적을 토벌하기 위해 상륙한 곳 역시 이 곳이다.

오랜 시간 겨울바다를 둘러보고 바닷가 모래사장을 거닐면서 옛 일을 추슬러 보았다.『고려사』등 당시 기록에는 여몽군의 제주도 공략이 극히 소략하게만 언급되어 있을 뿐 아니라 방어군에 대한 기록이 거의 보이지 않아, 당시의 전쟁 모습을 상기하려면 이 곳에 전승되어 내려오는 이야기들이 중심이 될 수밖에 없다.

삼별초군은 여몽군의 공격 의도를 이미 탐지하고 나름대로의 방어계획에 따라 병력을 배치하고 공격에 맞설 준비를 하고 있었을 것이다. 추자도에 둔 전진기지를 제주도로 철수시킨 것 등은 그 단적인 예라 하겠다. 그렇다고는 해도 이들이 가진 병력이라야 3천 정도였기 때문에 이를 해안 전역으로 분산 배치하지는 못하고 주력군을 항파두성에 대기시켜 놓고, 명월포, 애월포, 조천포 등에 일부 방어병력을 투입하였던 것으로 보인다. 삼별초 지휘부는 아마 여몽군의 상륙 소식을 듣고 적의 중심 공격지점을 애월포로 판단하여 모든 병력을 애월포로 집중시켰을 것이다. 애월포는 항파두성의 외항이자 삼별초군의 본토공략 수군기지 가운데 가장 주요한 기지로서 이 곳에 삼별초군의 모든 군선이 집결되어 있었기 때문에 적이 이 곳을 주 공격지점으로 생각하리라고 판단하였을 것이다.

따라서 좌군이 명월포에 위장 상륙 시위를 하여 삼별초군의 모든 병력을 명월포로 유인하였다는 기존의 주장보다는, 위에서 언급한 바와 같이 부대편성에만 나와 있고 제주도 공격 후의 활약상은 전혀 기록에 나와 있지 않은 우군이 애월포로 위장 상륙하는 역할을 하여 방위병력을 유인 기만하였다는 쪽이 보다 합리적이고 옳은 추리로 생각된다. 어쨌든 여몽군 우군이 애월포에서 시위를 하는 동안 앞에서 본 바와 같이 좌군과 중군은 삼별초군의 방어진을 뚫고 쉽게 상륙에 성공하였다. 더욱이 좌군이 다시 바다로 나아가 항파두성에서 가장 지근거리(직선거리 4km)에 있는 군항포로 기습상륙을 감행하자, 삼별초 지휘부는 모든 병력을 좌군의 항파두성 진군로인 파군봉破軍峰으로 집결시켜 방어진지를 구축하였다. 이러한 속에서 우군은 방어병력이 퇴각한 애월포에 쉽게 상륙하여 항파두성을 향하여 진격할 수 있었다. 좌군은 고려출신 몽장인 홍다구洪茶丘가 이끄는 몽골군 중심으로 편성된 부대로, 진도 공략시에도 용장성에 제일 먼저 도달한 강병이었다.

파군봉 전투에 대해서는 기록이 보이지 않으나 이 곳에 전승되는 이야기로는 삼별초군과 여몽군 사이에 벌어진 최대의 전투라 한다. 삼별초군도 이 곳을 최후의 방어선으로 판단하고 결사 항전하였던 것으

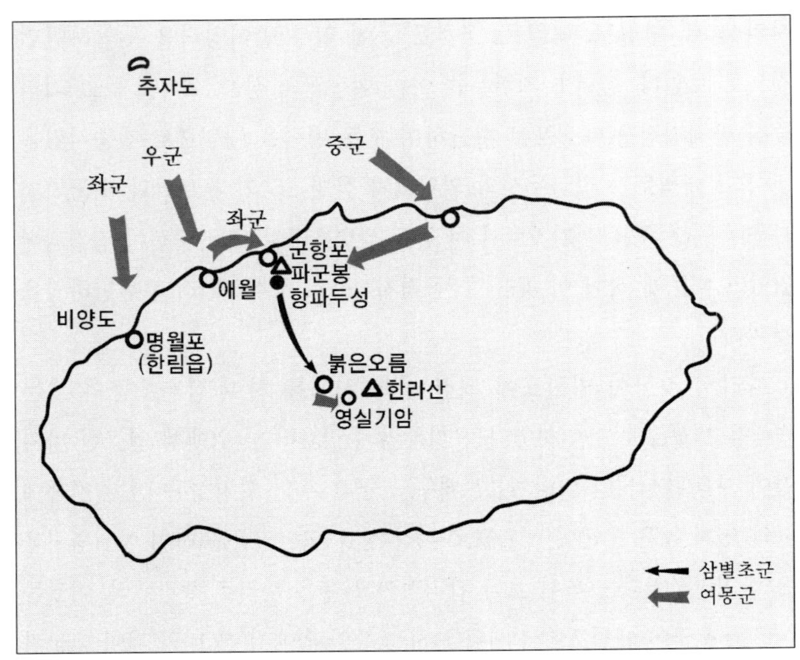

여몽연합군의 제주도공략도

로 보인다. 싸움은 백중하였으나 곧 배후에 우군과 중군이 출현하여 삼별초군은 삼면으로 포위된 속에서 끝까지 항전하다 방어벽이 무너졌을 것이다. 홍순만 씨와 함께 파군봉을 찾아 이 곳에서 전승되는 이야기를 들으며 치열하였던 당시의 전쟁 상황을 그려보았다. 홍순만 씨에 따르면, 이 전투는 김통정의 직접 지휘 아래 삼별초의 전 병력이 투입되었고 이 싸움에서 제일 먼저 제주도에 삼별초 기지를 건설한 선봉장 이문경까지 전사하는 등 삼별초는 회복할 수 없는 타격을 받았다고 한다. 이 전쟁으로 삼별초군은 대략 천여 명의 인명 손실을 본 것으로 추산되며 나머지 병력 2천여 명은 탈출하여 항파두성에 입성한 것으로 판단된다.

파군봉이라는 지명에서도 삼별초군이 무너지던 모습을 애통해한 이 지방 사람들의 마음을 읽을 수 있었다. 이 전적지에도 옛일을 상기할 만한 흔적은 별로 보이지 않았으나, 이 곳이 항파두성을 방어하는 데 최적의 장소로서 삼별초군은 여기에서 승부수를 던질 수밖에 없었을 것이다. 승리를 거둔 여몽연합군은 서서히 항파두성으로 진격, 성을 포위하고 공격을 시작하였다.

삼별초군은 여몽연합군의 대병력을 맞아 처절한 전투를 전개하였으나 중과부족으로 성이 무너지기 시작하였다. 『고려사』에 여몽군이 화시火矢(화포)를 쏘며 적진으로 돌격하자 적군이 자성子城(내성內城)으로 도망하여 외성이 무너지고 자성에서 화염이 충천하여 적이 혼란에 빠졌다는 기록을 보이는데, 삼별초군의 최후의 모습을 그려볼 수 있다. 이러한 속에서 삼별초 지휘부는 위기를 벗어나 재기의 기회를 만들어 보고자 하였다. 즉 진도 함락 때 지휘부를 양분하였던 것처럼 김통정을 중심으로 한 핵심세력은 항파두성을 탈출하여 한라산 산중으로 들어가 재기를 꾀하고, 이들의 탈출을 옹호, 위장하기 위하여 나머지 병력을 이순공李順恭, 조시적曹時適 등이 이끌고 성에 의지하여 항전하다 김통정 등의 탈출을 확인한 후 적에게 성문을 열고 잔여 병력 1,000여 명과 식솔 300여 명이 항복하였다. 당시 항복 문제를 놓고 지휘부가 주전파와 주화파로 양분되었고 주화파가 성을 나와 항복하였다는 설이 일반적이나, 그보다는 앞서 본 바와 같이 김통정의 탈출과 재기를 위한 위장 항복으로 보는 것이 타당한 듯하다. 진도 공함시 제주도로 탈출한 세력이 대부분 대몽 강경파요 삼별초의 핵심세력이었기 때문에 이들이 쉽게 적과 타협하였다고 보기는 힘들고, 게다가 항복 후에 여몽군이 삼별초군의 지휘부 인물들을 살려두지 않을 것임을 알고 있었기 때문이다. 항파두성은 그 일부가 복원되고 순의문, 항몽순의비, 기념관 같은 삼별초 관련 기념물들이 세워지면서 이 곳은 관광명소로 변하여 많은 사람들이 찾고 있었다. 전시관에 전시된 「삼별초의 최후혈전」이라는 기록화를 보며 처절하였던 당시 삼별초군의 항파두성에서의 최후의 모습을 떠올려보았다.

항파두성에서 탈출에 성공한 김통정과 그의 핵심막료, 수하병력 700여 명은 산심봉을 우회하여 천아오름을 넘어 '붉은오름'에 머물며 대오를 정비하고 추격군을 기다리며 재기를 위한 계획을 세운 것으로 보인다. 『고려사』에는 김통정과 항파두성에서 탈출한 병력을 70명으로 기록하고 있으나, 이는 항파두성 함락 이후 김통정의 탈출 과정이나 '붉은오름 전투' 등을 축약해서 붉은오름 전투 후 한라산록으로 들어간 병력만을 기록한 것이 아닌가 판단된다. 뒤늦게 김통정의 탈출 사실을 알게 된 여몽군은 곧 추격군을 편성하여 김통정을 뒤쫓았다. 추격군은 며칠에 걸쳐 곳곳을 수색한 끝에 4월 28일 '붉은오름'에 매복한 김통정 부대를 포착하여 대대적인 공격을 가하였다. 김통정군은 유리한 지점을 선점하여 처음에는 공격군에 맞설 수 있었으나 시간이 지나면서 점차 증파된 공격군의 수에 압도되어 결국 파국을 맞이한 듯하다. 이 전투에서 삼별초군은 거의 전사하고, 김통정은 장졸 70여 명과 함께 탈출하여 한라산 깊숙이 숨어들어, 고립무원의 한라산중에서 재기를 위해 몸부림쳤을 것이다.

'붉은오름'을 찾아가 보았는데, 산색의 특징만으로는 이러한 산이름의 유래를 알기 어려웠다. 역시 수백 명의 삼별초군 전사자들이 흘린 피가 산록을 붉게 물들인 비참한 모습을 보고 이 곳 주민들이 이들을 추모하며 붙인 이름이 아닌가 생각된다.

여몽연합군은 원종 14년(1273) 4월 28일 '붉은오름' 전투를 끝으로 전쟁의 종료를 공식적으로 선언하고 전쟁 뒷처리를 시작하였다. 여몽군이 제주도에 상륙한 후 20일 정도에 걸쳐 전투가 벌어진 것으로 미루어, 삼별초군의 저항은 끈질기고 격렬하였을 것이다.

삼별초군이 무너진 이유 중 가장 중요한 것은 역시 여몽연합군의 인적·물적 우위였다. 여몽연합군은 1만 2천 명으로, 삼별초군 3천 명의 4배에 달하였고 무기 역시 최신의 화포 등을 갖추고 있어 삼별초군은 전투에서 고전을 면치 못했다.『고려사』는 항파두성 함락 과정에서 화시火矢(화포)가 대단한 위력을 발휘하였다고 묘사하고 있다. 이 밖에도 제주의 삼별초군은 세력의 구심점이 될 수 있는 고려왕실 출신의 왕을 추대하지 못하여 일사불란한 결속력을 갖추지 못하고 있었다. 진도 시절의 경우, 승화후 온을 황제(또는 왕)로 내세우고 개경정부와 대등한 위치에서 대내외적으로 독립국가 또는 고려의 정통정부로 처신하였으며 이것이 내부를 강하게 결속시키는 고리가 되어주었다. 이에 비해 제주도에서는 대내외적으로 정부로 행세하지 못하고 하나의 군사집단으로 머물러 많은 취약점을 안고 있었다. 또한 진도에 비해 해안선은 몇 배 넓어졌으나 병력은 오히려 몇 배 축소되어 방어력이 약화되었다는 점도 크게 약점으로 작용하였다.

여몽연합군은 항복하거나 포로로 붙잡힌 지휘부에 속한 김윤서金允敍 등의 장군급 인물 6명을 현지에서 공개 처형하고 나머지 중견간부 35명은 귀환하면서 나주에서 처형하였다. 그리고 사졸과 가족들 1300여 명을 포로로 잡아 개경으로 귀환하였다. 김방경과 혼도는 김통정 및 삼별초 잔여 세력의 소탕과 치안유지를 위해 장군 송보연宋甫演을 최고사령관으로 하여 몽골군 500명과 고려군 1000명을 남기고 개선 회군하였다.

대몽전쟁의 종막과 영실기암

한라산록에 숨어든 김통정과 지휘부 참모들은 재기를 위하여 모든 방안을 강구하였을 것이다. 당시의 상황에서 가장 큰 변수로 작용한 것은 아마도 제주도민들의 동향이었을 것이다. 삼별초군의 이문경 장군이 처음 제주도에 상륙하였을 때 제주도민이 개경에서 파견된 관리들의 행패로부터 자신들을 구원해 줄 해방군으로 보고 개경정부군과의 싸움에서 지원을 해주었다는 것은 앞서 이미 기술한 바 있다. 그 뒤 김통정이 이끄는 삼별초군은 제주에 상륙하여 제주도민을 지배 하에 두었지만, 외부세력인 개경정부에 대한 제주도민의 배타적인 성향을 고려하여 제주도의 전통적인 자치권을 인정해 주고 제주도에 대한 지배권을 행사하지 않았던 것으로 보인다. 그래서 삼별초군은 방어시설을 위한 토목공사나 본토에 대한 공격작전 때도 가능한 한 제주도민의 동원은 억제하였을 것이다. 이렇게 볼 때 삼별초군에 대한 제주도민들의 감정은, 도서 사람들에게서 일반적으로 발견되는 적대적이거나 배타적인 것은 아니었지만 어느 쪽인가 하면 방관적이고 중립적이었을 것이다. 그리고 여몽연합군이 상륙하여 삼별초군에 대해 대대적인 공격을 가하면서 삼별초군이 패색이 짙어지자, 제주도민들은 생존을 위해 여몽군의 요구에 순응할 수밖에 없었을 것이다. 여몽군은 한라산중에 숨은 김통정의 재기를 봉쇄하기 위해 이들과 제주도민과의 접촉을 철저히 차단시켰다. 김방경은 제주도민에 대해 과거 삼별초와의 관계에서 일어났던 모든 것을 불문에 붙이고 앞으로 개경정부에 협력한다면 안정된 생활을 보장해주겠다고 하는 등, 제주도민들을 우군으로 만들어 나갔다.

결국 제주도민들은 심정적으로는 삼별초에 동정적이었다 하더라도 생존을 위해 여몽연합군에 협력하였고 삼별초 잔여세력의 토벌에서도 안내·수색대 역할을 담당하였을 것이다. 이러한 제주도민들의 태도는 김통정에게 재기의 의욕을 앗아 갔고 깊은 절망감 속에서 김통정은 적에게 생포되어 치욕을 당하기보다 스스로 죽음을 택하였던 것이 아닐까. 김통정은 한라산에 은거하면서 한 달여에 걸쳐 제주도민과의 접촉을 여러 가지로 시도하였을 것이다. 그러나 그 모든 노력이 수포로 돌아가자 부하들에게 자유행동을 지시하고 자살을 선택한 것으로 보인다. 김통정의 시신이 발견되고 확인이 이루어진 것은 그 해 윤6월이고, 이어 김통정과 함께 탈출한 장군 김혁정金革正, 이기李奇 등과 수뇌부 70여 명이 포로로 잡혀 몽골군에게 처형됨으로써 4년여에 걸친 삼별초의 대몽항쟁은 종언을 고하였다. 홍순만 씨는 한라산 정상 밑 영실기암(오백라한)이 김통정이 자살한 곳으로 전승되고 있다고 이야기해 주었는데, 이를 입증할 만한 자료는 전혀 없지만 현재로서는 가장 신빙성 있는 추정이라고 하였다.

홍 씨의 안내로 영실기암을 찾아보았다. 한라산 정상 밑으로 단애斷崖를 이루며 500나한의 흉상 같은 신비스러운 절경의 산세가 눈에 들어왔다. 40여 일에 걸친 처절한 대몽전쟁의 최후를 떠올리기에는 주변 모습이 너무 아름다웠다. 반세기에 걸친 기나길고 고통에 찬 우리 민족의 대몽전쟁이 우리나라 최남단의 이 아름다운 곳에서 대단원의 막을 내린 것은, 어찌 보면 비극적인 패배를 승리로 전환시킨 우리 민족의 밝은 미래를 예견케 한 것은 아닐까?

제주도에는 제주도민들과 김통정의 죽음과 관련된 설화가 많이 전해 내려오고 있다. 그 중 일부를 들어보자.

김통정을 잡을려고 천자국天子國에서 3장수三將帥를 파견하였는데 이들이 김통정을 잡고자 하니 불재가 탕천하여 앞뒤를 분간 못할 지경이었고, 또 토성土城이 높고 무쇠문이 잠겨 있어 들어갈 수 없었는데 '아기업개'가 그 비결을 가르쳐주어 성을 함락시키고 김통정을 잡을 수 있었다. 김방경 장군이 토성 안으로 침입해오자 김통정 장군은 깔고 앉은 쇠방석을 바다 위로 던지고 날개를 벌려 쇠방석 위로 날아가 앉았다. 김방경은 '아기업개'가 일러준 비결대로 자기의 군사들을 새와 모기로 변신시켜 그를 따라가게 하였다. 김통정이 고개를 들어 새를 보려는 순간, 머리가 뒤로 젖혀져 목에서 비늘이 들려 틈새가 생겼다. 이 순간 모기로 변한 장수가 칼을 빼어 김통정 장군의 목비늘 틈새를 내리쳤다. 그리고 떨어지는 목에 얼른 재를 뿌려 다시는 목이 붙지 못하도록 하였다.

　김통정은 한 번 침실에 들어가면 한 달 동안 식음을 전폐하고 잠을 잤는데 이 비밀을 김통정의 대살이(머슴) 김방경에 고해 바쳐 그를 죽이게 하였다.

이러한 설화는 황당무계한 이야기요 단순히 김통정을 신비화시킨 이야기에 지나지 않는다고 주장하는 이도 있으나 이 설화에는 삼별초 최후의 정황을 알려주는 역사적 사실들이 담겨 있다. 설화에 보이는 천자국에서 3장수를 파견하였다는 이야기는, 몽골이 김통정을 토벌하기 위해 군대를 파견하고 파견된 여몽연합군이 3군으로 편성되어 김방경·혼도·홍다구 등 3장수가 공격군을 주도적으로 지휘한 사실을 말한다. 여몽연합군은 항파두성 공격 때 삼별초군의 맹렬한 방어전으로 상당히 고전하였고, 특히 공성 무기로 불재를 이용하여 상당한 효과를 거두었음을 알 수 있다. 이 전투에서 거둔 여몽연합군의 승리는 기본적으로 삼별초군을 압도한 엄청난 군세 덕이었지만, 김통정을 비롯한 삼별초군의 종말에는 '아기업개' '대살이'라고 부르는 제주도민들의 정보제공이나 공격군의 길잡이 같은 역할도 큰 기여를 하고 있다. 이 설화에는 이러한 제주도민들의 삼별초군에 대한 일종의 배신행위에 대한 회한과 김통정을 비롯한 삼별초 잔여세력의 비참한 최후에 대한 애석함이 담겨 있다 하겠다.

04 에필로그

강화도로부터 시작한 삼별초 답사여행은 제주도 한라산 영실기암 계곡까지 시공을 넘나들며 700여 년 전의 전쟁을 되살려 놓았다. 답사를 하면서 나의 뇌리를 오랫동안 사로잡았던 것은 삼별초의 봉기를 어떻게 이해하고 평가할 것인가 하는 문제였다. 나는 이 문제를 참선의 화두처럼 던져놓고, 답사지 곳곳에서 외세에 굴복하기보다 깨끗한 죽음을 선택한 이들의 많은 사연에 역사적인 의미를 부여하였다. 강화도에서는 병자호란 때 남문의 화약고에 올라앉아 손자와 함께 순절한 김상용金尙容의 단심丹心을, 병인양요 때 국왕에게 최후의 우국상서를 올리고 순절한 이시원李是遠·이지원李止遠 형제의 충절을 보았다. 진도 남도진성에서는 성과 운명을 함께한 배중손의 굽힘없는 의기를, 그리고 제주도 영실계곡에서는 김통정의 마지막 숭고한 죽음을 보았다. 외세에 끝까지 저항한 삼별초의 봉기와 이와 유사한 역사적인 사건들은 문화민족으로서의 민족적 자부심을 불러일으키고 우리 민족의 민족혼을 일깨워 우리 역사를 맥맥히 이어 내려오게 한 원동력이 되었다. 삼별초의 대몽항쟁은 몽골의 침략을 받거나 그 지배 아래 있던 다른 민족이나 국가와 다르게

삼별초 항몽 순의비

고려가 독자적인 국가와 독립적인 왕실을 유지할 수 있게 한 가장 중요한 요인이었다고 생각된다. 몽골은 고려와의 오랜 전쟁과 특히 삼별초의 끈질긴 항쟁을 통해 외세에 굴복하지 않는 우리 민족의 저항정신을 보고, 고려의 독립적인 지위를 묵인하는 선에서 타협점을 찾았다고 볼 수 있다. 이와 같이 삼별초의 봉기는 현실적으로 국가와 민족의 존속과 유지에 크게 기여한 역사적인 거사로서 의미 부여할 수 있을 것이다. 그렇다면 삼별초에 대한 이러한 긍정적인 평가 외에 다른 측면은 없을까.

삼별초 봉기에 대해서는 여러 가지 평가가 이루어져 왔다. 첫째는 고려·조선 왕조시대에 왕조 중심의 입장에서 반란사건으로 보았던 견해다. 두 번째는 일제강점기 이후 현재까지 우리 학계의 주류를 이루고 있는 것으로, 삼별초 항쟁을 민족적 자주정신의 발로로 보고 몽골과 타협한 고려중앙정부를 부정적으로 보는 견해다. 기존의 평가는 이 두 가지로 대표된다고 하겠는데, 첫 번째 역사인식방법에는 동의할 수 없지만 삼별초 봉기를 긍정적인 입장에서만 평가하는 현 학계의 주장에 대해서도 새로운 검토가 필요하다는 생각이다. 당시 고려왕실이나 문신중심의 대몽골 화평정책을 단순히 굴욕적인 반민족적인 태도로 매도만 할 수 있는가 하는 점이다.

몽골과의 오랜 투쟁 기간 동안 고려정부 내에는 무신중심의 대몽 항전파와 문신중심의 대몽 화평파가 갈려 나름대로 국가의 안위와 운명을 걸고 자기들의 주장을 제기하였다. 항전파는 민족적 자존심을 내걸고 몽골에 대한 굴복이 곧 국가의 파멸을 가져올 것이라고 주장하고, 화평파는 동서양을 통일한 강대한 몽골을 상대로 하는 전쟁이 곧 국가의 파멸을 가져올 뿐 아니라 백성들에게 엄청난 고통을 강요하게 될 터이니 현실적으로 몽골과의 타협이 오히려 국가를 파멸에서 구할 수 있다는 논리로 맞섰다. 그러나 이 기간 동안 정국의 주도권을 잡은 것이 무신들이었기에 주전론이 정계를 주도하고 화평파는 소수의 의견으로 머물렀다. 무신들이 몽골과의 타협에 극력 반대한 이유 가운데는 왕실이 몽골이라는 새로운 후원세력을 얻어 자신들의 정권 유지를 위협할 수 있다는 판단도 중요하게 작용한 것으로 보인다.

당시의 집권자인 최우는 항전파의 주장대로 강화도 천도를 결행하였고 이로써 몽골과의 기나긴 전쟁이 시작되었다. 그러나 집권세력들은 전쟁을 시작하기에 앞서 백성들의 생명과 재산을 보호할 어떤 적극적인 정책도 제시하지 못하였다. 그저 입보정책入保政策 즉, 백성들 스스로 자신들의 생명과 재산을 보호하기 위하여 산속이나 섬으로 피신하여 숨으라는 소극적인 정책으로 일관하여 백성들에게 엄청난 고통과 피해를 주었다. 반면 자신들은 강화도라는 천혜의 안전지역으로 옮겨 대몽항쟁 기간 동안 비교적 편안한 삶을 영위하였다. 대몽전쟁은 피하기 어려운 면이 분명 있었지만, 전쟁을 결행하기 전에 반드시 백성들의 안전문제를 최우선으로 고려하였어야 하고 전쟁에 승리할 수 있는 군사력 양성을 전제하여야 했음에도 불구하고 이러한 대비가 매우 미흡하여 이는 전쟁 기간 동안 내내 부담으로 작용하였다. 이러한 관점에서 항전파와 화평파의 주장을 객관화시켜 공평하게 살펴볼 필요가 있고, 이러한 연장선상에서 삼별초와 개경정부의 대몽자세 역시 새로이 평가되어야 할 것이다. 우리 선인들이 자주 인용한 격행불격리隔行不隔理를 생각하면서 고려시대 몽골의 침입위협 속에서 취한 대몽골 정책, 조선시대 병자호란을 전후한 대청정책 등의 역사적 교훈을 통해 요즘 북한의 핵 위협 속에서 대북·대미 관계 등을 어떻게 해결하는 것이 국가와 민족의 장래를 위한 최선의 방안인지를 심사숙고할 필요가 있다.

참고문헌

『高麗史』

『高麗史節要』

김상기, 「삼별초와 그의 난에 대하여」, 『진단학보』, 1941 / 을유문화사, 1948.

김윤곤, 「삼별초의 대몽항쟁과 지방 군현민」, 『동양문화』, 1981.

윤용혁, 「삼별초의 봉기와 남천에 관하여」, 『이기백선생 고희기념 한국사학논총』, 1994.

윤용혁, 「삼별초 진도정부의 성립과 그 전개」, 『'한국사연구』 1994.

윤용혁, 「고려 삼별초의 제주항전」, 『제주도연구』 1994.

이익주, 「고려후기 몽고침입과 민중항쟁의 성격」, 『역사비평』 계간24호, 1994.

민현구, 「몽고군·김방경·삼별초」, 『한국사시민강좌』 8, 1991.

변태섭, 「배중손 – 삼별초난의 기수」, 『인물한국사』, 1965.

이우성, 「삼별초의 천도항몽운동과 대일통첩 – 진도정부의 한 자료」, 『한국의 역사상』, 1982.

박용운, 『고려시대사』, 1985.

주채혁, 「삼별초가 세계질서에 미친 영향」, 『월간원』 1996년 6호.

이기백, 『고려군제사연구』, 일조각, 1968.

룩 콴텐, 송기중 역, 『유목민족제국사』, 민음사, 1984.

광해군을 찾아서

덕수궁 즉조당. 광해군이 즉위한 곳이다.

<u>01</u> 광해군光海君에 들어가며

서울에 있는 궁성 가운데 가장 손쉽게 찾을 수 있는 궁이 덕수궁이
아닌가 한다. 1960년대에는 덕수궁 안에 주류를 판매하는 카페 분위기의
음식점도 있어 저녁에 시간 여유가 있으면 이 곳을 찾아 도심 속에서
맛보기 어려운 조용한 시간을 즐기곤 하였다. 1970년대 중반 이후에는
직장이 덕수궁과 멀어지고 생활이 바빠지면서 이 곳을 찾을 기회가
적어졌지만 그래도 서울에 있는 다른 궁보다는 찾는 기회가 많았다.
나는 이 곳을 찾을 때마다 한말에 강대국의 각축에 휘말렸던 대한제국
말기의 국정을 되짚어보며 비운의 조선왕가의 모습을 떠올리곤 하였다.
　2004년 2월 21일(음력 2월 2일), 이전과는 다른 생각을 가지고 오랜만

에 덕수궁을 찾았다. 내가 오랫동안 생각하였던 광해군에 대한 새로운 역사적인 평가작업을 위한 첫출발이었다. 덕수궁은 광해군의 즉위·퇴위와 인연이 깊은 곳이고 음력 2월 2일은 광해군이 큰 꿈을 안고 왕위에 오른 날이기도 하다. 나는 스산한 초봄의 오후 햇빛 속에 인적 드문 덕수궁 뜰을 걸으며 광해군의 즉위와 퇴위 모습과 그의 평생을 되짚어보았다.

조선왕조에 임금으로 재위했던 27명의 국왕 가운데 재위중에 축출된 국왕은 세 명이다. 이 중 단종인 노산군은 뒤에 다시 추존되었지만 연산군과 광해군은 폐위되면서 강등된 대군의 칭호로 역사에 그대로 기록되었다. 두 임금 가운데 광해군은 연산군과 달리 그를 쫓아낸 집권세력인 서인들에 의해 철저히 매도되고 격하되었다. 이러한 역사왜곡은 반정 직후뿐 아니라 후대에까지 지속되었다. 이를 가장 손쉽게 볼 수 있는 것이 『광해군 일기』다. 조선왕조실록은 조선왕조의 역사를 살펴볼 수 있는 가장 대표적인 관찬 역사서요, 세계에 자랑할 수 있는 역사 기록물이다. 왕조실록은 새 임금이 즉위하면 실록청을 설치하고 전 국왕의 역사를 정리·편찬하여 그 국왕의 시호를 따라 『○○실록』이라 하는데, 광해군과 연산군만 쫓겨난 국왕이라 하여 '일기'로 부른다. 인조반정 이후 서인들은 자신들의 반정을 합리화하고 정당화시키기 위해 서둘러 실록 편찬사업을 시작하였다. 그러나 인조 등극 후 거듭된 내우외환(이괄의 난, 정묘호란 등)으로 실록 편찬이 쉽게 마무리되지 못하여 다른 실록에 비해 편찬기간이 길었고(10년 11개월) 도중에 대대적인 수정이 가해지는 등 복잡한 과정을 거쳐 편찬되었다. 원래 실록 편찬 과정을 보면 초초본初草本(원고본), 중초본中草本(수정본), 정초본正草本(완성본) 과정을 거쳐 정초본을 활자로 인쇄하여 완성하고 인쇄

이전의 모든 초본들은 세검정에서 세초洗草(물로 씻어버림)하여 남겨 놓지 않았다. 이는 초본을 작성하는 사관들이 소신 있게 직필直筆할 수 있도록 누구의 글인지 흔적을 남기지 않고 종이도 재활용한다는 이중의 목적이 있었다. 그런데 역대실록 가운데『광해군 일기』만이 유일하게 중초본이 남아 있을 뿐 아니라 정초본도 인쇄하지 못하고(187권 가운데 6권 정도만 인쇄) 정초본을 두 벌 정서하는 것으로 마무리 되었다. 이렇게 된 이유는 내우외환과 재정적인 어려움 때문이었는데, 결국 절름발이 실록 편찬이 되었다. 원래 실록은 4~5벌을 인쇄하여 각 사고에 보관하도록 되어 있는데 2벌의 정서본(정초본)만 만들다 보니 사고에 보관할 실록이 부족하여, 정서본(정초본)은 정족산 사고와 적상산 사고에 보관하고 태백산 사고에는 정서본(정초본) 대신 중초본에 수정을 가한 것을 그대로 보관하게 하였다. 아이러니하게도 이들의 역사 왜곡 모습을 어느 정도 볼 수 있게 된 것은 이 덕분이다. 물론『광해군 일기』의 편찬이 서인들의 손으로 이루어졌기 때문에 중초본이라 해도 왜곡되기는 마찬가지였지만, 중초본이 미흡하다고 생각하여 정서본(정초본)을 다시 수정·왜곡한 내용이 많아 그들이 얼마나 철저하게 광해군의 행적과 업적을 왜곡 폄하하였는지 볼 수 있게 되었다. 또 광해군 때 편찬된『선조실록』은 반정 후 서인들이 내용을 다시 왜곡, 수정하여『선조수정실록』으로 다시 편찬하였다. 그러나 광해군의 경우는 몰락한 후 그를 지지한 북인세력이 거의 전멸하여 정계에서 사라졌고 그 뒤에도 서인계가 계속 정치의 중심세력으로 자리잡아 잘못된 기록을 바로잡을 기회를 갖지 못하였다. 오히려 세월이 흐른 뒤에도 왜곡이 더욱 심화된 것은 광해군의 국왕으로서의 업적이나 행적이 인조에 비해 손색이 없을 뿐 아니라 오히려 그보다 훨씬 더 뛰어났기 때문에, 자기들

(서인)이 주도한 인조반정이 오류였다는 역사적인 평가를 받을까 두려워해서였을 것이다.

그럼 광해군은 어떠한 국왕이었는지, 또 왜 축출되었는지, 그리고 광해군의 역사적인 평가는 어떻게 내리는 것이 정당한지 살펴보기로 하겠다.

02 세자시절의 광해군

광해군 이혼光海君李琿은 선조 8년(1575, 을해) 4월, 후궁 공빈 김씨의 둘째 아들로 태어났다. 선조는 8명의 부인으로부터 14명의 아들과 11명의 딸을 두었다. 아들 14명 중 인목대비 소생인 영창대군을 제외한 나머지 13명은 모두 후궁 소생이었다. 광해군이 세자에 책봉될 수 있었던 것은 다른 왕자들에 비해 왕재로서의 재질이 뛰어났을 뿐 아니라 대신들로부터도 인망을 얻고 있었고 여기에다 임진왜란이라는 국가적 위기를 당한 다급한 상황 때문이었다(선조는 광해군을 "天資英明 學問精敏 仁孝夙著"라고 칭찬하였다). 선조 25년(1592) 임진왜란이 일어나자 왜병을 상대로 하여 싸움다운 싸움 한 번 못하고, 백성들의 안위보다는 자기 살 길만 찾아 도망하는 당시 집권층에 대해 백성들은 불신감을 넘어 적개심까지 보이고 있었다. 선조의 몽진 소식이 알려지자 한양주민 다수가 궁궐에 불을 지르고 피난하는 국왕 일행을 향해 돌팔매질을 할 정도로 민심은 조정을 떠나고 국가는 존망의 위기에 봉착하였다. 이런 분위기 속에서 선조는 흐트러진 민심을 수습하고 일본에 대한 항전의 새로운 구심점을 만들기 위해 서둘러 광해군을 세자로 책봉하였다. 당시 조선왕조는 선조가 한양을 떠난 4월 30일 이후부터 사실상

중앙정부의 조직적인 운영이나 통치권이 거의 무너진 상태였다(세자책
봉은 4월 28일). 더욱이 왜병이 평양성에까지 이르러 평양성 함락이
목전에 다다르자 선조는 6월 14일, 평양성을 떠나 다시 의주로 피난길을
나섰고 장차는 중국으로 건너갈 계획까지 세웠다. 이러한 상황이기에
선조는 호종신하들의 건의를 받아 세자인 광해군을 국내에 남겨 분조(왕
을 대신하여 세자가 이끄는 정부)를 세우고 일본과의 모든 항전을 주도
케 하였다. 당시 18세의 광해군은 평안도 영변행궁寧邊行宮에서 '권섭국
사權攝國事'(국가의 통치권)를 명 받은 후 의주에 피난 가 있는 선조를
대신하여 분조를 이끌고 평안도, 강원도, 황해도 등 전국을 다니며 백성
을 아우르고 의병을 이끌며 실질적인 전쟁의 최고 통수자 역할을 훌륭히
해냈다. 당시 백성들과 관리들, 그리고 병졸들이 광해군 주변에 응집하
여 그를 따랐고, 이것이 임란을 승리로 이끄는 원동력이 되었다. 이러한
광해군의 활약상은 정말 눈부셨지만『광해군 일기』등의 관찬기록에는
거의 삭제되거나 은폐 축소되었다.

  광해군의 일본과의 전쟁 수행은 초기는 분조를 통하여, 후기에는
무군사撫軍司를 중심으로 이루어졌다. 선조는 한양으로 환도한 이후
광해군의 군사지휘기구로 분조 대신 무군사를 설치하였다. 분조를 대신
하게 된 무군사는 모든 기능과 역할이 분조와 대동소이하였다. 광해군은
무군사를 이끌고 공주, 전주, 수원 등지를 순행하며 전쟁을 승리로 이끄
는 데 주도적인 역할을 하였다. 그러나 조선정부가 선조가 이끄는 정부
와, 지방의 광해군이 이끄는 분조 또는 무군사로 이원화되자 국가권력과
조정신하 등이 양분되어 두 정부 사이에 갈등이 생겨났다. 더욱이 명이
선조의 무능을 질책하며 선조 28년 3월 27일 광해군을 전라도 경상도
군무총독으로 임명하여 내면적으로 선조의 전위를 압박한 것이 이 갈등

을 더욱 부추겼다. 그러나 전쟁을 통해 광해군은 군왕으로서의 자질과 능력을 충분히 인정받고 백성들로부터도 많은 인망을 얻었을 뿐 아니라 그를 따르는 조정의 대소 관료가 많아 그의 왕위계승은 탄탄대로로 보였다. 그런데 선조가 중전박씨(선조 33년, 1600년 죽음) 뒤로 인목왕후(김제남金悌南의 딸, 당시 19세)를 맞이하고(1602) 그의 몸에서 영창대군이 태어나자 광해군의 왕위계승권이 서서히 위협을 받게 되었다. 선조는 뒤늦게 정비의 몸에서 태어난 영창대군을 무척 사랑하였고 장차는 그에게 왕위를 물려주려는 생각까지 하였던 것 같다. 선조의 뜻을 짐작한 조정의 대소 관료는 자연히 세자 지지세력(유희분柳希奮을 중심으로 한 소북파, 이산해李山海와 이이첨李爾瞻의 대북파, 정인홍鄭仁弘을 중심한 산림세력)과 영창대군 추대세력(유영경柳永慶을 중심으로 한 일부 소북파)으로 양분되었다. 영창대군 추대세력은 소위 장자도 아니고 적자도 아니라는 '비장비적설非長非嫡說'을 내세워 광해군의 세자책봉이 잘못되었다는 주장을 하였다.

이러한 상황에서 선조가 재위 40년에 병이 들어 병세가 급격히 악화되자 선조 자신이 당시 두 살 난 영창대군에게 왕위를 물려주기에는 무리가 있다고 판단하여 3정승을 불러 어쩔 수 없이 광해군에게 왕위를 전위할 것을 명하였다. 그러나 유영경이 왕의 뜻을 숨기고 영창대군을 추대하기 위해 광해군을 폐하려는 음모를 꾸몄다. 이에 광해군 지지세력이 정인홍을 앞세워 유영경을 탄핵하고 왕의 전위를 거론하는 상소를 올리자 이에 격분한 선조는 정인홍 등을 귀양 보냈다. 이 와중에 선조가 재위 41년(1608) 2월 1일, 57세로 별안간 돌아가자 광해군은 다음 날인 2월 2일 세자에 책봉된 지 16년 만에 현재의 덕수궁인 정릉동 행궁의 서청(즉조당)에서 어려웠던 왕위에 즉위하였다(당시 34세).

<u>03</u> 국왕 광해군

광해군이 즉위할 당시의 조선은, 전쟁의 후유증으로 전국의 농토가 거의 황폐화되고 모든 산업은 무너져 농민들이 농지를 떠나 떼를 지어 유리걸식遊離乞食하는 등 눈뜨고 보기 어려운 상황이었다. 백성들의 생활이 최악의 상태니 사회 전체가 불온한 분위기에 휩싸였고 국가의 조세수입은 거의 이루어지지 않아 국가재정은 파탄 상태에 이르렀다. 더욱이 광해군의 즉위를 전후하여 흉년이 계속되고 여기에다 전염병까지 만연해 그야말로 목불인견目不忍見의 참상을 보이고 있었다. 성혼成渾의 『우계집牛溪集』에 "들판에는 인적이 끊기고 백골만이 뒹굴고…… 모두 굶주림에 지쳐 그저 누워 있을 따름이고…… 풀을 뜯어서 달고 쓴 것도 가리지 않고 씹어 먹고……"라고 당시 백성들의 모습을 쓰고 있다. 이러한 속에서도 조정 중신들은 국가적인 위기 상황에는 손을 놓고 정파 간의 당파싸움에만 여념이 없었다. 여기다 북방에는 강성해진 여진족이 새로운 위협세력으로 등장하여 전운이 감도는 등 내우외환이 겹친 셈이었다.

이렇게 혼란스럽고 어려운 시대에 왕위에 오른 광해군은 암담한 난국을 극복하여 국가적 위기를 구하고 국내 분위기를 일신하기 위해 이전에 어떤 군주도 엄두를 내지 못했던 과감한 개혁정치를 추진하였다. 이는 광해군이 임진왜란 중에 분조를 이끌고 조선 8도 곳곳을 누비면서 조선 역대군주 가운데는 유일하게 전국을 샅샅이 살펴보고 임금이 된 인물로서 백성들의 생활모습과 애환을 가장 깊게 이해하고 있었기에 가능했던 일일 것이다.

광해군이 재임기간 동안 추진한 개혁정책의 면면을 살펴보자.

첫째로 혼란한 조정분위기를 안정시키고 원만한 정치운영을 위한

정치적인 개혁정책으로서 당파를 초월한 과감한 인재 등용정책을 실시
하였다.

광해군은 즉위하자 영의정에는 인망이 두터운 이원익李元翼(남인),
좌의정에는 이항복李恒福(서인) 그리고 이정구李廷龜, 황신黃愼, 윤방尹昉
등 당파색과 관계없이 능력본위로 유능한 인재를 기용하였다. 그는
세자 시절부터 당쟁의 폐해를 절감하였기 때문에 부정적인 붕당관이
신념화되어 있었다. 그래서 즉위 후에 자기의 왕위계승에 앞장섰던
북인에 비해 약세에 놓여 있던 서인 남인 중진들을 대거 중용하는 초당적
인 인사를 단행하였다. 그 뒤에도 광해군은 당색을 불문, 거의 파격적인
인사정책을 추진하였다. 이러한 인사정책은 임란 동안 분조를 이끌고
전투를 진두지휘한 경험을 바탕으로 한 것으로 보인다. 또한 그의 취약한
왕위계승권을 굳히고 허약한 왕권을 안정시킬 수 있는 정책이기도 하였
다. 물론 시간이 지나면서 세자 시절 광해군을 보호하고 왕위의 즉위에도
공이 컸던 대북세력이 점차 정치주도권을 잡아가지만 광해군은 초지일
관 정파와 가문 등을 초월한 인재등용을 고집하였다. 이러한 당파를
초월한 정국 운영은 대북세력의 입장에서 보면 자기들의 정국주도에
상당한 걸림돌이 되었을 것이다. 대북세력은 이 같은 상황을 타개하기
위해 김직재 역모사건(광해군 4년, 진릉군 추대역모), 계축옥사(광해군
5년, 영창대군 추대역모) 등을 내세워 '토역론討逆論'(역적토벌)을 바탕
으로 서인 남인 세력을 내몰고 정국의 주도권을 장악하였다.

이에 대해 광해군은 명의 강요에 따른 후금 출병이라고는 하지만
출병에 찬성한 대북세력들이 오판을 했다는 점을 내세워 대북세력을
견제하고 정국의 주도권을 장악하면서, 종래의 파격적이고 초당적인
인사를 견지, 추구하였다. 그러나 이러한 광해군의 대북세력에 대한

견제정책은 오히려 반 대북세력인 서인들을 중심으로 한 정계개편 움직임의 계기가 되고, 이것이 뒤에는 대북세력 타도에서 더욱 발전하여 광해군을 몰아내는 인조반정에까지 이르게 되었다.

그런데 광해군의 초당적이고 파격적인 인사정책은 많은 인사들로부터 환영을 받았지만 다른 한편으로 전통적인 가문을 중시하는 일부 양반들로부터 전통질서를 파괴한다는 공격을 받으면서 이들을 정적으로 만드는 요인이 되기도 하였다.

둘째로 임진왜란의 피해를 극복하여 국가재정을 확보하고 백성들의 생활 안정을 도모하기 위해 혁명적인 경제개혁정책을 추진하였다.

광해군은 즉위한 다음 날, 다음과 같은 경제개혁선언時弊改革宣言을 하였다.

"해묵은 포흠逋欠(관청의 물품을 사용으로 써버림)과 급하지 않은 공부貢賦, 군졸의 도망과 호세가豪勢家의 침능侵凌, 이 밖에 민을 병들게 하는 모든 폐단을 일체 줄이고 혁파하라."는 이 선언에 의거하여 조세제도의 개혁에 착수하였다. 당시 백성들이 부담한 조세는 조租(전세田稅), 용庸(역세役稅, 노동력), 조調(공물)로 이 가운데 백성들에게 가장 부담이 커서 원망의 대상이 되었던 것은 조調 즉 공물貢物로, 여기에 문제가 된 것은 방납防納의 폐해였다. 방납이란 각 지방마다 조세의 일종으로 국가에 바치던 공물(지방 특산물)을 상인과 관리들이 대신 바치던 것으로, 공물 가운데는 당시 농촌에서 만들기 어려운 가공품이 많아 농민들은 이것을 사서 바치거나 상인, 관리들이 대신 바치고 이 대금을 농민들로부터 징수하는 경우가 많았다. 뒤에는 상인이나 관리들이 이를 기화로 중간이익을 크게 취하면서 세를 부담하는 백성들의 피해는 엄청나게 되었다. 광해군은 이러한 방납의 폐해를 막기 위해 선혜청을 설치하고 이 기구를 통해 새로운 세법으로서 대동법을 실시하였다. 대동법은 중간이익을 배제하기 위해 백성들에게 공물 대신 미곡을 직접 바치게 한 제도인데, 방납으로 많은 이익을 얻고 있던 양반관료나 상인들의 반대가 격렬하였지만 광해군은 강력한 의지를 가지고 이를 밀어붙였다. 특히 과거의 공물이 지역단위로 배정하여 이것이 각 가구별로 나누어 부담케 했던 것에 비해 대동법은 토지의 소유자에게 과세 되었다. 그래서 대동법의 시행으로 가장 득을 본 것은 백성들이었고 손해를 본 것은 방납인防納人(공물 대납인), 향리, 수령, 대토지 소유자 등이었다.

또 광해군은 농정과 군정을 개혁하기 위해 토지조사사업과 호패법을 실시하였다. 오랜 전쟁으로 농지와 인구가 감소하고 양안量案(토지대장)과 호적戶籍들이 대부분 유실되어 토지와 인구의 실상을 파악할 수 없었다. 그래서 이를 체계적으로 정리, 파악하여 국가경제정책의 기초를 닦고 북방에 새로운 위협거리로 등장한 여진족에 대비, 군적을 정리하여 병력을 확보코자 하였다.

또한 피폐한 국가재정을 확보하기 위해 상공업 중시정책을 추진하였다. 왜란 이후 황폐해진 국가 사회를 재건하기 위해 농업보다는 상공업에 치중하여 상업, 유통을 통해 재원을 확보하고자 하였다. 이는 당시의 전통적인 중농적 경제관에서 보면 상당히 혁명적인 개혁정책이었다. 이러한 개혁정책의 일환으로 유통경제의 활성화와 국가재정의 확보를 위해 은광 개발과 주전鑄錢(동전 제조)을 장려하고 세금을 동전으로 수납하려는 계획까지 추진하였다. 아울러 염철鹽鐵의 국가전매제를 추진하였다. 이는 전세田稅에 의존하던 국가재정을 보충하기 위해 세원稅源을 확대하고 국가가 경제력의 주도권을 확보하려 한 정책이라 생각된다. 이러한 사회경제부면에서의 개혁정책의 근본취지는 피폐해진 국가재정을 회복하고 미약한 왕권을 강화하면서 백성들의 부담도 경감시키고 생활향상도 이루려는 것이었다. 이러한 정책들의 혜택은 모두 백성들에게 돌아갔고, 반면 기존 고위관료층이나 대토지 소유자 등은 지금까지 누리던 많은 이익을 내놓아야 했다. 그들은 당연히 광해군에게 반발하였고 이어 반 광해군 세력이 되었다.

셋째로 광해군은 임란으로 서책과 문화기관이 거의 소실되고 재정이 황폐화된 극도의 어려운 상황에서 국가의 백년대계를 위해 강력한 문예진흥정책을 추진하여 조선의 역대 군주 가운데 이 부문에 가장 뛰어났던 세종이나 성종에 못지않은 큰 업적을 남겼다.

광해군은 즉위하자 전란으로 유실되고 흩어진 서책을 수집하는 데 힘을 기울였는데, 서책 수집은 국내뿐 아니라 중국 등 외국에서까지 널리 이루어졌다. 이는 임란을 통해 서책뿐 아니라 국가의 모든 자료가 망실되어 왕조실록을 편찬하는 것마저 어려워진 지경이라 당시로서는 가장 시급한 문제이기도 하였다. 광해군은 국내의 각종 자료, 기존의 서책, 심지어 개인 일기까지 전국적으로 수집하고 이를 바친 사람에게 후한 상을 내렸다. 또한 중국에 내왕하는 사신을 통해 주로 중국의 역사서뿐 아니라 제도서 등 다양한 서책을 체계적으로 수입하게 하였다. 이 때 중국에서 반입된 서책으로 『후한서後漢書』, 『남북사南北史』, 『금사金史』, 『요사遼史』, 『원사元史』, 『태평어람太平御覽』, 『역대명신주의歷代名臣奏議』, 『대명회전大明會典』 등이 있고, 당시 사신으로 명에 몇 차례 내왕했던 허균許筠이 광해군 6년에 왕의 명을 받아 4천여 권의 서책을 구입하였다는 기록이 있는 것으로 보아 서책 수집에 심혈을 기울인 광해군의 모습을 엿볼 수 있다.

광해군은 이렇게 수집한 서책을 발판으로 서적교인도감書籍校印都監을 설치하고 대대적인 서적 편찬사업을 추진하였다. 편찬사업은 크게는 문예진흥을 위한 것이었지만 내면에는 전란으로 추락한 백성들의 건전한 양식의 회복, 질병으로 허덕이는 백성들의 구원, 추락한 왕실의 위엄 회복과 국가기강의 확립 등을 목적으로 한 것이었다. 이러한 목적을 위해 출판된 대표적인 서책으로『용비어천가』,『동의보감』,『동국신속 삼강행실도』등이 있으며 이 밖에도『고려사』,『동국여지승람』,『훈몽자회』,『경국대전』등 수많은 서책을 편찬하였다. 이 중『동의보감』은 현 동아시아 최고의 한의서로서, 광해군의 애민정신과 탁월한 의술을 지닌 전설적인 인물 허준許浚의 합작품이라 할 수 있다. 광해군은 임란을 통해 뼈저리게 느낀 경험을 바탕으로 새로 수집하거나 편찬한 서책을 온전하게 보존하기 위해 이를 분산 보관토록 하였다. 임란시 4대사고四大史庫 가운데 유일하게 전주사고만이 보존되어 실록이 남을 수 있었기에 전란중에 파손된 사고를 정비하고 서책이나 국가의 각종 자료의 부본을 만들어 이를 전국에 분산 보관토록 하였다.

또 광해군은 문예진흥과 인재양성을 위해 독서당을 설치하고 사가독서제賜暇讀書制를 도입하여 실시하였다. 사가독서제는 유능한 관리를 선발하여 휴가를 주고 독서당에서 독서에 전념토록 한 고급인재양성제도다. 광해군이 어려운 국가재정과 신하들의 반대를 무릅쓰면서 이를 강행한 것은 국가의 먼 장래를 보고 필요한 훌륭한 인재를 양성하기 위함이었다. 이처럼 국내외의 어려운 여건 속에서 이루어진 광해군의 문예진흥정책은 국력회복에 크게 기여하였을 뿐 아니라 조선후기의 문예부흥에 밑거름이 되었다.

넷째로 광해군은 외교적인 면에서 탁월한 경륜을 가지고 어려운 대중국관계, 대후금관계, 대일본관계를 현명하게 처리하여 전후처리문제와 새로운 전쟁의 위기를 잘 극복하였다.

임진왜란을 전후한 시기는 조선왕조를 중심으로 한 주변 국가들의 일대 변혁기였다. 일본은 임진왜란이 끝난 후 전쟁을 일으킨 도요토미豊臣 집안이 몰락하고 도쿠가와德川 집안이 일본의 새로운 집권자가 되었다. 중국 명나라는 임란의 출병과 농민반란 등으로 쇠망의 길로 들어섰고, 여기에 만주의 신흥세력국인 여진족이 급속히 팽창을 하고 있었다.

광해군은 즉위하자마자 주변 국가와의 새로운 관계설정을 위해 최선을 다하였다. 특히 명청교체기明淸交替期에 약소국으로서 전쟁을 막고 평화를 유지하며 국가재건을 이루어야 한다는 막중한 책임을 지고 국제정세에 냉철하고 현명하게 대처하는 뛰어난 지혜를 보였다. 광해군은 임란중에 직접 분조를 이끌고 명나라와 일본 두 나라 사이에서 국가의 존립을 위해 동분서주하며 전쟁 속에서 고통을 당하는 백성들의 참상을 수없이 목격하였기에, 어떻게 하든지 전쟁을 막고 백성들에게 평안한 삶을 누리게 하는 것이 가장 중요하다고 생각하였다. 그래서 성리학적인 대의명분보다는 국익을 으뜸으로 생각하는 실리적인 경세관을 자신의 대외정책의 바탕으로 삼았다. 이러한 광해군의 실리외교는 조선왕조 역대 군주들의 외교정책 가운데 가장 뛰어난 것이었으며, 이를 이끈 광해군은 역사상 가장 뛰어난 외교관이었다고 하겠다.

먼저 일본과의 관계를 보자.

당시는 임진왜란이라는 우리 역사상 유래를 볼 수 없는 전란을 겪은 후이므로 군관민 모두 일본에 대한 적개심이나 혐오감이 극에 달한 상태였다. 따라서 조정의 분위기나 일반 백성들의 정서는 일본과의 관계개선에 대해 극히 부정적이었다. 그러나 광해군은 이러한 반왜反倭 감정에 편승할 수만은 없었다. 점차 큰 위협세력으로 부상하고 있던 후금後金 문제나 국내의 정치·경제적 문제 등 현실적으로 시급한 과제를 해결하기 위해서는 인접국가와의 평화 유지가 필수적이었다. 특히 뛰어난 국제적인 안목을 지녔던 광해군은 후금과 일본을 적대국으로 삼아 남북으로 협공을 당하는 최악의 위기상황에서 벗어나는 것이 나라를 지키는 최선의 방략이라고 판단하고 있었다. 또 임란을 통해 조총, 장검 등 일본 무기의 우수성을 충분히 인식하고 이러한 무기를 수입하여 자주 국방력을 강화하고자 하였다. 이에 우선 일본과의 적대적인 관계를 종식시키는 것이 국익을 위한 최선의 방법이라고 생각하여, 임진왜란의 뒤처리로서 강화조약인 기유약조를 광해군 1년(1609)에 체결하고 국교를 재개하였다. 이로써 광해군은 오랜 숙제였던 일본문제를 해결하고 북방문제에만 전념할 수 있었다.

다음에 명과 후금과의 관계를 보자.

임진왜란 때 원병을 파견한 명과의 관계는 가장 어려운 숙제였다. 이는 국가와 국가 간의 단순한 은원관계恩怨關係를 떠나서 당시 사상계를 지배하였던 성리학과 밀접하게 관련되어 있었기 때문이다. 당시 성리학적 대의명분론에 사로잡힌 지배계층인 양반층은 중국과의 사대외교를 절대시하여 중국을 섬기는 것이 천리天理 즉 하늘의 이치를 따르는 것이고, 이것이 사람의 가장 기본적인 도리라고 생각하였다. 더욱이 임란 이후에는 이러한 생각이 더욱 심화되어, 우리의 국익을 내세우기보다는 명이 우리를 살렸다는 재조지은再造之恩의 명분론에 근거한 숭명의식崇明意識이 양반사회를 지배하였다. 이러한 속에서 등장한 누르하치의 건주여진은 점차 세력을 결속하여 주변을 아우르면서 세력을 확대시켜 나가더니 광해군 8년(1616)에는 후금을 건국하고 명과 조선에 큰 위협이 되었다. 지금까지의 대여진정책은 기미책羈縻策(유목민에 대한 유화적인 현상유지책)인 교린정책이었다. 당시 광해군은 이러한 전통적인 외교 틀을 유지하면서 대륙정세의 변화에 촉각을 세우고 정보수집에 총력을 기울이며 이 정보들을 토대로 대응책 마련에 부심하였다. 한편으로는 우리 정보가 주변국으로 빠져나가지 못하도록 기밀 유지에 최선을 다하였다. 아마 조선의 역대 군왕 가운데 광해군처럼 주변국의 정세변화와 관련한 정보를 많이 수집한 군왕은 전무후무하다고 생각된다. 이러한 광해군의 명과 후금에 대한 대외정책은 사대교린에 바탕한 것으로, 명분보다는 국가의 실리를 우선하는 교묘한 중립적인 외교정책이었다.

광해군 재위시 명과 후금과의 관계에서 가장 어려웠던 문제는 명의 파병 요청이었다. 명은 후금을 정벌하기 위해 몇 차례에 걸쳐 파병문제를 제기하다 광해군 10년(1618)에 정식으로 파병을 요청해 왔다. 광해군은 당시의 삼국관계 속에서 원정군의 파견이 가져올 재난을 예견하고 여러 가지 핑계를 들어 이를 거절하였다. 그러나 당시의 조정 분위기나 지배층인 양반계층은 물론 광해군의 친위세력이라고 할 대북파까지 보은報恩과 숭명사대崇明事大의 춘추대의春秋大義를 내세워 파병을 적극 주창하였다. 파병을 미루며 고군분투하던 광해군은 결국 명의 거듭된 요청과 조정의 분위기에 의해 파병은 하되 관형향배觀形向背(형세를 보고 공격할지 항복할지를 결정하다)라는 교묘한 차선책을 택하였다. 즉 겉으로는 명의 요구를 받아들여 1만 명의 병력을 파병하되 내용적으로는 파병군의 도원수인 강홍립姜弘立에게 밀지를 내려 양군의 군세를 지켜보며 후금의 비위를 건드리지 않도록 처신하게 하였다. 문관 출신이지만 함경도 병마절도사를 거친 문무 겸비의 강홍립은 중국어에 능하고 명나라와 후금 사정에 밝은 인물로, 국제적 안목과 뛰어난 외교적 감각을 지니고 있어 파병군의 도원수로서 광해군의 뜻을 실천하기에는 가장 적합한 인물이었다. 강홍립은 왕의 뜻을 받들어 명군 편에 서서 적극적으로 싸우지 않고 이미 무너져 가는 명을 지켜보면서 후금에 밀사를 파견하여 투항의 뜻을 전한 후 부하를 이끌고 투항하였다. 그리고 조선의 이번 출병은 명의 강요에 의해 이루어진 일이며, 우리의 본 뜻은 후금과의 우호관계 유지에 있다는 광해군의 뜻을 전하였다. 강홍립은 후금에서도 수시로 광해군에게 밀서를 보내 그 곳의 정세를 알려주며 정세 변화에 대한 적절한 대응책을 마련토록 하였다. 당시의 조정 중신들은 강홍립에게 죄를 물어 그의 가족들을 엄히 처벌하고 이러한 사실을 명에 알리자고 야단이었지만 광해군은 이를 묵살하고 이들을 끝까지 보호하였다. 광해군은 후에도 명과는 일정하게 간격을 유지하면서 후금과의 관계도 꾸준히 유지하는 어려운 외줄타기 외교를 통해 전쟁을 막고 평화를 지속시켜 나갔다. 그러나 이러한 광해군의 실리외교에 대해 지배층인 양반은 물론 일부 일반 서민들까지도 명을 배반하고 오랑캐에게 무릎을 꿇었다는 반응을 보이며 결국 광해군에게 등을 돌리는 결과를 가져왔다. 이같은 정황은 광해군을 쫓아낸 이유로 밝힌 왕조실록의 반교문에 다음과 같이 기록되어 있다.

……선왕[선조]이 나라를 다스린 지 40년, 지성스럽게 사대를 하여 평생 동안 서쪽(중국)에 등을 돌리신 적이 없었다. 광해는 배은망덕하여 천명의 두려움을 잊고 남몰래 두 마음을 품어 오랑캐에게 정성을 쏟았도다. 기미년 오랑캐를 칠 적에 비밀리에 원수에게 정세를 보아 향배를 정하라 일러서 끝내 모든 군사가 오랑캐에게 투항…… 천리를 없애고 인륜을 어그러지게 하여 위로는 중국에 죄를 짓고 아래로는 만백성에게 원망을 맺어 죄악이 여기에 이르렀도다.

한편 광해군은 만약의 사태에 대비하여 국방력 강화에 온 힘을 기울였다. 그는 왜란시 전국을 누비며 몸소 일선에서 장병을 지휘하던 체험을 바탕으로 유능한 군 지휘관, 정예화한 장병, 우수한 무기 등이 갖추어져야 나라를 지킬 수 있다는 것을 뼈저리게 느꼈다. 그래서 군사편제를 개혁하여 훈련도감(중앙군)과 속오군(지방군)을 설치하고 일반 농민병과 달리 정예화된 전문적 직업군인인 삼수병三手兵(살수殺手, 사수射手, 포수砲手)을 양성하여 군을 편성하였다. 아울러 이들 군의 사기를 높이기 위해 복지문제(예를 들면 식사를 잡곡이 아닌 쌀만으로 하게 하는 등)에도 각별히 정성을 쏟았다. 또한 군비강화를 위해 기존의 조총청鳥銃廳을 화기도감火器都監으로 확대 개편하고 조총을 비롯하여 각종 화포 생산에 주력하며 명으로부터는 화약의 원료인 염초를, 일본으로부터는 조총과 장검 등을 구입하여 전력 증강에 힘을 쏟았다. 화기도감을 설치한 것은, 기병을 중심으로 하는 후금군의 침입을 막기 위한 기본전략을 성중심의 방어전술로 확정하고, 수성守城에 가장 긴요한 화포를 대량으로 생산하기 위해서였다. 물론 공성 전술은 북방 유목민족에 대응하는 우리의 기본전술이었지만 광해군은 여기에다 화포를 주병기로 추가함으로써 적을 압도할 수 있었다 그리고 곽재우郭再祐(임란 의병장), 박엽朴燁, 정준鄭遵 같은 유능한 지휘관을 발탁하여 함경도 관찰사, 평안감사, 의주부윤 등에 임명, 국경지역으로 파송하여 국경 방위를 맡게 하였다. 또 우수한 군인을 확보하기 위해 심지어 천인賤人 가운데서도 군병을 선발하여 공을 세우면 면천시켜 주었다. 아울러 수시로 어사를 전국으로 파견하여 변방의 성지와 장졸의 훈련 상황, 군비의 비축 상황 등을 점검하고 이를 자신이 직접 매일 챙겼다. 또 스스로 직접 군사훈련에 참여하여 병사들을 위무하고 관무재觀武才(왕 앞에서 행하는 병사들의 무예 시범)를 수시로 열어 병사들의 사기를 높였다.

이러한 광해군의 계속된 노력 덕택으로 자주 국방력을 어느 정도 갖추게 되었고, 이 바탕 위에 그의 실리외교는 빛을 발하여 재위기간 동안 평화를 유지할 수 있었다.

다섯째 광해군은 어려운 재정형편 속에서 궁궐 건축과 한양 재건을 이루었다.

광해군이 즉위할 당시 서울 한양은 임진왜란으로 거의 황폐화된 상태였다. 궁궐과 관청건물은 모두 소실되었고 한양 거리는 잡초만 무성하여 국가의 행정중심지로서의 모습은 찾아볼 수가 없었다. 임진왜란이 끝난 후 한양의 재건은 가장 시급한 과제였으나 선조는 별로 힘을 기울이지 못해 광해군은 황폐해진 한양을 그대로 물려받았다.

임란 이전에는 한양에 3개의 궁궐이 있었다. 북궐北闕이라 하여 정궁인 경복궁景福宮, 동궐인 창덕궁昌德宮 그리고 창경궁昌慶宮이 있었다. 그런데 임란으로 이 3궁이 모두 소실되는 바람에 한양이 수복된 후 선조는 월산대군月山大君(성종의 형)의 사저를 정릉동대행궁貞陵洞大行宮이라 하여 임시 궁으로 삼았다. 선조는 이 곳을 정궁으로 사용하다 종전된 지 9년이 지난 선조 40년(1607)에야 창덕궁 재건에 착수하였는데, 그나마도 이를 완성하지 못한 채 다음 해(1608)에 승하하였다.

그러다 보니 광해군이 즉위한 때에는 한양에 궁다운 궁이 없었다. 광해군은 즉위하면서 선조가 재건을 시작한 창덕궁을 완성하고, 뒤이어 정릉행궁을 대대적으로 보수, 확장하여 궁다운 면모를 갖추게 하고 이를 경운궁慶運宮(현재의 덕수궁)으로 개칭하였다. 또한 잡초만 무성했던 창경궁을 원래의 모습으로 재건하고 서궐西闕로 경희궁慶熙宮(신문로 일대, 영조 때 경덕궁慶德宮으로 개명)과 인경궁仁慶宮(사직공원 일대)을

광해군은 즉위 후 서둘러 조선왕실의 권위 회복에 나서 경복궁 등 5궁을 정비하고 종묘를 중건하였다.

오늘날의 덕수궁과 창경궁

창건하였다. 이로써 조선왕조 전 기간을 통틀어 광해군 재위 시에 유일하게 한양에 동궐·서궐·북궐이라 부르는 5개 궁이 갖추어져 궁궐다운 위용을 갖추게 되었다. 궁궐 외에도 종묘를 중건하고 6조를 중심으로 관청건물을 재건하여 서울의 면모를 일신하였다.

세계문화유산으로 지정된 종묘

오늘날의 경희궁(위)과 인경궁이 자리하였던 사직공원 주변

　한양 재건사업의 일환으로 강력하게 추진된 이 궁궐 건축은 당시의 어려운 국가재정 상황에서는 감당하기 어려운 점이 많았으나 광해군으로서는 이를 서둘러야 하는 다급한 이유가 많았다. 그 중 가장 중요한 것이 국가기능의 회복이었다. 당시와 같은 전제왕정시대에는 땅에 떨어

진 왕실의 권위를 회복시키지 않고서는 국가기능의 정상화를 기대하기 어려웠다. 임진왜란으로 실추된 왕실의 위엄을 회복하기 위해 왕의 권위를 상징하는 궁궐의 재건이 긴요하였다. 또 국가기관이 제 기능을 발휘하기 위해서도 관가의 수복과 안정 역시 시급한 문제였다. 더욱이 당시 미묘한 국제정세 속에서 대외적으로 국가 위상을 드러내기 위해서는 궁궐을 중심으로 한 서울이 위용을 갖출 필요가 있었고, 실제로 이는 일본과 후금과의 관계에서 긍정적인 효과를 얻기도 하였다. 그러나 이 궁궐 건축사업을 풍수지리설과 광해군 자신의 비장비적설非長非嫡說 같은 정통성 시비 등과 연계시키는 주장이 많고, 그러한 내용이 왕조실록(『광해군 일기』)에도 많이 보인다. 물론 그러한 요인이 없지는 않았겠지만 역시 가장 주된 이유는 국가기능의 회복에 있었다고 보는 것이 타당할 것이다. 조선왕조로서는 이 사업이 누군가에 의해서든 이루어져야 할 일이었지만, 전란을 거친 어려운 시기에 이러한 대대적인 토목사업을 추진할 수 있었던 것은 광해군 같은 영명한 군주가 아니고는 어려운 일이었다고 보겠다. 실제로 광해군 이후·역대의 어느 왕도 궁궐을 창건할 엄두를 내지 못했고, 한말에 흥선대원군이 경복궁을 재건한 정도가 유일하다고 하겠다. 물론 이런 토목사업이 백성들에게 어려움을 주었고, 서인중심의 쿠데타 세력에게 용기와 명분을 준 것도 사실이다. 그렇지만 전후의 국가재건 복구사업은 누구든 반드시 해야 일이었고, 그 일을 혼자서 짊어지고 나간 광해군이야말로 후대에 길이 빛날 훌륭한 업적을 남겼다고 할 수 있다.

지금까지 국왕으로서의 광해군의 치적을 살펴보았다. 이를 정치사적인 측면에서 정리해 본다면, 광해군을 정점으로 한 북인(대북파)세력이 추진한 실용적이고 애민중심의 정책과, 서인을 중심으로 하는 성리학적

대의명분론에 근거한 명분적이고 사족중심적인 정책의 대결이었다고 볼 수 있겠다. 광해군의 개혁정치는 백성들 편에 서서 이들을 위해 펼친 것이었기에 기존의 집권층 양반의 이익에는 반하는 경우가 많아 이들로부터 심한 반대와 저항을 받아야 했다. 이러한 것들은 광해군 몰락에 중요한 요인이 되었다고 볼 수 있으며, 인조반정은 광해군 중심의 정치노선이 패퇴한 것이라고 해석할 수 있겠다.

04 광해군 죄상의 허실

광해군 재위 15년(1623) 3월 12일 새벽, 쿠데타(반정)군이 창의문을 깨뜨리고 창덕궁으로 밀려들었다. 이 쿠데타는 정권에서 소외된 서인계파인 이귀李貴, 김류金瑬, 이서李曙, 신경진申景禛 등이 중심이 되어 3년 전부터 은밀하게 계획해 온 것이었다. 이들은 한직에 머물고 있던 불만세력들과 벼슬에서 물러났거나 벼슬길에 나아가지 못하고 있는 세력들을 규합해서 세력을 이루어 기회를 엿보다 3월11일 밤에 세검정에 집결(1천 명)하여 봉기하였다. 전날 반란의 정보를 듣고 중신들이 조정에 모여 대책을 논의하였으나 훈련대장 이흥립李興立의 배신으로 진압계획은 무산되고 반정군은 별다른 저항 없이 창덕궁에 난입하였다. 이 때 승리에 취해 날뛰던 반정군에 의해 창덕궁이 대부분 소실되었다. 반란 정보의 심각성을 느끼지 못한 채 잠자리에 들었던 광해군은 갑자기 밀어닥친 반정군을 피해 창덕궁을 탈출하여 의관 안국신安國臣의 집에 숨었으나 다음 날 반정군에게 사로잡혀 경운궁으로 끌려나왔다. 한편 반정군은 서궁에 유폐되어 있던 인목대비를 내세워 광해군을 폐하게 하고 능양군

이종李倧(광해군의 조카)을 새 왕으로 즉위시켰다. 광해군은 이렇게 많지도 않은 서인들에 의해 허망하게 왕위에서 쫓겨났다. 반정에 대한 정보는 그 전부터 이미 많이 떠돌았고 광해군에게도 몇 차례 보고가 되었다. 또 북인들이 이에 대해 여러 차례에 걸쳐 경고를 하였기 때문에 사전에 충분히 막을 수도 있었을 것이다. 그러나 탕평책에 고심하고 있던 광해군은 그 고변이나 정보를 당쟁의 연장으로만 생각하고 이를 무시하였다.

그렇다면 광해군은 진정 국왕으로서의 자질이 부족하여 쫓겨나야 했던 국왕이었을까.

광해군을 쫓아낸 반정군은 자신들의 거사 이유, 즉 광해군의 죄상을 발표하여 나름대로 반정의 명분을 제시하였다. 왕조실록에 보면 인목대비는 광해군을 폐위하면서 그의 죄상으로 36가지를 들었다. 이 중 가장 주된 죄목이 폐모살제廢母殺弟, 토목공사土木工事, 명국배신明國背信 등이었고, 그 밖에 잡다한 죄목들이 포함되었다. 심지어 '선조를 독살하였다', '선조가 병중일 때 심한 말을 하여 빨리 돌아가시게 하였다', '선조의 후궁과 간통하였다'와 같은 확인할 수 없는 소문들까지 거론되었다. 여기에서는 광해군의 주된 실정이자 죄상으로 내세워진 세 가지 문제를 중심으로 그 허실을 규명해 보자.

첫째로 폐모살제 문제를 보자.

광해군은 왕위계승권자로서 비장비적설非長非嫡說이라는 정통성 시비에 휘말려 어렵게 왕위에 올랐다. 왕위에 오른 뒤에도 이 문제는 계속 광해군을 괴롭혔고 그의 지지세력에게도 상당한 위협이 되었기 때문에 이들은 선조의 적자인 영창대군이나 왕의 친형인 임해군의 동향에 대해 상당히 민감하였다. 더욱이 이들에 대한 명의 태도가 불안을 더욱 조장하였다. 조선과 명의 사대관계는 극히 의례적이고 형식적인 외교관계라서 실질적으로는 내정간섭을 받는 관계는 아니었다. 그런데 임란 후가 되자 명의 태도가 달라졌다. 명은 임란 때 원병을 보내 조선을 구하였다는 재조지은再造之恩을 내세워 왕위계승문제까지 간섭하고 나섰다. 그 이면에는 이를 구실삼아 조선에 대한 영향력을 확대시키고 그렇게 하여 조선을 강성해지는 후금세력을 배후에서 견제할 세력으로 이용하려는 의도가 있었다. 명은 광해군이 즉위한 후에도 왕위계승의 적법성에 문제가 있다면서 왕위를 인정하지 않고 엄일괴嚴一魁(요동도사遼東都司)를 사신으로 보내(즉위년 6월 15일), 이를 조사한다고 선언하였다. 그는 장자인 임해군과의 직접 대면을 요구하고 실제로 대면까지 하였다. 임해군은 세자문제가 처음 거론되었을 때 선조나 조정 중신들로부터 난폭한 성품과 난행亂行 등으로 왕재로서 인정받지 못하여 동생인 광해군에게 밀렸다. 광해군이 왕위에 오른 뒤에도 그는 왕에게 불경하고 측근에 많은 사람을 모아 병력화된 2천여 명의 노비를 거느리는 등 반역을 꾀한다는 소문이 돌아 결국 귀양을 가게 되었다. 그러던 차에 계속되는 명의 간섭은 집권세력인 북인의 불안을 부채질하여 결국 광해군의 뜻과는 다르게 임해군은 목숨을 잃었다.

적자인 영창대군도 집권세력(북인)의 반대정파인 서인·남인들에게 국왕으로 추대받은 대상이었다. 결국 광해군 5년(1613) 계축옥사癸丑獄事(칠서七庶의 옥獄)로 영창대군은 죽음을 맞았다. 계축옥사는 명문가의 서자인 박응서朴應犀, 서양갑徐羊甲 등 7명이 중심이 되어 서얼차별庶孼差別에 불만을 품고 역모를 꾀한 사건이다. 이들은 자금을 얻기 위해 문경새재에서 은상銀商을 습격하여 은을 탈취한 후 곧 체포되었는데 이들이 뜻밖에도 역모를 자백함으로써 이는 큰 정치사건으로 확대되었다. 이들은 왕의 친국에서도 역모의 주도자는 김제남金悌男(인목대비의 부친)이며 이들은 궁성을 습격하여 왕을 내쫓고 영창대군을 왕으로 세우고 인목대비로 수렴정치를 하게 할 계획이었다고 시종여일 진술하였다. 이들은 "진룡미기眞龍未起 가호선명假狐先鳴" 즉, 영창대군을 '진룡'이라 하고 광해군을 '가호'라 하여 진짜 대신 가짜가 왕 노릇을 하고 있다고 외치면서 가짜를 내몰고 진짜를 세우자고 주장하였다. 왕조실록에는 이 사건에 대해, 단순한 강도사건임에도 대북파가 역모사건으로 조작한 것이었다고 기술하고 있으나, 모든 정황으로 보건대 일정하게 근거가 있는 사건을 대북파가 확대시켜 정치적으로 이용하였다고 보는 것이 옳을 것이다. 결국 광해군의 노력에도 불구하고 영창대군은 귀양을 갔다가 불의의 죽음을 당하고(강화부사 정항이 살해) 김제남을 비롯한 서인·남인 계열이 몰락하였다. 이 사건의 연장선상에서 인목대비의 폐모 문제가 논의되었으나 광해군의 완강한 반대로 대비를 서궁(현재의 덕수궁)으로 옮기는[幽閉] 선에서 정리되었다. 그러나 그 후에도 대북파 는 계속 폐모문제를 제기하였다. 광해군 10년에는 서궁폄손절목西宮貶損 節目이라는 것을 제시하여 대비 대신 서궁이라는 칭호를 사용하고 관원 들의 문안숙배를 폐지하자는 주장을 하였으나 이 역시 광해군의 반대로 실현되지 못하였다. 폐모문제는 당시의 유교적인 가치관으로 보아 도저 히 받아들이기 어려운 문제였고 따라서 이러한 일들은 서인들의 쿠데타 에 좋은 명분이 되었다.

어쨌든 이러한 역모사건은 광해군의 인물 중심의 인사정책인 탕평책 을 무너뜨려 조정은 대북파가 독점하는 형태가 되었다. 이렇게 되자 정권에서 소외된 서인들은 결국 쿠데타라는 최후의 도박에 나서게 되었 다고 할 수 있다(『연려실기술』에 보면 당시 서인들이 이를 갈았다고 한다). 광해군은 대북파의 이러한 강경일변도의 시국정책을 견제하기 위해 상당한 노력을 기울였다. 그래서 서인·남인들의 역모 정보도 가능하면 묵살하려 노력하였고, 처음 쿠데타 소식을 듣고도 대북파의 최고 실세인 이이첨李爾瞻이 일으킨 것이 아닌가 물었을 정도였다. 이러한 사정들이 인조반정의 성공에 상당한 기여를 하였다고 볼 수도 있을 것이다.

그렇다면 형제·서모와 관련된 이러한 일련의 사건들을 들어 광해군을 조선역대 군주 중 가장 패륜의 군주라고 혹평하고 악정의 표본으로 내세우는 것이 과연 타당한 것일까. 역사적으로 전제군주체제 하에서 왕의 후계자 경쟁에 등장한 왕족들이 생명을 부지하는 경우란 거의 없었다. 불만세력들이 그를 중심으로 결속될 가능성이 있기 때문에 집권세력이 대부분 사전에 제거하였기 때문이다. 그래서 광해군뿐 아니라 대부분의 조선 군주들은 자신의 재위 기간 동안 혈족의 생명을 빼앗을 수밖에 없었다. 예컨대 태종은 형제인 방번·방석과 자신의 처남 등을, 세조는 조카인 단종과 형제인 안평대군·금성대군을, 또 광해군의 행위를 패륜이라며 규탄하고 집권한 인조 자신도 아들인 소현세자와 며느리, 숙부인 홍안군을 죽였고, 영조는 아들인 사도세자를 죽음으로 내몰았다. 그런데 유독 광해군의 행위만을 패륜으로 부각시킨 것은 단지 왕으로 종신하지 못하였기 때문이고, 인조반정세력이 자신들의 행위를 합리화하기 위한 방편이었다고 볼 수 있다.

둘째로 토목공사문제는 앞 장에서 기술한 바와 같이 당시로서는 상당히 무리하고 어려운 일이었지만 국가통치기능의 회복과 왕실의 권위 회복, 대일·대후금 외교 등 국가경영을 위해 반드시 필요한 사업이었다. 비록 백성들에게 많은 고통이 가해졌고 재원조달을 위해 무리수를 둔 면이 많지만 그 뜻마저 무시할 수는 없는 것이다.

셋째로 명국 배신문제는 앞 장에서 상세히 언급한 바와 같이 당시의 지배계층이나 백성들의 정서에는 배치되었으나 광해군의 가장 뛰어난 정치적 업적으로서 오히려 높이 평가해야 할 것이다.

이상에서 광해군의 죄상으로 제시된 세 가지 내용을 보면 첫째 항목은 대부분의 역대 군주에게서 보편적으로 보이는 문제이므로 광해군만의 죄상이라고 보기는 무리라고 하겠다. 물론 그것이 칭찬할 만한 일이 아니고 더욱이 인목대비 문제는 효를 절대시하던 당시의 정서에서는 큰 문제였다고 볼 수 있지만 그렇다고 이 문제를 광해군 폐위의 가장 큰 명분으로 보는 데에는 역시 무리가 있다. 둘째 항목은 백성들에게 많은 어려움을 주었다는 점에서 지나친 점이 있겠으나 국가경영 차원에서 보면 역시 폐위의 명분이 되기는 어렵다. 셋째 항목은 성리학적 대의명분론에 위배되었지만 당시의 시대 상황에서는 가장 현명한 정책이자 조선 역대군주 중 가장 자랑스러운 업적의 하나로 높이 평가할 수 있다.

결론적으로 광해군은 폐위를 당할 만한 악정을 저지른 군왕이 아니라, 오히려 조선의 어떤 군주에 견주어도 뒤떨어지지 않은 훌륭한 왕이었다고 평가할 수 있다. 비록 뒤에 대북파의 전횡을 막지 못했다는 허물 등을 인정한다 하더라도, 인조반정 이후의 역사서에 기술된 것처럼 패륜적이고 무능한 군주는 아니었다.

이러한 연유로 인조반정 뒤에 광해군을 그리며 가슴아파한 사람들이 많았을 것이고 그 심정을 글로 옮겨놓은 것도 상당히 있었을 것으로 생각되나, 현재 남아 있는 것은 드물다. 이것이 발견될 경우 자신뿐 아니라 가문의 존망에도 관련이 되므로 이런 글들은 대부분 후손들에 의해 훼손되었을 것이다. 그 가운데서도 지금까지 남아서 전해지는 것으로는 유몽인柳夢寅(1559~1623)의 「서산과부사西山寡婦詞」(상부사孀婦詞)가 있다. 유몽인은 『어우야담於于野談』의 저자로 조선 중기 설화문학의 대가며 광해군 때 폐모론에 반대하는 등 소신 있는 정치를 펴 내외적으로 존경을 받던 인물이다. 그의 시를 보자.

七十老孀婦　端居守空壼
傍人勸之嫁　善男顔如槿
慣誦女史詩　猪知姙姒訓
白首作春芬　寧不愧脂粉

일흔 살 늙은 과부가 안방을 지키며 혼자 산다네
이웃에서는 시집가라 권하고 남자의 얼굴이 꽃과 같다고
여사의 시구도 익히 읽었고 임사의 가르침도 잘 알고 있는데
백발에 화장을 하다니 정말 바른 분이 부끄럽지 않은지

자신을 일흔 먹은 늙은 과부에 비유하면서 개가할 뜻이 없음을 나타내어 인조를 다시 섬길 뜻이 없으며 광해군에게 절의를 지키겠다는 시다. 이 시로 인해 유몽인은 아들과 함께 반역자로 몰려 형장의 이슬로 사라졌다. 이로 미루어 볼 때, 당시에는 이런 생각을 가진 인물이 많이 있었을 것이고 이런 것을 통해 당시 광해군에 대한 국민들의 정서의 일부를 이해할 수 있겠다.

<u>05</u> 죄인이 된 광해군의 행적을 찾아서

2005년 5월 4일, 벼르고 벼르던 광해군 묘(경기도 남양주시 진건면

'광해군묘'라고 적힌 표지판 아래로 내려가면 광해군 묘다

송릉리)를 찾았다. 다녀온 사람들의 글에 하나같이 묘를 찾는 데 상당히 애를 먹었다는 내용이 있어서 내심 걱정을 하였지만 생각보다 쉽게 찾을 수 있었다. 광해군 묘 부근에 영락교회 공원묘지가 있다는 것을 알고 있었기에 묘지관리인에게 전화로 교통편을 물어 안내를 받았다. 청량리에서 버스로 금곡까지 가서 택시를 탔는데, 기사가 의외로 광해군 묘를 잘 알고 있어 묘역까지 쉽게 갈 수 있었다. 묘역 입구에는 광해군의 묘임을 알리는 안내간판이 서 있는데, 그런 대로 요사이 학계에서 이루어지고 있는 광해군에 대한 긍정적인 재평가의 영향이 아닌가 싶은 생각이 들었다. 묘역 뒤에는 영락교회 묘지로 가는 큰길이 있고 길 양편에 울타리가 쳐져 있는데, 그 울타리 아래쪽으로 묘역이 위치해 있어서 묘역으로 가려면 울타리에 있는 쇠문을 열고 들어가야 했다. 그러다 보니 묘 뒤에서부터 내려가게 되어 대부분의 다른 왕릉과는 다르게 정면에서 능으로 올라가는 것이 아니라 후면에서부터 묘로 내려가는 이상한 모양새가 되었다.

묘는 광해군과 부인 유씨가 묻힌 쌍봉으로 둘레에 곡장曲墻이 둘러져 있고 묘 앞에는 '광해군지묘光海君之墓'라고 적힌 묘비, 상석, 문인석, 석등 등이 있기는 했으나 다른 왕릉과는 비교할 수 없을 만큼 초라하여 마치 조선시대의 보통 양반 무덤 같았다. 나는 이 초라한 무덤 앞에 엎드려 절을 올리며 그를 진심으로 추모했다. 그리고 묘 앞에 앉아

110

다른 왕릉과는 다르게 위에서 아래로 내려가게 되어 있는 광해군의 무덤은 왕릉이라고 하기에는 너무 초라해 보였다.

광해군이 이 곳에 묻히기까지 그의 고단하였던 행적을 추적해 보았다.

인조 반정 후, 광해군에게 원한이 깊었던 인목대비는 광해군을 죽일 것을 고집하였으나 새 임금인 인조 등의 배려로 죽음은 면하고 왕에서 죄인으로 전락하여 강화도로 유배되었다. 왕조실록에는 광해군을 수로를 통해 강화로 보내면서 연안경비를 철저히 하라고 했다는 기록이 보이나, 출발지나 경로에 대한 내용은 보이지 않는다. 아마도 도성에서 나와 양화진에서 출발하여 한강수로를 통해 갑곶진에 도착한 후 강화성으로 압송되었을 것이다. 광해군은 강화성 동문 부근에 부인 유씨와 함께, 폐세자 부부는 서문 부근에 위리안치圍籬安置(가시나무로 울타리를 둘러 외부인과의 접촉을 금함)되었다. 나는 강화도에서 광해군의 유배지를 찾아보았지만 기록이나 흔적이 전혀 남아 있지 않아 옛 동문과

광해군과 부인 유씨가 묻힌 쌍봉을 곡장曲墻이 둘러싼 형태로, 묘 앞에는 '광해군지묘光海君之墓'라고 적힌 묘비와 상석, 문인석, 석등 등이 서 있다.

서문 부근을 둘러보면서 머릿속으로 당시 모습을 그려보는 정도에 만족해야 했다. 강화도는 광해군이 재위해 있을 때 전란시 '최후의 피난처'로 삼기 위해 성지의 수축과 개발에 힘썼던 곳이라 이 곳에 남아 있는 성벽 등을 돌아보며 광해군과 얽힌 인연들을 더듬어 보았다. 이 곳으로 유배된 광해군 일행은, 관리의 편리를 위해 궁벽한 곳이 아닌 관아에서 가까운 성 안에 유폐된 것으로 보인다. 이 곳에서 광해군은 폐세자 부부와 사랑하는 부인 유씨의 죽음을 지켜보았다. 폐세자는 탈출하다 발각되어 죽었고 폐세자빈은 남편의 탈출을 돕다 남편이 잡히는 것을 보고 스스로 목숨을 끊었다. 이 충격으로 그 해 10월에 부인 유씨가 세상을 떠났다. 그의 소생으로 딸 하나만이 남았다.

인조 2년(1624), 이괄李适의 난이 일어나자 반란군과 연계될 위험이 있다는 이유로 광해군을 충청도 태안으로 옮겼다. 이 때도 광해군은 목적지도 알지 못한 채 사방이 방장으로 가려진 배에 태워져 갑곶진에서 출발, 당시의 조운로(인천 월미도와 영종도 사이를 지나 영흥도 옆으로 하여 당진 대난지방을 거치는 항로)를 따라 태안으로 이송된 것으로 보인다. 나는 태안을 찾아가 보았지만 기록이나 흔적은 찾을 길 없었고, 다만 이 곳 문화원장으로부터 들은 바에 의하면, 현재 태안읍 평촌리 부근에 광해군이 머물렀다는 이야기가 전한다고 한다. 그 곳 역시 찾아가 보았지만 특별히 눈에 띄는 것은 없었다. 난이 진압되자 광해군은 다시 원래 있었던 강화군으로 돌아왔다. 인조 5년(1627) 정묘호란이 일어나 인조가 강화도로 피신하게 되자 광해군을 옆 섬인 교동으로 일시 옮겼다가 강화가 성립되자 다시 강화도로 이송하여 위리안치하였다. 인조 6년(1628), 광해군은 처남인 유희견柳希樫(유자신柳自新의 아들)의 아들인 유효립柳孝立 등이 반란을 계획하다 적발되어 또 한 번 곤욕을 치른다. 그 때 궁에서부터 따라와 시중을 들던 나인들이 죽음을 당했고 광해군의 신세는 더욱 고단해지게 되었다.

인조 14년(1636, 병자) 12월, 병자호란이 일어나자 조정은 청에 유화정책을 추진하던 광해군과 청이 접촉할 것을 염려하여 광해군을 다시 강화도 옆의 교동도로 이송하였다(실록에는 윤방의 상소문에 이송 사실이 기록되어 있다). 이 때는 육로로 강화읍에서 지금의 창후리 포구로 옮겨와 나룻배로 이송하였을 것이다. 김포나 개풍 지역은 이미 청군에게 점령된 상태였기 때문에 갑곶진이 아닌 서쪽 포구를 이용했을 가능성이 크다. 나는 교동도를 찾았지만 광해군 집거지에 대한 흔적이나 전래되어 오는 이야기는 전혀 없었다. 현재 교동도에는 연산군의 집거지로서 읍내리 등 세 곳이 전하는데, 가장 유력한 곳은 바다가 보이는 읍내리다. 아마 당시 급하게 옮겨온 광해군도 옛날 연산군의 집거지인 읍내리에 머물게 하였을 것으로 나름대로 추정해 보았다. 나는 읍내리의 연산군 집거지에 올라 서해 낙조를 바라보며 다시 한 번 광해군의 고단한 삶을 생각해 보았다. 교동도의 광해군은 다음 해 1월 22일, 강화도가 청군에게 함락당하고 백성들이 청군의 군마에 짓밟히는 것을 어렴풋이 알았을 것으로 생각된다. 강화도에서 교동으로 밀려든 피난민과 관리들의 우왕 좌왕 하는 모습을 보며 급속한 전란의 전개를 짐작했을 것이다. 그러나 그 해 1월 30일, 인조가 남한산성에서 청 태종에게 굴욕적인 항복을 한 사실만은 몰랐을 것이다. 아마도 인조 쪽으로서도 이 사실이 광해군의 귀에 들어가는 것을 상당히 꺼렸을 것이다. 어떻든 인조가 청에 항복한 후, 조정에서는 광해군이 청에 눈에 띌 것을 불안해하여 그 해 5월 광해군을 제주도로 이송하여 위리안치하였다. 당시 광해군은 도감별장 의 호위 아래 포장을 겹겹이 둘러쳐 전혀 밖이 보이지 않는 배에 갇혀 목적지도 모른 채 몇 달씩이나 걸려 제주도에 도착하였다. 당시 광해군의 이송로는 관선이 주로 이용한 조운로였을 것인데, 이미 63세의 늙은 몸을 배에 실은 광해군은 눈물을 흘리며 끌려갔을 것이다. 광해군의 당시 심정을 읊은 다음과 같은 한시가 왕조실록(『인조실록』)에 전해지 고 있다.

風吹飛雨過城頭 瘴氣薰陰百尺樓
滄海怒濤來薄暮 碧山愁色帶淸秋
歸心厭見王孫草 客夢頻駕帝子州
故國存亡所息斷 烟波江上臥孤舟

성마루 지나는 길에 내리는 비 바람에 흩날리니
백척누각에 장독 기운 자욱이 이네

날 저무는 넓은 바다 성난 파도 높게 일고
맑은 가을 푸른 산에는 근심스런 빛 띠었구나
돌아가고 싶은 마음에 왕손초 보기를 꺼렸더니
내가 머무는 제주로 보내는 가마를 꿈 속에 자주 보네
나라의 존망 소식 도무지 들을 수 없는데
안개 낀 일렁이는 강물 위에 내가 누워 있는 배
외로이 떠 있네.

이 밖에도 제주도 유배지에서 광해군이 읊었다는 다음과 같은 시가
전해지고 있으나 정확하지는 않다.

本是同根何太薄　理宜相愛亦相愛
緣何脫此樊寵去　綠水靑山任去來

본래 동본(같은 뿌리)으로 태어났는데 어찌하여 이리도 야박한가
마땅히 서로 서로 사랑하고 또 사랑해야 하는 것을
무슨 연고로 이를 벗어나 총애의 울타리를 떠나게 되었는고
인생사 오고가는 것 녹수와 청산에 맡길 뿐일세

인류에 애닯게 호소하며 자기 신세를 되돌아보고 회한에 젖어 고민하
는 모습이다. 제주도에서의 광해군의 적소지는 현재 표석비가 세워진
제주시 중앙로 국민은행 앞으로 알려져 있다. 이 곳을 찾아보았지만
표석비를 제외한다면 그의 적소지임을 알려주는 흔적은 전혀 없었다.
광해군은 여기서도 위리안치되어 찾는 사람 하나 없는 절해고도에서
계집종 한 명의 시중을 받으며 파도소리와 바람소리를 벗삼아 여생을
보냈다. 앞의 시에서 그는 나라가 어떻게 되었는지 전혀 알 길이 없고[故國

存亡消息斷, 자기가 그렇게 애써 일으키고자 했던 나라와 애틋하게 돌보아 주던 백성이 어찌 되었는지 전혀 알 길이 없는 답답한 심회를 적고 있다. 말년에는 계집종에게까지 구박을 받았다는 일부 기록도 보이고 있어 그의 처량하고 비참한 마지막 모습이 그려진다(『연려실기술』). 이러한 속에서 4년여를 살다가 인조 19년(1641) 7월 1일, 67세로 생을 마감하였다.

그의 죽음 소식을 듣고 달려간 제주목사 이시방李時昉이 즉시 열쇠를 부수고 안으로 들어가 염빈을 하였다고 실록에는 적고 있다. 조정은 애도의 표시로 조정을 3일간 쉬고 자신의 어머니 부근에 묻어달라는 광해군의 유언에 따라 어머니 공빈 김씨 묘의 부근인 지금의 묘에 부인 유씨와 같이 묻어주었다. 인조와 조정이 마지막으로 그에게 베풀어준 배려라 하겠다(유언에 대한 기록은 없고 전승되어 오는 이야기다). 그리고 초라하기 그지없는 광해군 묘의 관리와 그에 대한 제례는 종친 이씨가 아니라 광해군의 외손으로 하여금 주관케 하였다(『인조실록』).

06 에필로그

광해군은 조선왕조의 역대 군왕 27명 가운데 어떤 군왕에도 뒤떨어지지 않는 훌륭한 업적을 남기고도 후대에는 무능한 패륜의 군왕으로 평가되었을 뿐 아니라 인간적으로는 가장 불행하였던 군왕이다. 이러한 불행은 군왕으로 종신하지 못하고 재위중에 축출 당한 것이 단초가 되었다고 볼 수 있다. 세자로서 16년 만에 왕위에 올라 15년 만에 퇴출당하고, 죄인으로 절해고도로 귀양 다니며 19년을 살다 생을 마감하였다. 파란만장한 생애를 보내고 죽은 후에도 집권세력에 의해 계속 폄하당한 불운한 군왕이었지만 그의 전 생애를 보면서 훌륭한 패배자 또는 위대한 패배자라는 이름을 붙여주고 싶다.

광해군은 왕자시절에 14명의 왕자들 가운데 왕재로서 가장 재질이 뛰어났고 이로 인해 조정 중신들에게 왕위계승권자로 가장 주목을 받았다. 그러나 그가 세자로 책봉된 결정적인 이유는 임진왜란이라는 국난 속에서 선조가 자신을 대신하여 전쟁을 이끌 만한 최적임자로 광해군을 꼽았기 때문이라고 할 수 있다. 선조는 왜란을 피해 명으로 망명하는 것까지 염두에 두고 국내에는 세자를 잔류시켜 전쟁을 수행하게 하였다. 즉 선조 자신은 의주에 머물면서 세자로 하여금 분조를 이끌게 하고, 광해군은 이 전쟁을 성공적으로 지휘하여 승리로 마무리하는 데 가장 중요한 역할을 하였다. 전후에 그의 세자자리가 흔들렸으나 위기를 잘 극복하고 왕위에 올라 개혁정치를 단행하여 많은 업적을 남겨 백성들의 환영을 받았다.

광해군은 조선왕조의 어떤 군왕보다 전국을 구석구석 다니며 백성들의 애환을 살폈기에 누구보다도 백성을 위한 정치를 펴려고 애썼다. 광해군의 정치는 정치사적 측면에서 실용적이고 애민중심의 정치였다고 평가할 수 있고, 이에 반대한 서인들의 정치는 대의명분론에 근거한 명분적이고 사족중심적인 정치라고 할 수 있겠다. 그가 퇴출 당한 것은 그가 추진한 정책이 모두 당시 사족이나 양반들의 이익에 반하여 그들을 반대세력으로 결집케 한 데 중요한 요인이 있다고 볼 수 있다. 여기에다, 이러한 상황에 위기감을 느낀 집권 대북세력이 서인·남인들에 대해 지나친 견제 탄압정책을 썼던 것이 오히려 서인세력을 분기시켰고, 이들은 당파를 초월한 광해군의 대북견제정책에 편승하여 재기를 위해

최후의 역모라는 도박을 하였다고 할 수 있다.

광해군의 여러 정책 가운데 후대 역사가들에게 가장 후한 평점을 받는 것이 그의 외교정책과 자주국방정책이다. 광해군의 외교정책은 동북아시아 국제사회(명明·후금後金·왜倭)의 변화에 시의적절하게 대응하면서 인근 국가를 적절하게 조정함으로써 전쟁을 막는 것이었다. 이러한 그의 중립외교정책은 국익을 최우선으로 하는 최고의 외교전략으로서, 재위 기간 동안 전쟁억제에 성공하였다. 광해군의 외교정책이 성공을 거두게 된 바탕은, 인근 국가 정세에 대한 정확한 정보와 국가를 지킬 수 있는 국방력이었다. 광해군은 입으로만 성리학적 의리론을 내세우며 비분강개하는 중신들을 질타하고 힘이 동반되지 않은 비분강개는 아무런 의미가 없다고 혹평하였다. 요사이 국제정세는 외면한 채 자주, 민족, 통일만을 외치며 나라를 국제적인 외톨박이로 이끌고 나가는 일부 정치인이나 세칭 진보주의자들에게 이러한 광해군의 정책은 귀중한 역사적교훈이 될 것이다.

<u>07</u> 시공을 초월한 광해군과의 만남

때　2005년 8월 5일(음력 7월 1일) 저녁 10시
장소　광해군 묘 앞
만남　광해군光海君 이혼李琿과 서강西江 윤종영尹種榮

서강 : 전하, 어려운 자리에 나와주셔서 고맙습니다. 저는 전하를 뵈옵기
전에 저 혼자 호칭을 무어라 하는 것이 적절할까 많은 생각을 하였는데,
막상 뵈오니 자연스럽게 전하라는 말이 나오는데 어떠신지요.

광해군 : 나는 호칭문제에 대해 큰 관심이 없어. 임금 자리에 있을 때는
전하가 일반적인 호칭이었지만 왕 자리에서 쫓겨난 뒤에는 여러 호칭
을 다 들었어. 내가 제주도에서 보낼 때는 계집종이 영감이라고도
불렀으니까, 서강이 부르기 편한 대로 불러. 어떻든 외롭게 지내는
나를 불러 말을 할 수 있는 자리를 만들어 주어 고맙고. 말은 놓겠네.

서강 : 말은 당연히 놓으셔야지요. 전하가 태어나신 것이 을해년乙亥年
(1575)이시죠, 제가 병자생丙子生(1936)이니 1년만 먼저 태어났더라면
전하와 띠 동갑이 될 수 있었는데 하는 아쉬움이 있습니다. 전하와
저와 60갑자(361년)라는 시간 간극이 있습니다. 오늘이 전하의 기일인
데 감개가 새롭겠습니다.

광해군 : 오늘 쓸쓸하게 보낼 줄 알았더니 서강이 찾아와 이런 자리를
만들어 주어 고마워. 특히 서강에 대해서는 이십 수년 전이던가 나에
대해 좋은 평을 한 글을 하나 쓴 것을 본 적이 있어서 항상 고맙게
생각하고 있었지. 그래서 한 번 보고 싶었는데 오늘 불러주어 기꺼운
마음으로 나왔지.

서강 : 제가 전하의 제상에 올려놓았던 술과 안주가 있는데 드시면서
말씀을 하시지요 전하의 기호에 맞을 수 있는 술을 나름대로 구한다고

애를 썼는데 전하의 기호를 몰라 좀 특이한 술을 준비했습니다. 경기 일동 양조장에서 가양주로 만든 '오순주五筍酒'라는 보양주인데 괜찮으실지 걱정스럽습니다.

광해군 : 술은 비교적 좋아하는 편이었고 청탁을 가리지 않고 다 좋아했어. 아마 전란중에 전선을 전전하며 조악粗惡한 음식이나 술을 마셨기 때문인 것 같아. 오순주라고, 상당히 독한 술이네. 술 향이 좋고 맛이 괜찮구먼.

서강 : 전하, 전하의 평생은 상당히 파란만장하셨던 것 같습니다. 생애를 되돌아보시면서 가장 가슴 아팠던 때가 언제였다고 생각되시는지요.

광해군 : 평생을 되돌아보면 정말 가슴 아팠던 일들이 많았어. 왜란 중에 백성들의 참상을 보며 너무 가슴이 아파 잠 못 이루는 밤이 많았고 왕이 된 뒤에는 친형 임해군과 동생인 영창대군의 죽음을 막지 못하여 가슴 아파하며 회한의 눈물을 혼자 많이 흘렸지. 왕위에서 쫓겨난 뒤에는 유배지에서 왕후 유씨와 세자와 세자빈이 비명에 갔을 때 아픔 때문에 목숨을 잇고 있는 것조차 힘겹게 느꼈어. 그리고 제주도 유배지에 가면서 뒤늦게 알게 된 인조의 항복소식은 그동안 나의 노력이 완전히 물거품이 되었다는 절망감으로 큰 충격을 받았어. 아마 이 충격이 가장 가슴 아팠던 일이었다고 생각돼.

서강 : 전하의 말씀 중에 모후生母(공빈 김씨)의 승하에 대해 별 말씀이 없으신데 너무 어려셨을 때라 별 기억이 없으신 것이지요.

광해군 : 생모에 대한 기억은 별로 남아 있는 것이 없어. 내가 세 살 때 돌아가셨으니.

생모 모습은 생각 안 나고 다만 내가 성장하면서 임해군 형님이나 주변 사람들로부터 들어 막연하게 모후에 대한 그리움을 가졌을 뿐이야. 생모보다 의인왕후懿仁王后 박씨로부터 귀여움과 사랑을 받았고 세자 시절에도 나의 든든한 울타리와 버팀목 노릇을 해주셨지. 그래서

나는 의인왕후를 거의 생모처럼 따르고 의지했어. 경자년(1600) 왕후
께서 승하하셨을 때 며칠 동안 식음을 전폐할 정도로 슬픔에 잠기었지.

서강 : 전하께서 가장 가슴 아팠던 일로 삼전도 비극을 들었는데, 그렇게
전쟁을 막아 보려고 애쓰셨는데 그 모든 노력이 무너지는 절망감과
나라의 치욕 때문이라는 전하의 말씀에 저도 공감이 갑니다. 그에
대한 자세한 말씀은 뒤에 여쭙기로 하고 전하께서 글공부를 처음
시작할 때 스승으로 모신 분은 누구신지요.

광해군 : 내가 처음 스승으로 모신 분은 왕자사부王子師傅로 계셨던 하락
河洛(?~1592) 공이었고 뒤에는 이기설李基卨(1556~1622) 공 등 몇
분을 모시고 배웠어. 다 훌륭하신 분들이야. 특히 하락 공은 나에게
많은 영향을 준 분이라 생각돼. 이분은 왜란 때 왜군의 손에 비참하게
돌아가셨지. 뒤에 그분 소식을 듣고 정말 많이 아쉬워했어. 나는 이분
들로부터 소학을 비롯하여 주로 유학경전을 배웠고 내 나름대로 역사
서에 관심이 있어 우리나라 역사서인『고려사』,『국조보감』등과
중국역사서인『사기』,『한서』,『후한서』,『당서』등을 많이 읽고 공부
했지.

서강 : 저도 역사를 공부하고 있는 입장에서 전하께서 역사에 대해 관심
을 갖고 공부하신 것이 뒤에 국가정책을 올바르게 이끌어 간 원동력이
되었다고 생각됩니다. 요사이 우리 위정자들이 역사적인 교훈은 전혀
외면한 채 나라를 멋대로 이끌어가는 모습을 보며 전하를 다시 생각하
게 됩니다. 임진왜란이 일어나기 전 전하가 왕자로 계셨을 때 당시
국정에 대해 어떻게 느끼셨는지요.

광해군 : 부왕인 선조 임금님은 명종의 뒤를 이었지만 궁중에서 성장하
지 않은 왕손으로 명종이 후사 없이 돌아가시자 조카들 중에서 추대되
어 왕위에 오른 분이지(덕흥대원군德興大院君의 아들). 중종, 명종대는
왕권이 척신(외삼촌인 윤원형 등)과 훈구파에 휘둘리면서 정치적으로

상당히 혼란스러웠던 시대라 볼 수 있어. 그래도 이러한 속에서 참신한 사림세력들이 조정에 등장하기 시작하여 이들의 숫자가 늘면서 차츰 세력화되어 갔어. 그러다가 정치권과 인연이 멀고 비교적 참신한 부왕이 등극하면서 부왕의 옹호 아래 급속하게 성장하여 이들이 조정의 주류세력이 되었어. 사림파들은 성리학적인 가치관을 바탕으로 나름대로 참신한 정치를 표방하고 이를 실천하기 위해 애를 썼지. 그런데 이들도 조정의 실권자가 되면서 차츰 처음의 참신성을 잃어가고 정치권력에 맛을 들이게 되었어. 그러다 보니 파벌이 만들어지게 되었지. 파벌싸움이 표면화된 것은 그 때까지 조정에 하나의 세력으로 남아 있던 척신세력에 대한 처리를 놓고 강온파로 나뉘면서인데, 이것이 붕당의 시발이라고 볼 수 있어. 서강도 알지만 이조전랑을 하던 김효원이 전직을 하며 후임자로 심충겸이 물망에 오르자 김효원은 그가 명종의 비 인순왕후의 동생인 외척이니 배제하여야 한다고 주장하였어. 김효원의 이러한 주장을 옹호한 인물들을 동인이라 하였는데 주로 영남출신 소장관료들인 유성룡, 김성일, 정인홍 등이었고, 이에 비해 심충겸과 그의 형인 심의겸은 외척이지만 척신공격에 앞장섰던 사림파라고 볼 수 있어 무조건 배제하는 것은 옳지 않다고 하여 심의겸 형제를 옹호한 세력을 서인이라 하였는데 이들은 윤두수, 정철, 이이 등 주로 기호지방 출신 중진 관료들이었지. 이러한 일들이 일어난 것이 내가 세상에 태어나던 해쯤 될 거야. 그런데 이게 세월이 가면서 점차 파당싸움으로 발전하여 임진왜란을 전후해서는 거의 극에 달했어. 이런 붕당싸움은 우리나라 정치사에 가장 큰 악폐가 되었고 이것이 조선왕조를 망국의 길로 치닫게 하였다고 생각해.

서강 : 전하의 선왕 때 붕당의 폐해가 생겨난 것은 선왕의 정치 성향이나 성품과도 연관이 있다고 생각하시는지요.

광해군 : 근본 원인은 선대왕이신 연산군, 중종, 명종을 거치면서 연이어

터진 사화와 중종반정의 공신인 훈구파와 척신들의 발호, 이를 견제하기 위한 사림파의 등용 같은 정치적인 배경이 선왕 때 붕당으로 노정되었다고 보는 것이 옳다고 생각해. 물론 선왕의 정치적인 성향이나 성품도 이것을 조장한 측면이 있지. 내가 선왕에 대해 이야기하기는 어렵지만 몇 가지 생각해 보면 선왕은 왕위에 오를 때 18세로 연세가 높지 않았어. 그렇지만 학문적인 소양도 높고 나름대로 정치적인 포부도 상당하셨지. 그래서 재위 초년에는 조정에 새로운 기풍을 일으켜 나라 모습이 많이 변모하고 백성들이 성군이 왔다고 칭송하는 소리를 들으셨지. 그러나 차츰 정치적 파당에 휩싸이기 시작하고 여러 차례에 걸쳐 정치적 사건(역모사건 등)을 겪으면서 의심이 많아지고 조급증이 심해져 파당싸움을 격화시키는 요인이 되기도 하였어.

서강 : 최근 방영된 인기 드라마 「성웅 이순신」에서 선조가 의심 많고 고집스러운 성품의 소유자로 묘사되어 요사이 국민들에게 인기 없는 군왕이 되었고, 반대로 전하는 현명하고 신중한 세자로 묘사되어 국민들로부터 많은 인기를 얻었습니다. 저도 전하의 평가는 정당하다고 생각하지만 선조의 평가에 대해서는 좀 지나친 점이 있다고 생각합니다. 물론 임진왜란의 전후 처리 과정 등을 보면 후한 평가를 내리기는 어렵다고 생각합니다만.

광해군 : 나도 말하기 어렵지만 서강의 선대왕 평가가 지나치다는 생각은 안 드는구먼. 그 이야기는 그만하고 다른 이야기를 하지.

서강 : 그럼 화제를 달리하여 전하께서는 조선이 임진왜란에 대해 제대로 대응하지 못한 원인 중 가장 중요한 요인으로 생각하시는 것이 무엇인지요.

광해군 : 나는 일본日本[왜]을 시야에 넣은 국제정세에 대해 조선이 거의 장님에 가까울 정도로 어두웠다는 점을 들고 싶구먼. 일본은 오랜 전국시대를 통일하고 호시탐탐 조선침략의 야욕을 키우고 있었는데

도 이를 파악하지 못한 채 오직 명에 대한 사대관계만으로 모든 것이 해결된다고 생각하고 있었지. 서강도 알지만 임란 2년 전에 황윤길黃允吉(정사正使), 김성일金誠一(부사副使)을 사신으로 파견하였으나, 통일된 정보 보고 하나 만들지 못할 정도였지. 이 때 가져온 국서에 명을 정벌한다는 '입대명入大明'이라는 문구가 있었는데도 이 뜻 하나 제대로 파악하지 못했지. 그리고 우리 사신과 같이 온 왜의 사신(겐소玄蘇, 무네 요시토모宗義智 등)이 '정명가도征明假道'라고 하여 정식으로 침략 의도를 통보해 왔는데도 우왕좌왕하며 제대로 된 방어책 하나 마련하지 못하였어. 나도 이러한 이야기는 듣고 있었고 이에 대한 대응책을 보며 밤잠을 이루지 못했어.

서강 : 제가 본 기록 중에도 "왜倭는 육전에 능하지 못하니 상륙한 후 육지에서 격멸하자"는 작전계획을 세웠다는 이야기가 있을 정도로 일본군에 대한 정보가 무지하였던 것 같습니다.

또 임란 전에(1588, 1589) 일본 사신이 조총鳥銃을 진상품으로 가져왔는데도 조총의 우수성을 파악하지 못하고 이에 대한 아무런 준비를 못했다는 것은 당시 위정자들의 태만을 탓하지 않을 수 없겠습니다. 어떻든 전란 속으로 백성을 몰아넣은 것은 변명의 여지없이 국왕 이하 위정자들이 책임을 질 일이라고 생각합니다.

전하, 왜란이 일어나면서 전하의 신분에 큰 변화가 일어나시었죠.

광해군 : 나는 4월 13일 오후 늦게 왜군이 부산에 상륙했다는 소식을 들었어. 결국 염려하던 전란이 일어났구나 하면서 암담한 생각이 들더구먼. 4월 17일 나도 궁에 들어가 부왕을 배알하고 그 날 들어온 변보邊報를 보고 자세한 이야기를 들었어. 그 날 이후 나는 걱정이 되어 거의 매일 궁중을 들락거렸고 26일부터는 아주 궁중에 들어와 생활하였어. 28일 모든 기대를 걸었던 신립申砬 장군이 탄금대에서 패전하고 자살하였다는 소식이 들려오자 부왕 이하 조정 중신들이

모든 희망을 잃고 창황망조蒼黃罔措하여 조정에서 파천 이야기가 나오고 당시까지 금기시되었던 세자책봉 이야기까지 나왔지. 세자책봉 문제는 부왕이 정식으로 제기한 것이지만, 전에 정철이 이 문제로 정계에서 제거를 당한 적도 있고 해서 아무도 입 밖에 내지 않고 서로 눈치만 보고 있었지. 그러자 부왕이 자신의 의지대로 나를 세자로 책봉하였어. 그리고 다음 날 정식으로 이 사실을 공포했지만, 창황중이라 즉위식도 제대로 하지 못하고 피난짐 싸느라고 정신없었어. 그리고 30일 새벽, 왜군을 피해 파천 길에 올랐지. 그 날 비는 부슬 부슬 내리는데 백성들의 원망어린 눈초리를 받아가며 대부분의 군졸들이 도망쳐 버리고 호위군졸도 별로 없는 100여 명의 초라한 피난행렬이 북행길에 올랐어. 나는 말을 타고 부왕을 배행했는데 얼굴에 떨어지는 빗물보다 흐르는 눈물이 더 많았던 것 같았어. 그러면서 마음 속으로는 이 전란을 어떻게 빨리 마무리 짓고 백성들을 도탄에서 구할까 하는 궁리에 몰두했지.

서강 : 왜란 때에 급박했던 모습이 생생하게 떠오르네요. 그런데 부왕이 그 많은 왕자들 중에 전하를 선택하신 가장 중요한 이유가 무엇이라고 생각하시는지요.

광해군 : 부왕의 깊은 뜻까지야 알 수 없지만 내가 비교적 조용히 학문 연수에 정진하는 점이 마음에 들었는지도 모르고 왕자 순서로 보아 첫째인 임해군 형님이 계셨지만 그분 성격이 과격해 부왕이나 조정 중신들로부터 환영을 받지 못하다 보니 순서로 보아 그 다음인 나에게 차례가 왔다고 봐야겠지.

서강 : 제가 보기에도 여러 가지 여건과 능력으로 보아 부왕이 전하를 세자로 택할 수밖에 없었을 것이라고 생각됩니다. 더욱이 전란으로 중앙정부가 거의 와해된 상태에서 전열을 추스르고 백성들을 어루만 져 가며 전쟁을 이끌 수 있는 분으로는 전하가 유일하였죠. 그것은

그 뒤에 전쟁을 이끈 전하의 활약상으로도 충분히 입증되었다고 볼
수 있습니다.

전하가 분조를 이끌고 전쟁을 주도하던 당시 상황을 생각나시는 대로
말씀해 주십시오.

광해군 : 서강이 나를 높이 평가해주어 고맙구먼.

부왕과 중신들은 평양에 도착하여 그래도 정신을 차릴 수 있었지만
추격해 오는 왜군에 대해서는 뚜렷한 방어책을 만들지 못했어. 왜군이
임진강에서 약간의 어려움을 겪었으나 방어벽을 쉽게 무너뜨리고
평양성에 육박해 오자 부왕은 6월 11일, 다시 의주로 몽진 길에 올랐지.
부왕은 왜의 추격이 급박해지면 명으로 망명하실 계획이었어. 그래서
세자인 나를 국내에 남겨두어 조정을 이끌어가며 전쟁을 주도하도록
한 것이지. 부왕은 피난길인 영변행궁에서 6월 14일, 나에게 '권섭국사
權攝國事'를 명하고 분조를 설치하여 전쟁을 이끌도록 하였어. 나는
부왕의 명을 받고는 그날로 분조를 이끌고 전쟁터로 떠났지. 평안도,
함경도, 강원도, 황해도를 돌며 나름대로 백성들의 피해를 줄이고
전쟁에 이기기 위해 최선을 다했어. 전국의 백성들에게는 왕실과
정부가 건재해 있으며 승리를 위해 최선을 다해 싸우고 있다는 것을
알려주어 희망을 갖도록 전국에 격문을 보내고, 분조를 이끌고 적의
점령지를 돌면서 나와 정부가 건재하다는 것을 지방 군관민들의 눈으
로 직접 확인할 수 있게 해주었지.

서강 : 전하의 이러한 노력으로 전하 주위에 많은 인재들이 모이고 도망
다니기에 급급하던 관리나 군졸들도 제자리를 찾게 되고 군관민 모두
가 적과 맞서 싸워 나라를 구하겠다는 용기와 의기를 되찾게 되었지요.
그러나 이러한 일을 위해 동분서주하던 전하의 괴로움은 대단했을
것으로 짐작됩니다. 이로 인해 다음 해에는 몸에 병까지 얻어 고생하셨
다는 기록을 본 적이 있는데 고생스러웠던 당시 상황을 생각나시는

것이 있으면 말씀해 주십시오.

광해군 : 당시 백성들이 겪은 괴로움에 비한다면 내가 겪은 고초야 아무
것도 아니지만 나름대로 어려움이 참 많았어. 내가 다니던 곳이 주로
왜군 후방지역이었기 때문에 가능하면 큰길은 피하고 산간 협로를
많이 이용했지. 어느 때는 100여 리를 가는데 인가 하나 없고 사람
하나 만날 수 없었어. 항상 왜병의 출현을 경계하며 밤에는 나뭇가지를
꺾어 하늘을 가리고 풀을 베어 바닥에 깔고 산속에서 노숙하는 경우가
비일비재했지. 더욱이 겨울철 눈 속에서의 노숙은 참 견디기 어려웠어.
내 나이가 젊어 그래도 이를 견디었지만 다음 해 봄에 큰 병을 얻어
두어 달 병석에 눕기도 했어. 어떻든 이런 어려움을 겪었지만 나름대로
보람은 있었어. 내가 보낸 격문을 보고 내 주위에 의병들이 모여
큰 병력이 되었고 이들은 힘을 되찾은 관군과 힘을 합쳐 각 전선에서
왜병에게 타격을 주며 전세를 뒤집을 수 있었지.

서강 : 전하의 이러한 노력으로 의병장 김천일金千鎰, 이정암李廷馣 등이
큰 공을 이룰 수 있었고 결국 이러한 전하의 활동이 임란 승리의
구심점이 되었다는 것은 누구도 부인할 수 없는 사실이라 하겠습니다.
이야기를 바꾸어 전쟁중에 원병으로 온 명군에 대하여 전하는 어떻게
생각하셨는지요.

광해군 : 부왕과 조정은 평양에 머물면서 명에게 원병을 수차 요청했지
만 명은 응하지 않았어. 그러다가 부왕과 조정이 의주까지 밀려와
전란이 자국의 국경선 부근까지 밀려오자 전통적으로 조·중관계를
순치관계脣齒關係(이빨과 입술의 관계)로 생각했던 이들은 자국의 자
위책으로 원병을 파병하였지. 처음에는 왜군의 전력을 대수롭지 않게
생각하여 조승훈祖承訓이 3천여 병력을 이끌고 왔으나 왜군에 대패
당하였지. 그러자 명은 그 해 12월, 제독 이여송李如松이 이끄는 4만
5천의 대군을 파병하였고 이들은 조선군과 연합하여 다음 해 1월

8일 평양성을 수복하였지. 그런데 이여송은 자만에 빠져 주위의 충고를 무시하고 왜군을 추격하다 고양 벽제관_{碧蹄館}에서 대패하고 말았어. 그 후 명군은 더 이상의 왜군과의 전투를 기피하고 강화 쪽으로 방향을 바꾸었어. 명의 생각으로는 왜군이 남쪽으로 내려가 명의 국경선에서 멀어지기만 하면 자기들의 출병목적이 달성되었다는 것이지. 4월 19일 왜군이 한강을 건너 남쪽으로 내려가 한양이 수복되자 그 이후부터 명군은 우리에게 일본과의 강화를 종용하며 오히려 조선군의 왜군 공격을 저지하였어. 전쟁도 하지 않고 주둔해 있는 명군의 행패는 정말 대단하였어. 오죽하면 백성들 입에서 "명군은 참빗이요, 왜군은 얼레빗이라"는 말이 나왔겠는가. 나는 기회 있을 때마다 명군 지휘부에 있는 자들에게 명군의 행패를 단속해줄 것을 이야기했지만 이들은 내 앞에서 체면치레로만 답하고 마이동풍_{馬耳東風}이야. 나는 이들의 행패를 듣고 보며 이들을 불러들일 수밖에 없었던 국력의 약함과 위정자의 무능을 얼마나 저주했는지 몰라. 결국 명군은 왜란의 전세를 전환시키는 계기를 만들었지만 뒤에는 임란을 우리 뜻대로 마무리짓는 데 방해가 되었다고도 볼 수 있지.

서강 : 전하, 주제에서 벗어난 이야기지만 명군이 패전한 벽제관에서 제가 1945년경에 살았던 인연이 있어 명군의 패전 정황에 대해서는 이 지방에 전승되어 오던 많은 이야기를 들어 당시 모습이 머릿속에 생생하게 그려집니다. 이여송의 패전은 이 곳 지형(산으로 둘러싸인 함정)을 무시한 채 무리하게 진격하다 왜병의 함정에 빠진 꼴이었습니다. 일본은 이 승리를 임란 최대의 승리로 평가하고 이 곳에 엄청난 크기의 승전탑도 세우고 이 곳을 전승지로 성역화했었습니다. 일제강점기에 일본 총독이 새로 부임하면 제일 먼저 이곳을 찾아 헌화하곤 하였습니다. 지금은 이러한 모든 흔적이 없어졌지만 옛일이 생각나 잠깐 말씀드렸습니다.

전하, 왜란은 7년 동안 조·명·왜 삼국이 어울려 싸웠던 국제전쟁으로 이 전쟁을 계기로 조선을 제외한 중국·일본에는 큰 정치적 변화가 일어났습니다. 조선은 왕조교체 같은 큰 변화는 없었지만 왕조교체 같은 정치적 변화의 역사적인 책무는 전하가 받으셨다고 생각합니다. 이에 대해 전하는 어떻게 생각하시는지요.

광해군 : 서강은 나를 지나치게 과찬하는군, 어떻든 기분은 나쁘지 않아. 나는 전쟁을 겪으면서 당시의 위정자들 생각이나 자세 가지고는 이 나라를 도탄에서 구할 수 없다는 생각을 수없이 했어. 내가 왕이 된다면 나라의 틀까지 바꾸지는 못한다 하여도 백성을 나라의 주인으로 받들고 조정의 모든 일이 이들을 편안하고 잘 살게 하는 데 모아지도록 하여야겠다는 다짐을 속으로 수없이 했지. 이것을 위해 나는 왕이 되어야겠다는 생각을 나름대로 하고 있었어. 서강이 말한 역사적인 책무까지는 아니더라도 솔직히 나 아닌 다른 사람이 왕이 되면 이런 일을 할 수 있을까, 이것은 내가 하여야 한다는 나름대로의 소명의식은 갖고 있었어. 그래서 나는 왕이 된 뒤에 이를 실천하려고 나름대로 최선을 다했어. 내가 행하였던 정책을 후세 사가들이 어떻게 평가하는지는 모르겠지만 당시로 보아서는 전통적인 질서를 무너뜨리는 상당히 파격적인 것들이 많았지.

서강 : 저는 전하가 왕위에 오른 뒤에 행한 여러 정책을 보고 이런 생각을 했었는데 전하의 말씀을 듣고 보니 제 생각이 맞군요. 그 이야기는 다음에 말씀해 주시기로 하고 전하가 왕위에 오를 때 겪었던 이야기를 들려주시면 좋겠습니다. 약주 한 잔 드시면서 말씀하시지요.

광해군 : 서강도 한 잔 해. 내가 한 잔 따라주지. 참 오래간만에 대작을 하네. 임진왜란을 통해 내 자리가 든든해진 것 같은데 오히려 위험해진 면도 있었어. 내가 전쟁수행에서 주도적인 역할을 하여 부왕의 신뢰를 얻은 면도 있지만 오히려 부왕은 마음속으로 내 밑으로 조정 중신들이

나 백성들의 민심이 모아지는 것을 못마땅하게 생각하신 점도 있었어.
더구나 명나라가 기회 있을 때마다 부왕에게 선위를 강요하곤 하여
부왕의 기분을 많이 언짢게 했거든. 이것이 나의 불효로까지 연계되어
내가 처신하기 참 어려웠어. 그러다가 부왕은 중전이 돌아가시자
인목왕후仁穆王后를 맞이하였고 두 분 사이에서 영창대군이 태어났지.
그러면서 부왕의 태도가 점점 변해 갔어. 늦게 본 적자인 영창에게
마음이 쏠리는 것이야 인지상정이라 할 수 있지만 나의 세자자리가
흔들리게 되었지. 그러다 보니 조정 관료들도 나를 따르는 무리와
영창대군을 옹립하려는 무리로 갈리게 되었고, 이러한 속에서 정치적
실세인 영의정 유영경이 영창대군을 옹립하는 무리에 앞장을 서게
되어 나의 입장은 더욱 곤궁해졌지. 그러다가 부왕이 와병하신 것이야.
아마 부왕이 장수하셨으면 영창에게 왕위가 돌아갔을 가능성이 많았
다고 볼 수 있지. 부왕이 병환이 나신 것이 정미년(1607) 봄인데 별로
차도가 없이 점점 병이 깊어지셨어. 무신년(1608)에 들면서 병세가
더욱 위중해지셔서 회복 가능성이 점점 희박해지자 결국 나에게 선위
한다는 유서를 남기고 2월 1일 운명하셨어. 그래서 다음 날 정릉동행궁
에서 세자로 책봉된 지 16년 만에 왕위에 오르게 되었지.

서강 : 전하가 왕위에 오를 때 만감이 교차되었겠지요. 저도 전하의
술잔을 받으면서 만감이 교차되는군요. 전하, 전하의 왕위 즉위에
가장 공이 컸던 인물로 정인홍鄭仁弘(내암萊菴, 1535~1623)과 이이첨
李爾瞻(관송觀松, 1560~1623)을 드는데요, 전하는 두 인물에 대해 어떻
게 생각하시는지요. 기록에는 간신의 대표적인 인물로 기록하고 있는
데요.

광해군 : 두 사람 다 인간이니까 완벽할 수는 없고 나름대로 공과 과가
있다고 볼 수 있지. 내암 정인홍 옹은 과보다는 공이 많은 강직한
인물로 높이 평가하고 싶어. 나는 그를 조선시대 산림山林의 대표적인

인물로 보고 있고 그 사실은 아마 누구도 부인하지 못할 것이야. 그는 영남의 대학자인 조식曺植(남명南冥)의 수제자로 전국적으로 그의 학행이 널리 알려져 부왕에 의해 천거되어 벼슬길에 나아갔으나 벼슬에 연연하지 않고 자기 소신에 따라 처신하였어. 그가 조정에 있을 때는 뭇사람의 존경을 받았고 대부분의 관료들도 그를 두려워하여 행동을 조심하였어. 또 그는 단순한 산림처사山林處士가 아니고 스승인 조식의 영향을 받아 개혁적이고 실천적인 인물이었지. 그는 왜란이 일어났을 때 이미 나이가 58세였음에도 분연히 일어나 의병을 일으켜 3천여 병력을 이끌고 동분서주하며 곽재우와 함께 경상도를 지켜내어 곡창인 전라도를 보존할 수 있었고 이 곳에 둔진한 충무공 승리의 초석을 만들어 임란 승전에 주요한 일익을 담당하였어. 그가 나를 계속 추대하였던 것은, 서인들이 말하는 자기 개인적인 영달과는 거리가 멀었어. 그는 내가 왕으로 있을 때도 기회만 있으면 고향으로 내려가 벼슬을 마다하곤 하였지. 그의 지나치게 곧은 성격과 행동이 오히려 나에게 부담이 될 때가 많았어. 내가 왕위에 오른 뒤 오현五賢(김굉필, 정여창, 조광조, 이언적, 이황)의 문묘종사文廟從祀(성균관의 문묘에 위패를 모시는 것) 결정에 대해 회퇴변척晦退辨斥(회재 이언적과 퇴계 이황의 문묘배향을 반대)의 상소를 올려 성균관 유생들에 의해 『청금록青衿錄』(유학자 명단)에서 삭제를 당하기까지 하였는데, 정 공이 유학계나 정계 분위기를 염두에 두었다면 이런 일은 하지 않았을 것이야. 당시 퇴계, 율곡栗谷(이이), 회재晦齋(이언적), 우계牛溪(성혼)의 제자들이 유학계와 정계의 주류를 점한 것은 누구나 다 알고 있는 터인데, 그런데도 정 공은 퇴계와 회재를 명종 때 척신 밑에서 벼슬을 하였고 우계는 왜란 때 부왕을 배행하지 않은 인물이라고 좋지 않게 보고 자기 소신대로 공격한 것이지. 어떻든 이 일로 당사자인 정 공도 어려움을 당했지만 내가 이것을 무마하느라고 애를 먹었어. 결국 이것이 남인과 서인들을 더욱 나에게서 멀어지게 만들었고 이들이 뒤에는 역모까지 한 것이지. 나는 가끔 나를 몰아낸 역모는 퇴계와 율곡과 남명의 다툼이 뒤에 퇴계와 율곡, 우계의 제자들인 남인, 서인과 남명의 제자인 정공(대북파)과의 싸움이 아니었던가 하는 생각을 하곤 하지.

나는 이이첨도 공과 과가 있는데 공보다는 과가 많았던 인물로 평가하고 싶어. 서강도 알고 있겠지만 관송 이이첨은 재기발랄하고 옛것을 지키기보다 새롭게 고쳐나가는 쪽을 주창한 인물이지. 그는 태생적으로 약점이 있었어. 그의 집안이 성종 때 훈구파의 거두인 이극돈의 직계손이었기 때문에 정계의 주류인 사림파들로부터 계속 소외를 당했고 집안이 몰락하여서 별다른 학연 없이 자수성가하여 과거를 통해 관계에 나오다보니 정파와도 별로 연을 맺지 못했지. 그러나 의기와 나름대로 소신을 가졌던 인물이야. 임란 때 능참봉으로 적진에 숨어들어가 세조의 어진을 모셔와 부왕을 감격시키기도 하였고 간관직(사간원, 사헌부)에 있으면서 부정을 철저히 규명하곤 하여 주변으로부터 칭송도 받았어. 나와는 내가 세자 시절에 관송이 시강원(세자 교육기관)에 사서직을 맡아 인연을 맺었고 그 뒤에 나를 위해 나름대로 최선을 다했지. 내가 왕위에 오른 뒤에는 나를 도와 여러 개혁에서 선도적인 역할을 하기도 하고, 나에게는 정치적 도움을 많이 주곤 하였어. 그런데 세월이 가면서 물론 나를 위한다는 생각에서였겠지만 나의 당평책에 제동을 걸면서 여러 정치적 사건을 이용하여 대북파를 제외한 모든 정치세력(남인 서인)을 나의 주변이나 조정에서 내몰아 결국 나의 정치적 입지를 어렵게 만들었다고 볼 수 있어. 이런 것이 역모의 명분과 계기가 되었다고 하겠지. 사실은 나는 이이첨을 한직으로 옮겨 이런 것을 막아보려고도 생각했는데 이보다 먼저 역모가 일어난 것이야.

서강 : 두 사람에 대한 인물평 잘 들었습니다. 정확하게 보신 것 같습니

다. 결국 두 사람이 전하를 왕위에 올리는 데도 중요한 역할을 했지만 역설적으로 전하가 왕위에서 물러나시게 하는 데도 중요한 요인을 제공하였다고 볼 수 있군요. 저는 전하가 조선역대 군왕 중 백성들의 어려움을 가장 속속들이 알고 계셨던 것으로 알고 있습니다. 전하가 왕위에 오를 때 백성들의 실상이 어떠하였는지 알고 계신 대로 말씀해 주시죠.

광해군 : 한 마디로 목불인견目不忍見(딱하고 가엾어 눈으로 차마 볼 수 없을 지경)이었어. 전쟁이 끝난 지 10년이 지났는데도 계속된 흉년과 굶주림에다 돌림병[瘟疫 : 발진티푸스]까지 만연하여 수많은 백성들이 죽어갔고 심지어 인육을 먹는다는 소문까지 돌았지. 또 농사를 폐한 수많은 농민들이 떼를 지어 거리를 횡행했어. 나는 이런 참상을 잘 알고 있었기 때문에 왕위에 오르면서도 즐거운 마음보다는 괴롭고 슬픈 마음이 더 컸어. 그 때 내가 내린 전교가 나의 생각을 잘 나타내었는데 지금은 다 기억하기 어렵고, 아마 백성들의 참혹한 어려움을 해결할 수 있는 대책을 시급히 마련하라고 강력하게 지시한 것 같아. 아까 보니 서강이 실록을 가져온 것 같은데 한 번 찾아보지.

서강 : 전하, 세상이 엄청나게 바뀌었습니다. 방대한 조선왕조실록이 '시디'라고 하는 이 작은 쇳조각 세 개에 다 들어 있습니다. 제가 가져온 이 기계(노트북)에 넣어 찾아보겠습니다. 나오네요 전하가 경술년(1610) 1월 13일 내리신 전교입니다.

"만물이 소생하는 봄, 모든 초목과 온갖 생물들이 활기를 찾고 모두 즐거워하는데 우리 백성만이 죽음을 앞두고 괴로워하고 있다.……생령들의 곤궁함이 극에 달하였다.…… 굶주린 사람들을 착실히 구휼하여 목숨을 잃는 일이 없도록 하라."

라고 하셨고 이것을 강력하게 추진하셨군요.

전하, 이런 어려운 나라를 되살리기 위해 전하께서는 과감한 개혁정책

(인사, 경제, 문화 등)과 한양재건정책을 추진하셨는데 이 중에서 전하께서 가장 힘을 기울이신 것 하나를 꼽는다면 어떤 것을 꼽으시겠습니까.

광해군 : 나의 개혁정책은 어느 것 하나 중요치 않은 것이 없었고 힘을 기울이지 않은 것이 없었지. 그런데 서강이 하나만 들어 보라고 하니 백성들 생활과 가장 관계가 밀접했던 선혜지법宣惠之法(대동법)을 들어 보지. 이것은 백성들이 내던 공물貢物(지방 특산물)세를 미곡으로 대신 납부케 한 것인데, 이게 백성들에게 엄청 효과가 있었어. 당시 공물인 지방 특산물세는 그 지방의 특산물이 아니거나 가공품 등이 많아 이를 대납하는 방납인防納人들이 농민들로부터 막대한 이윤을 챙겼지. 내 주변에서도 방납을 하는 인물들을 많이 보았는데, 이들은 이런 행위를 정당한 것으로 생각하고 치부의 수단으로 이용하였어. 그런데 그 피해가 고스란히 힘없는 백성들한테로 돌아갔지. 그래서 대동법은 중간이익을 배제하고 특산물세를 농민들이 미곡으로 대납할 수 있게 하였을 뿐 아니라, 지역단위로 배정하여 이를 가구 수대로 나누어 배정하던 것을 토지 소유자에게만 과세토록 하여 많은 백성들을 세부담에서 벗어날 수 있게 하였지. 이것이 실시되자 방납으로 막대한 이익을 보던 양반, 관료, 향리 특히 많은 토지를 소유한 양반들이 들고 일어나 아우성을 쳤고 일부 중신들까지 여기에 가세하여 대동법이 나라를 망친다고 야단이었어. 그러나 나는 이를 끝까지 지켜나갔지. 백성들로부터는 상당한 환영을 받았었고 지금 생각해도 흐뭇해.

서강 : 이런 개혁은 지금 제가 보기에도 전하의 주변이나 조정 관료들과 이해가 배치되는 것이었기에 반발도 대단했던 것으로 알고 있습니다. 이러한 속에서 이를 과감히 밀고 나가신 것은 정말 전하가 아니고는 할 수 없는 일이었다고 생각합니다. 그런데 경제정책 외에도 많은

개혁을 추진하셨는데 문화진흥정책도 볼 만한 것이 많이 있었습니다. 예를 들면 임진왜란 때 소실된 왕조실록을 비롯한 수많은 서책을 수집, 복간, 보관토록 한 것은 후대 사람들에게 엄청난 선물이요 우리 전통문화의 계승 발전 유지에 초석이 되었다고 하여도 지나친 이야기가 아니라고 생각합니다. 그런데 불행하게도 이런 전하의 업적이 집권세력에 의해 계속 왜곡, 폄하되어 요사이 사람들은 거의 알지 못하고 있습니다만 유독『동의보감東醫寶鑑』에 대한 것만은 비교적 잘 알고 있습니다. 이것은 수년 전 이를 소재로 한 연속극이 방영된 덕이 아닌가 생각됩니다. 어떻든 국민들로부터 가장 신뢰받는, 세계적으로 자랑할 수 있는 이런 한의서를 출판케 한 것은 전하의 큰 업적 중 하나라고 볼 수 있습니다. 이에 대해 생각나시는 것이 있으시면 말씀해 주십시오.

광해군 : 어떻든 서강이 나를 칭찬해주니 기분은 좋구먼.

동의보감은 왜란 뒤에 온 굶주림과 질병으로부터 백성들을 구하려는 절박한 현실적인 필요에서 편찬된 것이라 볼 수 있지. 그렇지만 이것을 가능케 한 것은 허준許浚(?~1615)이라는 명의가 절대적이었다고 할 수 있어. 허준은 나와도 가까웠지만 부왕의 사랑을 많이 받았어. 왜란의 어려움 속에서 끝까지 의주 피난길에 부왕을 배행하여 부왕의 건강을 지탱하게 해주었지. 나도 그의 진료를 많이 받아 병마에서 벗어날 수 있었어. 부왕이 돌아가시자 전례에 따라 진료를 소홀히 했다는 죄명으로 파직을 당하고 귀양을 갔었어. 나는 중신들의 반대를 무릅쓰고 귀양간 허준에게 한양을 비롯하여 그가 필요한 지역을 마음대로 방문할 수 있도록 하여 그의 연구와 의료 활동을 도와주고 관련 관청으로 하여금 최대한 뒷바라지를 할 수 있도록 하였지. 그래서 그는 평생의 연구를 종합한『동의보감』을 완성하고, 이를 간행(광해군 5년)하여 모든 의원이나 백성들이 볼 수 있도록 해서 백성들을 질병에서 구하는 데 가장 큰 기여를 하였어. 이 책은 모두 23편으로 구성된 25권이나 되는 방대한 의서로, 우리나라에 전래되어 오던 의서, 중국의 서를 망라한 우리나라 최고의 의서라 할 수 있지. 서강 이야기로는 지금도 우리나라에서 최고로 인기 있는 책이라고 하는데 정말 그만한 가치와 대접을 받아야 할 의서지.

서강 : 전하 말씀대로 대단한 의서죠. 지금은 일본, 중국에서도 최고의 의서로 대접받고 있습니다. 이야기를 바꾸어서 전하가 왕위에 오르신 이후 많은 부분에서 개혁정책을 추진하셨습니다. 그런데 이러한 국내의 개혁정책보다 더 관심을 기울이신 것이 전쟁을 막으려는 노력이었다고 생각합니다. 전쟁을 막기 위한 노력으로 주변 국가인 명, 후금, 왜 등과 외교적인 교섭을 벌리고 자주국방정책을 펴셨는데, 먼저 전하가 애쓰신 외교적인 노력 가운데 왕위에 오르신 후 가장 먼저 해결하신 대왜관계對倭關係에 대해 말씀해 주셨으면 합니다.

광해군 : 왕위에 오르자마자 가장 먼저 해결할 것으로 대왜관계를 생각했어. 그것은 남북 양면으로 적을 맞는 북로남왜北虜南倭(북의 오랑캐와 남쪽의 왜) 현상을 빚어서는 안 된다는 신념 때문이었지. 그러나 조정의 중신이나 양반은 물론 일반 백성들까지 일본에 대한 적개심과 혐오감이 극에 달해 있었어. 그래서 일본과 강화조약을 체결하는 문제에 대해 조정 중신은 물론이고 전국적으로 반대가 대단했어. 그렇지만 나는 이러한 감정적인 입장에서 벗어나 냉철한 생각을 가지고 왜와의 적대관계를 끝내는 것이 우리 국가를 위해 최선의 길이라는 판단을 내리고 주변의 반대를 무릅쓰고 왜와 기묘조약을 체결하고 일본과의 오랜 적대관계를 끝냈지. 그래서 남쪽의 평화를 확보할 수 있었고 모든 국력을 백성들의 생활향상과 북쪽에 대한 국방정책에 쏟을 수 있었어. 그리고 일본과의 무역재개로 경제적인 효과와 군수물자 확보에서 많은 도움을 받을 수 있었어. 지금 생각해도 내가 잘한

것 같아.

서강 : 전하, 일본과 강화조약을 맺은 이후 가장 공을 들이신 것이 대명외교와 대후금외교라 할 수 있는데 이에 대해 말씀해 주시면 좋겠습니다.

광해군 : 내가 가장 고심한 것은 사실 일본보다 대명외교였다고 할 수 있어. 서강도 잘 아는 바와 같이 조선왕조가 개창된 이래 명에 대해서는 사대외교를 지속해 온데다 왜란 때는 군사적 도움까지 받아 명과의 사대관계는 더 심화되었지. 당시의 조정 중신을 비롯한 양반계층들은 대명관계를 단순한 국가와 국가 간의 외교관계를 넘어 성리학적 대의명분론에 의한 천리天理(하늘의 이치)로 생각하였어. 또 명은 왜란 때 지원을 한 사실을 내세워 기회 있을 때마다 모든 문제에 영향을 행사하려고 했어. 나는 외형적으로야 가능한 범위 안에서 형식적이고 의례적인 전통적 사대관계를 지속하면서 내용적으로는 의리보다는 현실적인 실리중심의 외교관계를 지향하며 국제관계 변화에 시의적절하게 대응하도록 하였어. 나는 명이 돌이킬 수 없는 쇠망의 나락으로 떨어지고 있다고 판단했고 더 이상 명에는 기댈 것이 없다고 생각하여 조정 중신들에게도 이런 나의 뜻을 많이 비쳤어. 그런데도 나의 뜻을 모르거나 알면서도 명에 대한 나의 태도를 못마땅하게 생각하는 조정 중신이나 관료, 양반들의 분위기는 나를 정말 외롭게 하였어. 나는 기회 있을 때마다 명에 사신을 파견하고 많은 역관들을 명에 잠입시켜 명에 대한 정보를 수집하였고 이들에게 우리 정보가 새나가지 않도록 최선을 다했지.

이러한 명에 대한 외교와 맞물린 대후금(여진)정책도 소홀히 할 수 없는 중대한 일이었지. 여진족은 누루하치라는 지도자가 나와 점차 세력을 키워나갔고 왜란 때는 우리에게 사절을 보내 파병을 제의할 정도로까지 힘이 커졌지. 왜란중에 변방에 갈 기회가 여러 차례 있어서 압록강 건너에 있는 이들의 동태에 대해 자세한 이야기를 많이 들었고 명의 장군을 통해서도 이들의 막강한 군사력鐵騎(강력한 기병)에 대해 들을 기회가 많았어. 더욱이 신충일申忠一(1554~1622)이 이 곳에 다녀와서 올린 보고서인 「건주기정도기建州紀程圖記」를 보고 이들의 실상을 어느 정도 알고 있었지. 그래서 나는 어떻게든 이들과의 전쟁을 피하는 것이 국가와 백성을 위해 최선의 길이라고 판단했고 전쟁을 막기 위해 이들과의 친선을 유지하되 이들이 넘볼 수 없는 자위력을 가져야 되겠다는 생각을 굳혔지. 또 나는 여진족에 관한 정보를 얻기 위해 최선을 다했어. 여진어 역관을 양성하는 데 힘을 기울여 이들을 수시로 여진지역으로 파송해서 정보를 얻어오게 하고, 국내에 거주하는 귀순 여진인의 동향에도 주의를 게을리하지 않으면서 이들로부터 귀중한 정보를 얻곤 하였지. 그래서 나는 비교적 후금의 동향에 대해 정확히 알고 있었고 나름대로 이에 대한 대비책을 강구해 나갔어. 그런데 조정 중신들이나 관료들은 여진의 실상에 대해 정확히 알지도 못하면서 이들을 대수롭지 않게 여기며 종전의 대여진 관계만을 고집하였어. 기회 있을 때마다 이들에게 여진의 실상을 알려주며 설득하는 데 온 힘을 기울였지.

서강 : 전하의 이러한 노력에 대하여 근래 와서 많은 역사가들이 나름대로 높은 평가를 하고 있습니다. 저도 기회 있을 때마다 전하의 혜안慧眼과 국민복리를 제일로 한, 명분보다 실리를 중시한 전하의 정책에 많은 점수를 주곤 합니다. 전하의 이러한 정책이나 이를 위해 주변국가에 대해 끊임없이 방대한 양의 정보를 수집하고 이를 바탕으로 하여 정책을 수립한 것 등은 제가 보기에 조선 역대 군왕 중 전하가 유일하다고 생각됩니다.

그런데 이러한 전하의 정책에 가장 큰 시련을 준 것이 명의 파병 요청이었다고 생각합니다. 이에 대해 말씀해주시면 좋겠습니다.

광해군 : 서강이 잘 보았어. 나의 중립적인 실리외교에 가장 큰 시련을

준 것이 명의 파병 요청이었지. 당시 후금의 누루하치는 이웃 부족을
아우르면서 점차 세력을 확대해 갔지만 명은 이에 대해 경계를 하면서
도 겉으로는 명에게 사대의 예를 취하며 고분고분한 후금과의 현상유
지에 나름대로 자족하고 있었어. 그런데 기회를 기다리던 후금이
무오년戊午年(광해군 10, 1618), 기습적으로 명의 요동 요충지인 푸순撫
順을 공략해서 함락시켰어. 이것은 명에 대한 전면 전쟁 선언이었고
명으로서는 싫든 좋든 후금과의 전면전을 피할 수 없게 되었지. 명은
중국의 전통적인 대외정책인 이이제이以夷制夷정책의 일환으로 조선
에게 후금을 공략토록 파병을 강권해 왔어. 나는 어떻게든 파병을
할 수는 없다는 생각이었고 무슨 수를 쓰든 파병을 막아보려 했지.
그래서 여러 가지 구실, 예를 들면 경제사정, 허약한 군사력, 왜군의
위협 같은 핑계거리를 들어 파병이 어렵다고 했어. 이에 대해 명은
재조지은再造之恩을 들며 우리에게 압력을 넣었는데, 사실 이들보다
나를 더 괴롭힌 것은 조정 중신과 관료들, 양반들이었어. 이들이 춘추
대의를 내세워 파병하여야 한다는데, 정말 기가 막힐 지경이었거든.
심지어 정치에 비교적 초연하였던 왕후 유씨까지 나에게 파병하여야
한다고 주장하였으니. 내가 그래도 파병을 거부하자 명에서는 조선정
벌론까지 나오니 더 이상 버틸 수가 없었지. 결국 나는 파병을 결정하면
서 파병 후유증을 경계하지 않을 수 없었어. 명의 패망이 어느 정도
예견되는데도 신흥 강국인 후금과 적대적인 관계를 갖는다는 것은
결국 전쟁을 자초하는 결과를 가져올 수밖에.

서강 : 전하의 고민을 이해할 만합니다. 결국 강홍립姜弘立(1560~1627)
을 도원수로 삼아 파병하셨는데 도원수에게 내렸다는 밀지의 진위
여부가 지금까지 많은 논란이 되고 있습니다. 그에 대해 전하의 말씀을
듣고 싶습니다.

광해군 : 내가 강홍립을 도원수로 발탁한 것은 그가 문무를 겸비하고

뚜렷한 소신을 가진 줏대 있는 인물일 뿐 아니라 중국어에도 능통하고 명나라와 후금 사정에 정통한, 당시로는 보기 드문 국제적인 안목을 가졌기 때문이야. 그는 나의 뜻을 정확히 헤아려 행동하리라고 믿었고, 역시 그는 이러한 믿음을 저버리지 않았어. 내가 그를 보내며 관형향배 觀形向背(형세를 보고 판단)라는 밀지를 내린 것은 사실이야. 뒤에 명국이나 사대적인 조정 중신들이 이 사실을 알고 문제를 삼을 경우 닥칠 파장을 예상해서 이는 나와 도원수 두 사람만 아는 영원한 비밀로 하였지. 그런데 도원수가 전장에서 행한 처신이나 항복 후에 나에게 보내온 정황보고, 조정중신들이 처벌하자고 주장한 도원수의 가족을 끝까지 보호한 나의 태도 등으로 미루어 분명히 밀지가 있었고 이에 따라 도원수가 행동을 한 것이라고 판단하고, 뒤에 이것을 구실삼아 나를 내쫓는 역모의 명분으로 삼았던 것이지. 도원수는 당시 조정에 있던 중신들 중 누구보다도 백성을 아끼고 나라를 사랑한 훌륭한 인물이야. 내가 쫓겨난 후 귀국한 그가 역신으로 몰려 겪은 비극적인 최후는 나를 정말 비통하게 하였어.

서강 : 강홍립의 처신은 전하의 밀지에 따라 전하의 뜻을 충실히 따른 것으로 보아야 되겠군요. 지금 생각해도 도원수의 처신은 최선의 선택이었다고 생각됩니다. 강 도원수는 포로로서 후금에 머무르면서도 전하에게 청의 동향을 수시로 알렸을 뿐 아니라 정묘호란 때도 후금군을 따라와 백성들의 피해를 줄이기 위해 최선을 다했고 강화협상에서도 조선에게 불이익이 돌아가지 않도록 심혈을 기울였다는 사실 등이 일부 기록에 나오네요. 기록에는 보이지 않지만 아마 강홍립 도원수가 전하의 퇴위를 가장 가슴 아파하였을 것으로 생각됩니다. 전하만 계셨으면 자기의 공적이 충분히 인정받을 수 있었을 것이라는 아쉬움도 있었겠지만 그보다도 전쟁의 참화를 피할 수 있었을 것이라는 안타까움이 컸을 것으로 생각됩니다.

전하, 재위시절에 평화를 유지할 수 있었던 것은 교묘한 외교정책 뿐 아니라 이를 뒷받침한 자주국방력이라 할 수 있겠지요. 생각나시는 대로 말씀해 주셨으면 합니다.

광해군 : 자주국방력이 없는 중립외교는 아무런 안전장치 없이 높은 하늘에서 외줄타기를 하는 것과 같다고 볼 수 있지. 서강의 말대로 나는 자주국방력을 확보하기 위해 심혈을 기울였고, 그 결과 어느 정도 든든한 국방력을 확보할 수 있게 되고 이것이 주변국에 알려졌기 에 우리의 실리중립외교가 힘을 얻을 수 있었던 것이지. 나는 국방력의 확보는 우수한 지휘관, 정예화한 장병, 우수한 무기라는 토대 위에서야 가능하다고 생각했지. 그래서 가상의 적으로 후금을 선정하고, 뛰어난 무장인 곽재우郭再祐(1552~1617)를 함경도 관찰사로, 박엽朴燁(1570 ~1623)을 평안도 관찰사로, 정준鄭遵(1580~1623)을 의주부윤으로 삼아 국경을 방비하게 하고, 후금의 기병에 대한 방어책으로 전국의 산성을 수축하고 기병을 무력화시킬 수 있는 화포와 조총을 개발하는 데 심혈을 기울였어. 군사훈련에도 힘을 기울여 관무재를 수시로 열어 장병들의 무예를 점검하면서 사기를 진작시켰고 병사 개개인이 일당백의 무예를 갖추도록 하여 전장에서 자신감을 갖게 하였지. 나는 모든 정사 가운데서도 국방을 최우선으로 생각하고 시간에 관계 없이 한밤중이라도 보고서를 가져오게 하여 처리하였어.

서강 : 전하의 이러한 노력이 결실을 얻어 평화를 가져올 수 있었다고 생각합니다. 최근 일부 진보를 자처하는 역사학자들 가운데는 전하의 정책을 지금의 정세와 비유하여, 미국을 명에 대입하면서 반미자주를 설명하는 경우를 볼 수 있습니다. 그러나 그것은 역사를 올바르게 보지 못하고 잘못 이해한 것이라 생각합니다. 오히려 당시 국제정세의 흐름을 외면한 채 맹목적인 숭명사대崇明事大에 젖어 있던 무리가 바로 지금의 국제정세를 올바르게 보지 못하고 맹목적으로 반미 민족

자주를 외치는 무리와 같다고 생각합니다. 전하의 생각은 어떠하신지요.

광해군 : 서강의 생각이 맞다고 생각해. 국가 간의 문제는 관념적인 의식보다는 현실적인 국익이 우선되어야 하지. 당시 명에 대한 생각은 춘추대의라는 성리학적인 대의명분론에 바탕을 두고 현실적인 국익보다 관념적인 명분론을 우선한 것인데, 요사이 자칭 진보주의 학자들이나 일부 정치인들이 국제정세나 국익보다 관념적인 민족주의나 통일지상주의에 함몰되어 있는 것과 거의 같아. 결국 그러한 명분론이 정묘·병자 호란이라는 전화를 자초한 것이지. 이런 역사적인 교훈을 요사이 위정자나 자칭 진보주의자들이 좀 유념했으면 좋겠어.

서강 : 전하의 이런 말씀을 별로 귀담아 들으려 하지 않는다는 것이 걱정입니다. 이들은 당시 양반들이 자기들의 성리학적 대의명분론을 최고의 진리라 여기고 이것을 지키는 것만이 인간의 도리라 생각했던 것과 마찬가지로, 자기들의 주장만을 최고의 선이라고 보고 다른 의견은 일고의 가치도 없는 수구 꼴통들의 헛소리라 몰아붙이고 있습니다. 정말 나라의 장래가 걱정스럽습니다. 그나마 위안이 되는 것은 그동안 이들의 위세에 눌려 침묵으로 일관하시던 분들이 최근 이들을 질타하는 목소리를 내고 있다는 것입니다. 이야기를 바꾸어 전하는 전쟁이 일어났을 때 최후의 보루로 강화도를 생각하셨다는 기록을 보았습니다. 전하는 이를 위해 어떠한 준비를 하셨는지요.

광해군 : 서강이 강화도에 대해 깊은 관심을 갖고 많은 연구를 하고 있다는 것을 알고 상당히 유익하고 좋은 일을 하고 있다고 생각하고 있어. 아마 나에 대해 관심을 갖게 된 것도 강화도와 나와의 인연이 한 이유가 되었다고 생각해도 되겠지. 나는 왜란 중에 의병장 김천일金千鎰(1537~1593)에게 명하여 강화섬을 근거지로 전국의 의병을 아우르도록 하고, 한양 부근의 왜병을 수시로 공격케 하여 왜군이 한양에서

패주하는 중요한 계기를 만들었어. 그런 의미에서 강화도는 왜란에서
승리를 거두는 데 중요한 기여를 한 곳이지. 나도 기회 있을 때마다
강화도를 찾았고 기병 중심의 북방 유목민을 상대로 한 방어전을
이끌 중심지로 최적의 요지라고 생각했어. 더욱이 이 곳은 수로로
전국의 교통중심지고 조운로의 중심지였기에 전쟁 수행에 최적지지.
이는 고려시대 몽골과의 전쟁에서도 충분히 입증되었다고 볼 수 있어.
그래서 왕위에 오른 뒤에 강화도에 특별히 관심을 갖고 성벽을 수축하
고 화약, 군량미 등을 비축하여 전쟁에 대비케 하였지.

서강 : 제가 전하에 대하여 관심을 가진 것은 전하의 업적이나 인간적인
매력 때문이었다고 할 수 있습니다. 전하와 강화와의 인연에 대하여는
퇴위 이후의 전하와의 연 때문인지 별로 생각하기 싫었습니다. 어쨌든
뒷이야기지만 병자호란 때 이러한 강화도가 청병에게 유린된 것을
보면 아무리 천혜의 요새라 해도 이것을 누가 어떻게 관리하느냐에
따라 구실 여부가 결정된다는 좋은 교훈을 주었다고 볼 수 있습니다.
퇴위 이후에 강화도에 여러 해 계셨지요.

광해군 : 퇴위 이후에 강화도에 대한 기억은 정말 하고 싶지 않아. 정말
가슴 아프고 회한에 젖어 지낸 세월이었기에 햇수도 생각하고 싶지
않고. 다른 이야기로 넘어가지.

서강 : 죄송합니다. 전하의 가장 아픈 곳을 건드린 것 같습니다. 이야기
를 바꾸어 밝은 이야기를 여쭈어 보겠습니다. 전하가 평생을 회고해
보시면서 가장 행복하셨던 때가 언제였던 것 같습니까.

광해군 : 서강은 어떻게 생각할지 모르지만 내가 가장 행복하였던 시기
라기보다 순간은, 세자로 책봉된 뒤 피난길인 평안도 영변행궁에서
부왕으로부터 '권섭국사權攝國事'의 명을 받은 순간이었던 것 같아.
나는 부왕으로부터 이 명을 받으면서 부왕이 나에게 주는 신뢰에
정말 감격하였고 나의 양 어깨에 이 나라가 맡겨졌구나 하는 생각을

하니 눈물이 나면서 정말 표현할 수 없는 감정이 복 받치더군. 그 순간이 지난 뒤에는 나에게 맡겨진 무거운 책임 때문에 잠을 못 잘 정도로 노심초사했지만 그 순간만은 내 일생에서 가장 행복하였던 순간이었어.

서강 : 좀 의외라고 생각했는데 전하의 말씀을 듣고 보니 이해가 됩니다. 여러 왕자들 틈에서 모후나 특별한 후원세력도 없는 고단한 처지에서 경위야 어떻든 부왕으로부터 국가경영의 전권을 위임받는 순간은 정말 감격스러우셨을 것으로 생각됩니다. 전하, 기분이 풀리셨습니까. 제가 술 한 잔 올리겠습니다. 다른 것을 여쭈어 보겠습니다. 전하가 하신 일 가운데 지금 우리가 많은 혜택을 받고 있으면서도 누구 때문에 혜택을 받는 것인지 잘 모르는 것이 있습니다. 다름 아닌 궁궐, 종묘 등 조선시대 건축물들인데, 이것들은 국민들의 여가 선용 장소뿐 아니라 관광자원으로서도 국보적 자산입니다. 그런데 전하 퇴위 이후 이런 일들이 전하의 실정으로만 실록이나 역사물에 기록되었고 지금 까지도 많은 사람이 그렇게 알고 있습니다. 이와 연관하여 한양 재건사 업에 대해 여쭈어 보겠습니다. 황폐해진 한양을 복구한다는 것은 꼭 필요한 사업이고 지금 우리가 문화유산으로 자랑스럽게 내세우고 있지만, 당시의 국가재정으로 보아 무리라는 생각도 들고 백성들의 부담이 과중하였기 때문에 많은 백성들이 어려움을 겪었다고 보고 있습니다. 그래서 이것을 전하의 실정으로 뒷사람들이 이야기하는 경우가 많은데 이에 대해서 어찌 생각하시는지요.

광해군 : 지금 생각하면 내가 너무 조급하게 서두른 감도 느껴져. 나는 궁궐이나 관아를 하루 속히 재건하여 나라의 정치를 안정시키고 제대 로 된 정치를 하여야겠다는 생각이 컸어. 나로서는 특히 여진이나 왜에게 우리나라의 위엄을 보이기 위해 궁궐을 비롯한 한양을 신속하 게 재건해야 한다는 생각을 했으니까. 게다가 이들의 위협이 가중되면

서 이러한 생각은 더욱 급박해져 이 사업을 지나치게 밀어 붙였던 것 같아. 이것이 역모의 좋은 빌미가 된 것은 나도 알지, 그러나 변명 같지만 정말 누군가 꼭 하여야 될 일인데 내가 먼저 멍에를 진 것 같아. 쫓겨난 뒤에 내가 한 일을 되돌아보면서 조금 후회스러운 일 가운데 하나가 그거야. 그렇지만 서인들이 기록해 놓은 것처럼 나의 약점이었던 왕위에 대한 정통성을 보완한다거나 회복, 또는 개인적인 영화를 위해 한 일은 아니라는 점을 이해해 주었으면 좋겠어.

서강 : 저는 전하의 본뜻을 충분히 알았고 이해하고 있습니다. 전하가 제일 싫어하실 이야기지만 꼭 밝히고 싶어서 여쭈어 봅니다. 전하를 몰아낸 역모와 연관된 이야기인데 전하가 역모에 대한 정보를 알고 있으면서 손쉽게 막을 수 있었던 일을 거의 방치하시어 그런 치욕을 당하시게 된 가장 큰 이유가 무엇이라고 생각하십니까. 실록에는 김개시金介屎(김개똥)라는 상궁과 관련이 있는 것처럼 기록되어 있는데, 어느 정도 근거가 있는지요.

광해군 : 참 세월이 그렇게 많이 갔는데도 이 이야기만 나오면 가슴이 두근거리고 열이 올라. 그러면서 회한悔恨에 잠겨 눈물이 나오곤 해. 결국 막지 못한 모든 책임은 나지 누구를 탓하고 원망할 수 있겠나. 억지로 따지자면 이이첨 등 당시 대북세력들의 지나친 정권 독점욕 때문이었다고나 할까. 나는 탕평책의 일환으로 대북세력을 견제하고자 애썼고 이들은 이러한 나의 의중을 알고 반대세력인 서인, 남인들을 조정에서 몰아내려고 기회만 있으면 이들과 연관된 역모사건을 고변하였어. 그래서 나는 가능하면 이런 사건들을 축소하거나 묵살하였지. 김류, 이귀 등의 역모 고변도 그런 입장에서 이해하고 가볍게 처리하였던 것이야. 서강도 알겠지만 역모사건은 일단 벌어지면 수많은 사람이 다치고, 그 후유증이란 게 말할 수 없을 정도로 컸어. 나는 선왕 때부터 이런 역모사건을 수없이 지켜보았고 내가 왕위에 오른 뒤에도 나의

바람과는 달리 김직재金直哉(1554~1612) 역모사건(서인 남인들이 타격을 받음), 임해군 사건, 영창대군 사건 등이 잇달아 나를 괴롭혔기에 가능하면 역모사건은 피하려고 애썼어. 김개시에 대해서는, 세자 시절부터 나를 따랐고 나에게 많은 도움을 준 상궁인 것은 사실이지만 실록이나 후대의 많은 기록에 묘사되거나, 혹은 여러 사람들에게 회자膾炙되는 것처럼 나에게 큰 영향력을 미쳤다는 이야기는 말하기 좋은 사람들이 만든 이야기지.

서강 : 전하를 퇴위시킨 소위 반정이 성공한 것은 역설적이지만 전하의 도움이 컸다고 생각할 수도 있겠습니다. 전하의 대북세력 견제정책이 서인들의 결집을 가능케 하고, 탕평책의 일환으로 역모사건을 가능하면 묵살하였던 것이 가장 중요한 요인이 되었다고 생각됩니다. 전하가 퇴위 당하시고 오랜 기간(19년) 생존하시면서 겪은 고초를 생각하면 제가 다 가슴이 저미어 옵니다. 전하, 삼전도 굴욕(인조가 청태종에게 항복) 소식은 언제 아셨는지요.

광해군 : 내가 강화도에서 교동으로 옮겨졌을 때 청병의 침입에 대해 어렴풋이 짐작은 했어. 주변 관헌들이 황급해하는 모습이나 교동으로 몰려오던 피난행렬을 보면서 그렇게 피해 보려고 한 전쟁이 일어났구나, 백성들은 또 얼마나 고초를 겪을까 하는 생각을 하니 괴롭기 한이 없었어. 내가 쫓겨나지 않았으면 막을 수 있었을 텐데 하는 회한에 가슴 아파했지. 그리고 전쟁 뒤 소식은 아무도 알려주는 사람이 없어서 모르고 있었는데 제주도로 호송되는 배 안에서 호송 군졸들이 수군거리는 것을 듣고 삼전도 치욕에 대해 알게 되었지. 정말 기가 막히더군. 내가 했던 평화유지책이 잘못되었다고 그렇게 호언하면서 대신 국정을 빼앗더니 이런 오욕을 뒤집어쓰는구나 하는 생각을 하니 너무 허탈해서 아무 생각도 안 나더군. 그러면서 조카인 상감(인조)에 대해서는 연민의 정 같은 것이 느껴졌어. 얼마나 괴로웠을까, 그 치욕

을 그래도 용하게 참아냈구나 하는 생각까지 했어. 그러면서 상감(인조)이 나에게 차후의 대책을 물어오면 모든 감정을 접어버리고 올바르게 국정을 이끌어갈 방향을 가르쳐주고 싶었고. 그것이 당시에 나의 솔직한 심정이었어.

서강 : 저도 가끔씩 그런 생각을 합니다. 전하가 그대로 왕위에 계셨으면 전쟁은 막을 수 있었을 텐데 하는 아쉬움이요. 저는 이러한 것이 후대 사람들에게 줄 수 있는 귀중한 선물인 역사적 교훈이라 생각합니다. 이러한 역사적 교훈을 올바르게 받아들여 국가가 나아갈 방향을 올바르게 설정하는 것이 역사를 올바르게 보고 배우는 자세가 아닌가 합니다. 시간이 상당히 많이 흘렀습니다. 술이 조금 남았군요. 제가 한 잔 따라 올리겠습니다. 마지막으로 요새 사람들에게 주고 싶은 말씀 있으시면 부탁드리겠습니다.

광해군 : 서강도 한 잔 해. 내가 따라주지. 내가 요새 사람들에게 가장 하고 싶은 이야기는 서강이 한 말과 같이 역사적인 교훈을 올바르게 이해하고 받아들여야 한다는 것이야. 역사를 잘못 보고 병자호란 당시의 대명관계를 요사이의 대미관계로 연결시켜 생각하는 따위가 없어야 되겠어. 내가 재위시절에 전쟁을 막을 수 있었던 것은 국제정세의 흐름을 올바르게 보고 여기에 적절하게 대처하면서, 주변국(가상적국)이 넘볼 수 없는 자주국방력을 갖춘 것이 바탕이 되었다고 볼 수 있어. 요사이 일부 정신 나간 정치인처럼 입으로만 자주국방을 외치며 민족자존심만 추켜세우는 작태는 당시 위정자들이 성리학적 가치관에 매몰되어 여진족에 대해 의기와 자존심만 가지고 입으로만 일전불사一戰不辭를 외치다가 삼전도에서 자기 임금을 땅바닥에 엎드려 무릎으로 기며 눈물을 흘리게 만든 치욕을 재현할까 두려워. 전쟁이란 돌이킬 수 없는 민족의 파멸을 가져온다는 생각을 깊게 하고 모든 일에 신중하게 임해 주었으면 좋겠어. 이야기가 두서없이 된 것 같지만

나의 본심은 알겠지.

서강 : 전하께서 귀중한 시간을 내셔서 어려운 자리에 나와 주셨고 또 오랜 시간 귀중한 말씀을 해주신 것 진심으로 감사드립니다. 전하의 말씀 폐부肺腑로 새겨듣고 많은 사람들에게 전하겠습니다. 아직도 듣고 싶은 이야기가 많은데 다음에 자리 한 번 다시 만들겠습니다.

광해군 : 외로운 나를 찾아주고 요사이 이야기 많이 들려주어 오히려 내가 고마워. 앞으로도 건강하게 살면서 좋은 글 많이 쓰도록 해.

참고문헌

『朝鮮王朝實錄』(『선조실록』, 『광해군일기』, 『선조수정실록』)
『備邊司謄錄』
『燃藜室記述』
강혜영, 「광해군조의 문예진흥정책」, 『도서관학논집』 25, 1996.
김기옥, 「조선조 광해군의 국방정책과 그 교훈」, 『정신전력연구』 32호, 2003.
김용숙, 「계축일기 연구」, 『숙명여대 기념논문집』 7, 1968.
김중권, 「광해군조의 사가독서에 관한 연구」, 『서지학연구』 22집, 2001.
신명호, 「선조말·광해군초의 정국과 외척」, 『청계사학』 10, 1993.
양순필, 「제주 유배 한시 연구」, 『제주대학교 논문집』 16, 1983.
오종록, 「선조–광해군 때의 정치판」, 『내일을 여는 역사』 14집, 2003.
이민호, 「광해군조의 대일관계고찰」, 『동서사학』 4, 1998.
이왕무, 「광해군대 화기도감에 대한 연구」, 『민족문화』 21, 1998.
이은숙, 「광해군의 실리외교」, 『육사논문집』 57집, 2001.
이이화, 「광해군의 자주 실리 외교」, 『마당』 46, 1985.
이정일, 「광해군 연구(1)」, 『울산대학교 인문논총』 12집, 1997.
이정일, 「광해군 연구(2)」, 『울산대학교 인문논총』 17집, 1999.
이정일, 「광해군 연구(3)」, 『울산사학』 9, 2000.
임승표, 「광해군일기의 편찬경위와 국역과정」, 『민족문화』 18, 1995.
장지연, 「광해군대 궁궐영건」, 『한국학보』 86, 1997.
최호균, 「광해군의 대후금정책에 관한 일 고찰」, 『상지대 병설 전문대학 논문집』 5, 1986.
최영희, 『임진왜란 중의 사회동태』, 한국연구원, 1975.
한명기, 「광해군대의 대북세력과 정국의 동향」, 『한국사론』 20, 1988.
한명기, 「폭군인가 현군인가–광해군 다시 읽기」, 『역사비평』 44, 1998.
한명기, 『광해군』 역사비평사, 2000.

서계 박세당을 찾아서

서계 박세당을 찾아서

01 박세당朴世堂과 시공時空을 넘은 인연

산을 좋아하는 나는 주말이면 서울 근교의 북한산, 도봉산, 관악산을 찾아 등산을 즐긴다. 그런데 1970년대, 우연하게 수락산에 발을 들여놓은 후 이 산에 매료되어 고집스럽게 이 산만을 찾았다. 이 산에 외골스럽게 매달렸던 것은 몇 가지 이유가 있지만 가장 중요한 요인은 산세가 아름다우면서 다양한 등산 재미를 체험할 수 있게 산이 아기자기하고 서울 근교 산 중 가장 조용하여 두세 사람의 등산 친우들과 우리만의 대화를 즐길 수 있고 나만의 조용한 사색에 빠질 수 있었기 때문이 아닌가 생각된다. 나의 수락산 등산 코스는 의정부시 장암동에서 시작하여 노강서원과 석림사 옆을 지나 계곡을 거쳐 서쪽 기슭의 중앙능선을 타고 정상을 향해 오르다 정상 옆을 넘어 수락산 대피소를 거쳐 내원암

대웅전 앞을 지나 마당바위로 하여 남양주시 청학동으로 내려오는 것이다. 나는 수락산과 인연을 맺은 뒤 이 등산 코스만을 고집스럽게 지켜왔는데 이는 수락산의 묘미를 이 등산로가 가장 잘 가지고 있기 때문이고 나의 융통성 없는 성격 탓도 있다고 생각된다. 처음에는 등산 횟수에 별 관심을 갖지 않았으나 10여 년이 지난 후 문득 등산 횟수에 호기심 어린 관심이 생겨 지난 일기장을 들춰 횟수를 세어 보고 그 뒤에 합산하기 시작하였다. 그래서 600회, 700회 등에 의미를 부여하여 간소한 행사까지 하면서 산행의 즐거움을 만끽하였다. 2000년 12월에는 800회 등반을 가족 친지와 함께 기념하면서 수락산 산행을 통해 얻은 귀중한 자산에 대한 고마움을 가슴속 깊이 되새겼다.

800여 회의 산행을 통해 얻은 가장 귀중한 수확으로 가장 먼저 꼽을 수 있는 것이 서계西溪 박세당과의 시공을 초월한 만남이다. 나는 수락산과 서계 사이에 얽힌 인연을 모른 채 수락산을 찾았었다. 수락산 입구에 있는 노강서원鷺江書院만이 나에게 궁금증을 주었으나 얼마 뒤에 박태보朴泰輔의 위패를 모신 서원이라는 것만 알고 특별한 관심 없이 지났다.

1981년 늦가을, 보통 수락산 산행은 계절에 관계없이 새벽 6시 30분경에 산 밑에 도착하여 시작하는데 그 날은 일이 있어 10시경에나 산 밑에 도착하였다. 그런데 바로 그 날 산불 예방을 위하여 석림사 입구를 폐쇄하고는 산 출입을 통제하는 것이었다. 그래서 할수없이 그 때까지 한 번도 오른 일이 없던 옆 능선을 이용하여 산행을 시작하였다. 능선에 오르자 가장 먼저 눈에 띈 것이 능선 너머의 왕릉과 유사한 큰 분묘였다. 예상치 못한 곳에서 마주친 이 큰 분묘에 놀랐고 또 알 수 없는 충격과 미묘한 전율을 느꼈다. 이 분묘는 원형이 아닌 특이한 방형이었는데, 묘비를 읽어 보니 서계 박세당과 그의 두 부인(남씨·정씨)의 합장묘였다. 당시의 그 알 수 없는 전율은 아마 전혀 예견치 못한 곳에서 이상한 모양의 분묘를 발견한 놀라움 때문이 아니었나 하는 생각이 드면서도, 그보다는 서계와의 시공을 초월한 인연을 갖게 한 때문이 아니었나 하는 생각을 그 뒤에 하곤 하였다.

나는 그 날 이후 수락산을 찾을 때마다 서계 선생을 생각하게 되었고 이러한 관심이 수락산에 대한 사랑을 깊게 하고 동시에 서계 선생에 대한 족적과 학문적 업적에 깊은 애정을 갖고 살피게 만들었다. 서계 선생과 수락산과의 인연과 이 산에 남겨진 선생의 족적을 찾아보게 된 것은 이 때부터였다.

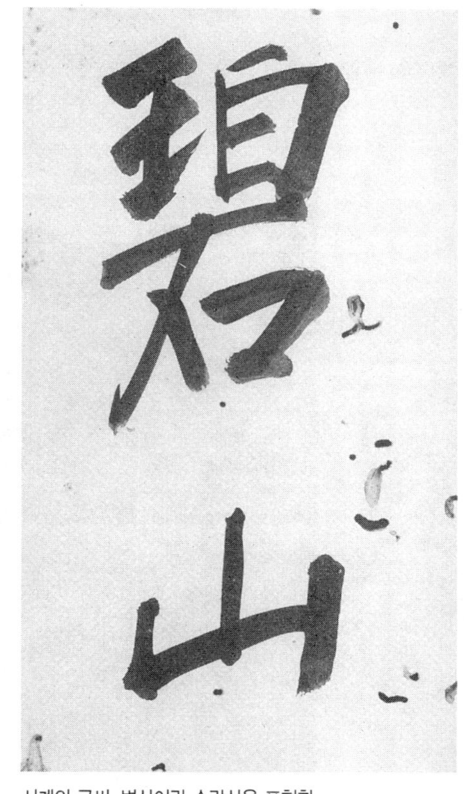

서계의 글씨. 벽산이란 수락산을 표현한 것이다.

서계西溪가 수락산과 인연을 맺은 것은 현종 7년(1666) 서계의 나이 38세 때 일로, 부인 남南 씨의 상을 당하여 수락산 서쪽 기슭에 장례를 지내면서부터다. 서계는 부인의 장지를 찾아 경기 일원을 답사하다 수락산의 산세와 풍광에 매료되어 이 곳을 부인과 장차 자기의 장지로 정하고 또 평생의 은둔지로 삼았다. 서계는 부인 남씨의 장례를 치른 후 현종 9년(1668) 벼슬에서 물러나 수락산 서쪽 부인의 묘 밑인 석촌동 속칭 장자울長子谷(현재의 장암동)에 은둔하였다. 서계는 조정의 부름 때문에 마지못해 이 곳을 잠시 떠나 관직에 몸을 담기도 하였으나, 근 40대 초부터 생을 마감한 70대 중반까지 이 곳에서 머물렀고 사후에도

수락산 입구에서 바라다본 서계의 고택. 산 아래 오른쪽에 보이는 기와집이다. 경기도의 전통 종가집으로 지정되어 있으며, 현재 서계의 11대 종손이 관리하고 있다.

이 곳에 묻혔다. 그래서 수락산 서쪽 기슭은 서계와 인연을 갖는 많은 유적이 산재해 있다.

전철 7호선 종착역인 장암역에서 수락산 서쪽 입구에 들어서면 계곡을 끼고 큰 은행나무 옆에 서계의 고택이 있다. 이 집은 서계가 여기에 자리를 잡으면서 지은 것으로, 원래는 안채와 사랑채가 있었는데 안채는 6·25전쟁 중에 소실되고 지금은 사랑채와 돌담에 둘러싸인 대나무숲 무성한 후원, 그 뒤로 서계를 모신 영정각이 있다. 이 생가는 1999년에 경기도의 '전통 종가집[傳統 宗家]'으로 지정되어 다음 해 도의 지원을 받아 보수·단장하였고, 현재 서계의 11대 종손인 박찬호朴贊鎬 씨가 살면서 집을 관리하고 있다.

나는 수락산을 찾을 때마다 서계의 고택을 보며 청렴하고 고집스럽게 자기 소신에 충실하였던 그의 생애를 생각하고 시공을 초월하여 그와 끊임없이 대화를 나누곤 하였다. 또 당시 양반으로는 상상할 수 없었던 야인이 되어 이 곳에서 농민들과 어울려 농사를 지으면서 자기의 경험을 바탕으로 자기는 물론 많은 농민들에게 도움을 줄 수 있는『색경穡經』이라는 농서를 편찬한 진취적인 실학자로서의 모습을 그리곤 하였다. 나는 어려운 일을 당할 때마다 이 곳에서 서계에게 많은 것을 물어 해답을 찾고 또 서계의 생애를 반추하며 많은 용기를 얻었다. 내가 교육부 국사편수관으로 국사교과서 파동의 와중에 휩싸였을 때는 한 주에 두 차례씩 찾기도 하였는데, 이러한 서계와의 만남을 통해 그 어려웠던 일들도 무난하게 해결할 수 있지 않았나 생각된다.

서계의 고택 옆을 흐르는 개울을 따라 조금 오르다 보면 개울가에 '석천동'이라는 글씨가 암각된 큰 암반 위에 '궤산정簣山亭'이라는 육각 지붕의 정자가 서 있다. 이 정자는 서계의 가르침을 얻고자 찾아온 수많은 학동들을 가르치면서 유생들과 학문을 논하던 곳이다. 정자 이름은 서계가 지은 것으로 삼태기[簣]로 흙을 쌓고 쌓아서 산山을 이루듯 매일 매일 산을 만드는 마음가짐으로 학문에 정진해야만 학문을 대성할 수 있다는 서계의 학문관이 담겨 있다. 이 정자를 보면서 300여 년

서계가 제자들을 가르치고 유생들과 학문을 논하였던 궤산정. 지금은 방치되어 흉한 모습을 하고 있어 보존이 시급한 실정이다.

전 서계 앞에 머리숙이고 앉아 있는 학동들의 모습을 그려보면 계곡물 소리와 한데 어울려 퍼지는 낭낭한 학동들의 글 읽는 소리가 들려오는 듯하곤 하였다. 아울러 서계의 학문관과 교육관을 되새겨보곤 하였다. 장자골의 유래처럼 서계를 장자로 보고 전국에서 모여든 학동들을 제자로 삼아 정성을 다해 그들을 가르친 투철한 교육자로의 서계의 모습을 보았다. 또 주자학을 교조적으로 믿고 주자학에 대한 비판은 사문난적斯文亂賊이라 하여 유림儒林이나 사회로부터 격리, 매장되었던 주자학 절대주의 시대에 과감하게 사변록을 통해 유학에 대해 새로운 해석을 가하고 주자학을 비판하였던 서계의 실증·실용적인 학문관을 떠올리곤 하였다.

궤산정을 지나 더 오르면 '청풍정'이라는 안내문과 이 건물의 주춧돌 그리고 매월당 김시습金時習의 사우祠宇인 '청절사淸節祠' 터가 있다. 이것들은 서계가 평생의 스승으로 여기고 존경하던 김시습의 절의를 기리기

158

청풍정 터

위해 세운 것이다. 원래 수락산은 김시습과 연이 있어서, 이 산 동쪽 봉우리 부근에 그가 머물렀던 매월당이라는 암자가 있었다. 그런데 그것이 퇴락해서 없어지자 서계가 석림사 승려들의 도움까지 받아가며 이 사우를 새로 지어 이름을 동봉사東峰祠라 하고 충청도 홍산 무량사의 매월당 영정을 모사해서 이 곳에 봉안하였다. 그 후 조정에서 매월당의 절의를 높이 사 '청절사'라는 사액을 내렸다. 또 서계는 청절사 옆에 정자를 세워 청풍정이라는 이름을 붙이고 이 곳에서 글을 읽고 학문을 논하며 매월당의 뜻을 받들도록 하였다. 나는 이 곳을 지날 때마다 김시습의 절의를 중국의 백이숙제에 비견하며 그의 정신과 뜻을 받들어 불의와는 목숨을 걸고 타협하지 않았던 서계의 괴팍할 만큼의 곧은 성품을 떠올리곤 하였다. 또 불의가 판을 치고 거짓과 권모술수를 처세의 최고 방편처럼 여기는 사회 지도층의 모습을 떠올리며 서계를 그리워하곤 하였다.

청풍정 밑에 개울로 내려가면 여러 곳에 암각되어 있는 서계의 친필 글씨가 눈에 띈다. 서계의 글로는 서계유거西溪幽居, 취승대聚勝臺, 석천동

石泉洞 등이 보이고 매월당의 수락동천水落洞天 등도 보인다. 서계는 선생의 호로서, 그가 평소 존경하였던 김시습의 동봉에 비견하고 또 그가 사랑한 수락산의 서쪽 계곡에 연유하여 작명한 것이다. 석천동은 서계가 수락산 계곡을 처음 찾았다가 계곡의 물과 바위가 어우러진 아름다운 산세에 반해서 붙인 이름이다. 나는 이 글을 보면서 산을 사랑하며 산과 어울려 고고하게 자기 뜻을 갖고 산야에 묻혀 살았던 서계의 모습을 기리곤 하였다.

청풍정 유지에서 왼편 약간 위쪽으로 '노강서원鷺江書院'이 있다. 이 서원은 서계의 둘째 아들 박태보朴泰輔의 위패를 모신 서원이다. 박태보는 서계의 중형 세후가 손이 없이 젊은 나이에 죽자 그에게 양자로 입적하였다. 그는 숙종 3년(1677), 문과에 장원급제하여 벼슬길에 나아가 여러 관직을 거쳐 파주목사를 끝으로 관직에서 물러났다. 숙종의 민비폐위의 불가함을 간하다가 가혹한 형벌을 받고 귀양길에 올라 노량진에서 숙종 15년(1689), 35세의 나이로 객사하였다. 노강서원은 원래 민비가 복위한 후 숙종이 박태보의 절의를 기리기 위하여 숙종 21년(1695), 그가 죽은 노량진 강변에 세우고 박태보지사朴泰輔之祠라는 편액을 내렸는데 그 후 정조가 노강서원이라는 친필 편액을 내려 그 이름을 사용하게 되었다.

노강서원은 노량진 한강변에 있다가 대지문제로 분쟁이 생겨 후손들에 의해 박태보 묘소가 있는 현재의 자리로 1969년 7월에 이전하였다.

나는 이 곳을 지날 때마다 박태보의 행적보다는 서계의 심경을 생각하였다. 자식을 먼저 보내는 부모의 애끓는 마음, 임금에게 옳은 일을 간하다 죽음을 맞은 자식을 보는 서계의 안타까운 심정을 되씹어 보곤 하였다. 이러한 서계의 심경은 서계가 노년에 자손에게 "항상 무슨

일에나 앞장서지 말고 천 사람의 뒤에 자취를 감추어 나타나지 않도록 하라."라는 유훈을 남긴 데서 잘 나타나는데, 자신의 외골스러운 성품을 이어받은 자식의 죽음을 지켜보면서 앞으로 다시는 이런 일을 당하지 않도록 자손들

노강서원

을 경계한 서계의 마음의 한 면을 볼 수 있을 것 같다.

노강서원에서 조금 올라가면 석림사石林寺라는 사찰이 있다. 다른 주자학자들과 마찬가지로 불교에 대해 상당히 비판적이었던 서계는 불교를 윤리적인 면에서 악취에 비견하기도 하였다. 그러나 다른 한편 서계는 자신의 집 부근에 있던 석림사를 자주 찾았던 것으로 알려지고

서계가 자주 찾았던 석림사. 서계가 불교에 대해 상당히 비판적이었다는 사실을 염두에 둔다면 종교적인 의미에서는 아니었을 것이다.

있다. 매월당의 사우를 수축할 때도 주변 사람들의 반대를 무릅쓰면서까지 석림사 승려들에게 사우를 위해 시주를 받아오게 하여 이를 사우 건축에 보탰다는 기록이 보이는 것으로 미루어 석림사에 대해서는 특별한 생각을 가지고 있었던 것 같다. 그럼 서계는 이 사찰을 보며 유학자로서 어떠한 생각을 하고 승려들을 어떻게 대하였을까. 내가 생각하기에, 서계는 석림사나 승려를 종교적인 의미에서 찾거나 한 것 같지는 않다. 다만 사찰 주변의 풍광을 즐기고 자기의 정신적인 사색의 장으로 여겼던 것이 아닌가 싶다. 그래서 석림사를 찾을 때마나 나는 석림사의 풍광을 즐기며 깊은 상념에 잠겨 사찰 주변을 서성이는 서계를 그려보곤 하였다.

앞에서 이야기한 것처럼 수락산 서쪽 능선 너머에는 서계의 분묘를 비롯하여 그의 친족 분묘들이 밀집되어 있다. 이 분묘들 가운데 서계의 분묘는 특이한 점이 많다.

먼저 분묘는 서계의 뜻과 다르게 3인의 합장묘 형태를 하고 있어서 규모가 상당히 크고 봉분도 방형의 기석 위에 올려져 있다. 비석의 머리 부분도 특이하게 타원형이고, 드물게 초취 부인과 계 부인을 함께 좌우에 합장하였다. 무덤 앞에 서면 건너편 도봉산록이 한눈에 들어오고 좌우에 병풍처럼 둘린 수락산 구릉과 뒤에 멀리 수락산 주봉이 보이는 영원한 안식처로는 이상적인 자리라는 생각이 든다. 나는 이 분묘를 볼 때마다 이 자리를 선정한 서계의 산세를 보는 뛰어난 안목에 머리 숙여지면서 서계의 어려웠던 생애를 회상하곤 하였다.

<u>02</u> 박세당의 삶과 관직생활

서계는 조선조 인조 7년(1629), 남원부사인 박정朴炡의 넷째 아들로 전라도 남원부 관아에서 태어났다. 모친은 조선조의 문벌 양반가문 출신인 양주 윤씨로 그의 부친은 관찰사를 지낸 윤안국이다. 서계의 본관은 반남潘南이고 자는 계긍季肯이다. 서계의 집안은 상당한 문벌 양반집안으로 조부 박동선朴東善은 좌참찬을 역임하였고 가까운 인척들이 많은 벼슬을 하였다. 서계의 부친인 박정은 광해군 11년(1619), 정시문과에 급제하여 벼슬길에 나아갔다가 부친 박동선과 함께 광해군의 폐모론에 반대하다가 부자가 함께 삭탈관직 당하였다. 그 후 인조반정에 참여하여 정사공신靖社功臣으로 책봉되고 남원부사를 거쳐 홍문관 부제학으로 재직하다 인조 10년(1632), 서계가 4세 때 37세라는 젊은 나이로 병사하였다. 서계가 7세 때는 부친 별세 후 부친을 대신해서 집안을 이끌어 가던 장형 박세규가 젊은 나이에 병사하자 조부인, 박동선이 생존해 있기는 했지만 노령이어서 집안의 가세가 급속하게 기울기 시작하였다. 인조 14년(1636), 서계의 나이 8세 때 병자호란이 일어나자

세견(18세)·세후(10세) 두 형과 함께 왕실에 머물고 있던 조부를 제외한 노령의 조모(71세)와 모친(40세)을 모시고 한강 수로로 양평과 원주를 거쳐 육로를 통해 안동으로 피난하였다. 전쟁 와중뿐 아니라 전후에도 안동, 청주, 천안 등을 전전하며 곤궁한 생활을 하였다. 더욱이 서계가 12세 때 조부마저 병사하자 집안은 경제적으로 더욱 어려워졌다.

서계는 어려서 조부로부터 천자문을 배웠으나 경제적인 어려움 때문에 본격적인 학업은 11세 때부터 중형 박세견에게 받기 시작하였고 13세 때 고모부 정은무를 스승으로 모시고 학업에 매진하였다. 이 때 동문수학한 10여 명의 학동 중에서 서계가 가장 뛰어났다고 전한다.

서계는 인조 23년(1645) 나이 17세 때 금성金城(현 강원도 김화) 현령으로 있던 남일성南一星의 딸과 결혼하였다. 이 결혼을 통해 서계는 평생의 학우인 처남 남구만南九萬과 처숙 남이성南二星을 얻고 이들과 장인으로부터 학문적으로 많은 영향을 받았다. 더욱이 경제적인 어려움으로 부인 남씨가 10여 년을 처가살이하는 바람에 서계는 처가를 내왕하며 자연스럽게 이들과 자주 접촉하면서 학문적인 성숙을 기할 수 있었다. 이 영향으로 서계는 소론 쪽에 속하게 되었고 이는 그의 관직생활에 많은 영향을 미쳤다. 서계가 20세 되던 인조 26년, 음사蔭仕로 강원도의 고을 원으로 나가 있던 중형을 찾아 80여 세 노령의 조모와 모친을 모시고 여행을 하고 돌아와 「동행습낭東行拾囊」이라는 기행문을 남겼다. 또 중형이 청풍(현 제천) 군수로 있을 때 이 곳의 명승지를 찾아보고 「동소록東溯錄」이라는 기행문을 남겼다. 이런 글들은 서계의 문명을 널리 알리고 높여 주었다. 21세 때 모친 윤씨 상을, 다음 해에는 조모 이씨 상을 당하고, 같은 해에 모친의 3년 상을 끝내기도 전에 숙형 세후가 병사하는 아픔을 겪었다. 모친의 치상중에 병을 얻어 병사한 숙형에게 크게 충격을 받은 서계는 나중에 치상 문제와 관련하여 후손들에게 엄한 유훈을 남기게 된다.

서계의 과거 응시가 늦어진 것은 아마 이러한 집안 사정에 기인할 것이다. 모친의 3년 상을 다 마치고 효종 3년(1652) 과거에 응시한 서계는 유생정시에 3등으로 합격하였으나, 중형 박세견이 과거에 낙방하자 중형의 과거합격을 위해 과거 응시를 미루었다. 그리고 효종 5년(1654) 중형이 과거에 급제하자 비

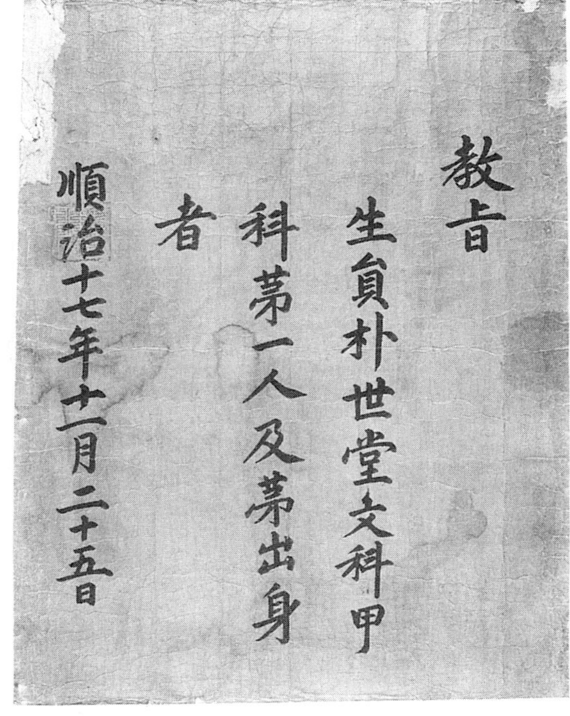

박세당 홍패(紅牌). 홍패는 과거급제한 사람에게 주던 일종의 합격증서. 이 홍패는 1660년 박세당이 별시 문과에 장원급제한 사실을 기록한 것. 박세당은 부자가 장원급제한 것으로도 유명하다.

로소 과거시험에 응시하여 현종 1년(1660) 그의 나이 32세에 생원시에 수석, 회시에 2등 그리고 그 해 현종 즉위 증광시即位增廣試 문과 갑과에 장원을 하였다. 이렇게 해서 관직생활에 들어선 서계는 첫 벼슬로 성균관 전적典籍을 제수 받고 몇 자리를 거쳐 현종 3년(1662), 사간원의 정언正言(정6품)으로 제수되어 간관으로서 본격적인 활동을 시작하였다. 서계가 관직에 있었던 기간은 별로 안 되는데, 그 관직생활의 대부분을 간관諫官으로서 보냈다. 간관은 불의와 타협하지 않았던 그의 올곧은 성품과 잘 맞는 자리였을 것이다. 하지만 서계의 곧은 성품과 간관이라는 위치 때문에 주변에는 친우가 많지 않았고 오히려 정적이 많아 상당히 험난한

관직생활을 보내야 했다. 남구만은 서계의 성품에 대해 "어떤 일이건 영합하는 것을 참지 못하였고 비굴하게 비위 맞추는 것을 참지 못하였다."라고 쓰고 있는데, 그의 강직한 면모를 잘 전해준다 하겠다.

정언에 오른 서계는 흉년으로 생활이 어려운데도 관습상 행해져 오는 대과와 소과 합격자들의 유가와 문희연을 금할 것을 왕에게 주청하여 이를 폐하게 하였다.

급제자가 유가遊街하고 문희연聞喜宴을 베푸는 것은 오랫동안 해오던 일이지만 이렇게 엄청난 흉년을 당한 때에 관례대로 따를 수만은 없는 일입니다. 유가 하는 일이야 갑자기 그만두게 할 수 없다 하더라도 창기娼妓에게 풍악을 잡히거나 연회를 베푸는 일 따위는 금단하여 재난을 걱정하는 뜻을 보이소서.…… 또 급제자를 사관四館에서 신래新 來라고 지목합니다.…… 신고하는 관례가 있는데…… 갓을 찌그러뜨리 고 옷을 찢는 등 위의를 형편없이 만들면서 갖가지로 골탕을 먹이고 곤욕을 주고 있습니다.…… 지금껏 이 폐단이 없어지지 않고 있으니 다시 밝혀 통렬히 개혁하소서.

또한 서계는 공석중인 공조판서에 국구國舅 김좌명을 발탁하고 이은 상을 성균관 대사성에 임명한 것이 부당하다면서 다음과 같이 왕에게 주청하였다.

……아래에서는 위의 뜻을 맞추는 방향으로 천거하였고 위에서도 치우치게 사정을 두어 임명한 점이 있다고 생각하지 않겠습니까.…… 이은상은 문재는 갖고 있지만 선비들의 기대를 충족시키기에 부족한 인물입니다.

이 일은 왕으로부터 동의를 얻지 못하였지만 서계가 개인의 친·불친이나 지위의 고하, 당파에 관계없이 강한 소신을 갖고 간관으로 활동하였음을 보여준다.

서계의 이 같은 성품을 극명하게 보여주는 단적인 사건이 현종 3년(1662) 당시 최고 실력자인 좌의정 원두표와 무장 이수창 문제였다. 사건의 전말을 보면, 좌의정 원두표元斗杓가 왕에게 무장 이수창이 서울에 오래 머물러 그의 안마鞍馬가 너덜너덜해질 정도로 어려워졌다고 하면서 외직外職으로 보내는 게 좋겠다고 하였다. 이 이야기를 들은 사간 정수창이 다음 날 왕에게 자신이 이 말을 간관들의 상회례 때 꺼냈더니 동료들이 이를 간한 대신은 감히 논하지 못해도 이수창만은 부임하게 해서는 안 된다고 하였다고 아뢰었다. 이 말을 전해들은 박세당은 동료들이 대신을 논하지 말자는 말은 한 적도 없고 이 말이야말로 사람을 너무나도 부끄럽게 하는 말이며, 대신이라는 사람이 그런 말을 하였다면 진정 용서할 수 없는 일이라면서 원두표를 탄핵하였다. 그런데 원두표는 서계의 부친 박정과는 인조반정에 함께 참가한 매우 가까운 친구 사이로, 원두표도 서계를 자식처럼 여기던 관계였다. 서계가 보통 성품의 소유자였다면 정치 초년생으로서 이렇게 특별한 관계에 있던 원두표를 오히려 자기의 정치적 후원자로 적극 이용하였을 것이다. 당시 서계는 왕에게 원두표와 이 문제와 관련한 왕의 태도에 대해 다음과 같이 아뢰었다.

……간관에 몸 담고 있는 자가 사사로운 정분을 돌아보면서 감히 탄핵하지 못한다면 이 어찌 국가에 이로운 일이 되겠습니까. 신은 사사로운 교분은 어디까지나 사사로운 교분이고 공적인 의리는 어디까지나 공적인 의리라고 생각하였는데…… 옛날의 대신들은 자신의

잘못을 부지런히 공박해 주라고 했는데, 오늘날의 대신은 한 마디라도 서로 잡아주는 말을 하면 문득 성난 얼굴을 짓곤 합니다. 그런데 전하께서도 간관의 기를 꺾어 대신을 위로해 주시려고만 하니……

현종 4년(1663) 사헌부 지평으로 자리를 옮긴 후에도 서계는 임의백이 도승지로 임명되자 인망이 부족하다면서 교체해 달라며 탄핵하였다. 왕이 이 주청에 따르지 않자 서계는 다시 왕에게

……임의백은 출세에만 급급한 나머지 부끄러움도 잊은 채 날마다 요로에 달려가 끝내 현달하게 되었으니 그 흠을 숨기기 어렵고 그가 역임한 것을 보아도 실제 능력은 없으면서 오로지 휼궤 일변도로 흐르고 괴이한 짓을 행하여 사람들에게 웃음거리가 되었습니다.……

라고 하며 재차 탄핵하였다. 그래도 왕이 따르지 않자 다시 임의백을 탄핵하며 사직을 청하였다. 결국 이 문제를 계기로 서계는 그 자리에서 물러났다. 이 문제가 일어났을 때 조정에서는 서계의 원칙주의에 찬사를 보내는 사람도 있었으나 일부는 그의 처사가 지나치다고 비판하기도 하였다. 하지만 서계는 주변의 이러한 평가나 시선에는 아랑곳하지 않고 자신의 소신을 끝까지 관철시키기 위해 외로운 싸움을 계속하였다.

서계가 관직에 몸담고 있던 현종대는 병자호란의 후유증으로 조정을 비롯하여 국가 전체가 몸살을 앓던 시기였다. 인조반정으로 정권을 잡은 서인들은 광해군의 실리를 중심으로 한 중립외교노선을 대의명분론을 앞세워 배척하고, 최명길 등의 주화론을 잠재우면서 친명배금정책을 표방하여 결국 정묘·병자 호란이라는 초유의 병란을 자초하였다. 병란 후 효종대에는 청에 대한 국민적인 적개심과 효종의 북벌의지로

친명배청 분위기가 팽대하였고 이러한 분위기에 편승하여 종래 대의명분을 표방한 송시열과 그의 지지세력들이 정계에 등장하였다. 이들은 현종대에도 이 정책을 지속시켜야 집권의 명분을 얻을 수 있었기에 친명배청 정책을 기반으로 한 북벌정책을 고집하였다. 그러나 현종은 현실성 없는 북벌정책에는 그다지 의욕을 갖고 있지 않았다. 대부분의 관료들 역시 이미 중국대륙의 주인공으로 자리를 굳힌 청을 대상으로 한 북벌정책은 전혀 실현 가능성이 없다는 사실을 알고 있었다. 사실 송시열 일파도 실질보다는 하나의 명분으로서 이를 고집했던 것이고, 이를 자기들의 집권수단으로 이용하였다고 할 것이다. 따라서 그들은 계속 명에 대한 의리론을 앞세워 이미 망한 명의 연호인 숭정崇禎을 계속 사용해야 한다고 고집하였고, 관료들 중 일부는 청 사신을 영접하는 일을 기피하거나 청의 사신 접반사로 임명되면 벼슬을 내놓고 대의명분에 충실한 자신의 모습을 내외에 과시하기도 하였다.

현실적이고 실질을 숭상하였던 서계는 이러한 송시열 계열의 비현실적이고 관념적인 숭명의리론에 대해 매우 비판적인 입장을 견지하였다. 그는 북벌론의 허구성을 지적하며 작은 나라인 조선이 큰 나라인 청에 사대하는 것은 나라를 지키는 가장 합리적인 방법이라고 보았고, 송시열 계열처럼 숭정 연호를 사용하여 명에 충절을 지켜야 한다는 주장에 대해서도 연호란 나라가 바뀌면 으레 바뀌는 것이니 명의 숭정 대신 청의 강희康熙를 써야 한다고 주장하였다.

이러한 분위기 속에서 현종 4년(1663), 수찬 김만균이 청의 사신을 영접하는 일을 기피하는 사건이 일어났다. 김만균은 병자호란 때 자신의 조모가 청군에게 피살되었다면서 벼슬을 바꾸어줄 것을 왕에게 요청하였으나 도승지 서필원 등의 주창으로 왕이 사직을 불허하였다. 그러나 김만균은 끝내 자기 주장을 굽히지 않고 사신을 영접하는 왕을 수행하지 않았고, 이로 인해 그는 왕명거역죄로 투옥되어 결국 파직되었다.

그런데 현종 5년(1664), 우찬성 송시열이 김만균의 입장을 변호하여

……김만균을 결국 파직시켰다고 하는데, 신은 삼가 이를 부당하다고 생각합니다. 김만균이 내세운 것이야말로 조손祖孫이 당연히 지켜야 할 윤리로서 주자도 이미 "복수는 5세까지는 하여야 한다."라고 하였고 보면,…… 이런 의리로 청나라 사신 일에 간여하고 싶어하지 않는 것은 인간의 심정상 당연한 일인데……

라고 하면서 파직이 잘못되었다는 내용의 상소를 올렸다. 이에 함경감사 서필원은 상소를 올려 이를 다음과 같이 반박하였다.

……만약 오늘 조정의 신료들이 모두 난리 때 나라 위해 죽은 이들의 손자요 증손자라면 평상시 아무일 없을 때는 녹을 먹으면서 의기양양해 있다가 청의 사신이 온다는 소식에 모두 다 도망쳐 버린다면 그 수많은 일 처리를 임금 혼자 하게 할 것입니까. 그래서 신은 그것이 결코 불가한 일이라 알고 있습니다.……

이러한 서필원의 상소를 좌의정 원두표가 비난하고 나섰고, 간관을 비롯한 조정 관료들이 각각 송시열과 서필원을 지지하는 세력으로 갈려 싸움을 계속하여 의견을 모으지 못한 간관들이 모두 사퇴하기까지 하였다. 당시 조정에서는 송시열계를 중심으로 하여 자신들과 주장을 달리하는 이경휘·윤형성·유상운을 3간, 박세당·조원기·박증휘·오시수·윤심을 5사라 하며 공격하였다. 서계는 김만균 사건에 대한 송시열

계열의 공격에 대해 다음과 같이 준열한 비판을 가했다.

> 병자호란 때의 치욕은 종사를 위하여 어쩔 수 없는 일이었다. 그래서 그 뒤 청나라 사신이 올 때마다 분함과 고통을 참고 접대에 애써 온 것이다. 청의 사신이 오면 임금도 굴가임접屈駕臨接하거늘 하물며 신하 된 자가 비록 화를 입은 자손이라 하더라도 벼슬을 버리고 이를 피해 가면서 자기만 깨끗해 보이고 충성스러운 채하는 것은 주욕신사지의主辱臣死之義에 맞지 않는 것이다. 그런데 송시열은 청사 접대의 욕된 일을 임금에게만 떠맡기고 이 일에서 빠진 것을 청의淸議라 할 수 있는가. 정말 개탄할 일이다.

이 사건을 계기로 서계는 벼슬길에 어려움을 맞게 되고 아울러 관직생활에 환멸을 느껴 은퇴할 생각을 굳힌 것으로 보인다.

현종 5년 10월, 황해도 어사로 임명된 서계는 황해도에 내려가 두 달여 동안 각 고을을 두루 살피고 돌아와 그 해 12월에 왕에게 복명하면서 백성들의 어려움을 소상히 이야기한 후 개선책을 몇 가지 제시하였다. 우의정 허적이

> 황해도 어사 박세당이 복명서에 오래된 군포를 큰 폐단이라 하며 탕감시켜줄 것을 원하였습니다. 10년 이전으로 한정하여 미납된 군포를 조사해서 변통할 바탕으로 삼으소서.

라고 아뢰니 왕이 이에 따랐다는 기록이 실록에 보여, 서계의 복명서가 조정에 참신한 파문을 일으켰던 것으로 보인다. 대체로 서계의 국가 운영과 관련한 구체적인 방책은 기록으로 남아 있는 것이 별로 없고, 현종 8년(1667) 5월 홍문관 수찬으로 있으면서 교지에 응하여 '민폐와

폐정개혁'에 대해 올린 상소가 유일한 것으로 보인다.

이 개혁안은 다섯 항목으로 이루어진 시무책으로서, 구체적으로 살펴보면 다음과 같다.

첫째 국왕의 성실한 친정

……일년 동안 전하께서 대전에 납시어 신료들을 접견하는 일이 몇 차례나 되십니까. 대소 국사가 제대로 되지 않는 요인이 바로 여기에 있습니다. 정치를 게을리하는 임금이야말로 교혼지주驕昏之主가 아니고 무엇이겠습니까.…… 전하께서는 이 폐단을 시정하여 매일 정전에 납시어서 신료들을 접견하고 대소사를 그들과 상의하시어 직접 정치를 베푸시옵소서……

둘째 대신들의 성실한 근무자세

……대신이란 국사에 대하여 모두 알아야 합니다.…… 그래서 모든 대신들은 이조吏曹의 일을 겸하고 있다고 보아야 합니다. 또 대신들은 군주의 실정을 바로잡고 관료들의 잘못을 교정할 줄 알아야 합니다. 그래서 모든 대신들은 사헌부의 책임도 겸하고 있는 것입니다. 대신들은 국사를 처리함에……민생낙업民生樂業을 이룩하는 것을 가장 큰 책임으로 합니다 그런데 오늘날 대신들의 자세를 보면 놀면서 권세만 누리고 있습니다. 인사는 이조吏曹에서 할 일이라 관여하지 않고 군주나 관리들의 잘못은 사헌부司憲府나 사간원司諫院에서 할 일이라며 관여하지 않고 그 밖의 모든 일은 자기들의 힘이 미치지 못하니 뒤에 유능한 자가 나오기를 기다려서 하겠다고 하면서 모든 일을 뒤로 미루기만 합니다.…… 대신들이 일하기 싫어하는 모습은 극도에 달했습니다.……

셋째 백성들의 조세와 부역 경감

　……백성은 도탄에 빠져 부자간이나 형제간에도 서로 도와줄 수 없을 지경으로 굶주리고 있는 실정입니다. 원래 한 나라에 임금이 있고 백성이 있는 것은 임금 한 사람을 사사로이 받들기 위하여 있는 것이 아닙니다.…… 국가재정을 줄이면 세금도 줄일 수 있고 국가의 일을 줄이면 부역도 줄일 수 있습니다.…… 백성을 자기의 자식이라 생각한다면 어찌 이렇게 중세를 부과할 수 있겠습니까.…… 백성이 살다 못해 고향을 떠날 때 즐거운 사람이 어디에 있겠습니까. 이렇게 고향을 버린 자는 생계조차 막연한데 나라에서 이들을 동정하기는커녕 고향을 떠난 사람의 조세와 부역까지 친족에게 뒤집어씌우니 친족 역시 고향을 떠나고, 그러면 이번에는 이 두 집의 세금을 그 이웃에게 씌워 그로 인해 결국 도망간 사람의 친족과 이웃까지 모두 도망가서 마을이 비게 되는데…… 이런 악법이 있을 수 있겠습니까. 전하는 재물만 중하고 백성은 중한 줄 모르십니다.…… 이 악법은 철폐하여야 합니다.…… 국가가 백성에게 부과하는 조세와 부역은 공평하여야 합니다. 사람은 누구나 동등합니다.…… 같은 공천公賤이라도 그들이 속해 있는 관청에 따라 역의 경중이 같지 않습니다. 또 평민의 경우에도 부과하는 군포軍布와 부역賦役이 같아야 할 텐데 그렇지 못합니다. 사대부들은 병역과 부역을 면제받는 특권을 누리면서 공부도 일도 하지 않고 무위도식하고 있습니다.…… 국가가 제도를 고쳐서 이들에게도 부역과 세금을 내도록 하여야 합니다.…… 또 제도를 개혁하여 종의 수도 줄이고 주인이 마음대로 학대하지 못하도록 하여야 합니다.……

넷째 군제개혁과 정병화

군제의 파괴와 문란이 오늘과 같이 극도에 달한 적은 일찍이 없었습
니다.…… 현재 오위五衛와 훈련원訓練院의 장졸들은 극도의 문란 속에
사기가 떨어지고 할 일도 별로 없으니 이 두 군영을 새로 만들어진
어영御營에 통합시켜 이를 좌영과 우영으로 갈라 경병제京兵制를 한
사람의 장수에게 통솔케 하는 제도로 바꾸는 것이 좋겠습니다.……
모든 백성은 하나의 군문에서 공평하게 복무하게 되고 모든 일에
중복과 낭비가 없어지게 되므로 모든 군의 예산을 1/3의 일로 감축하더
라도 정병화되어 소기의 목적을 달성할 수 있을 것입니다.……

다섯째 내수사 폐지와 재정낭비 방지

……낭비를 막기 위하여 전하께서 우선 솔선수범하셔야 합니다.……
놀고 먹는 관원들을 감원하든지 그렇지 못하면 이들의 봉록을 1/3로
줄여서 국고를 절약하여야 합니다. 모든 재물을 관장하는 관청은 하나
로 귀일하여야 하는데 사복시司僕寺 소속의 각 청이나 왕실의 사재를
관장하는 내수사內需司들이 각각 따로 있어 재산을 따로 관리하고 국가경
비를 마구 남용하고 있는 것은 시정되어야 되겠습니다.…… 사복시나
내수사 등의 기구를 전부 없애고 그들이 관장하는 재산과 업무를 정상적
인 기본기구인 호조戶曹로 돌려보내심이 마땅할 것입니다.

이러한 서계의 시무책은 국가 운영방책이라기보다 국왕과 신료들의
원칙론적인 복무자세와 윤리관을 제시한 것이라고 볼 수 있다. 그러나
여기에서 언급된 양반에 대한 과세, 노비들에 대한 인권, 군제개혁 등은
민본사상을 바탕으로 해서 조선사회의 오랜 폐습을 개혁하려 한 실학자
로서의 의지를 보여준 것으로 높이 평가할 수 있다. 아울러 이는 그의
진보적인 국왕관과 관료관을 잘 보여주기도 한다. 이 시무책에 대해서는

실록에,

　　수찬 박세당이 교지에 응하여 상소를 올려, 제거하여야 할 민폐와 개혁하여야 할 폐정을 극도로 말하고 또 본직의 잘못과 여러 아래 관료들의 실수를 언급하며 남김 없이 진술하였는데, 상이 부드럽게 답하고 그 상소를 비국에 내렸다. 비국의 회계에 대부분은 거절되고 한두 가지 사항만 시행되었다.

라고 기록되어 있는 것으로 미루어 시무책은 한두 항목만 받아들여지고 대부분은 묵살된 듯하다.

　서계의 관직생활 중에서 특기할 만한 것은 현종 9년(1668), 동지사의 서장관으로 제수 받아 청에 사신으로 간 일이다. 당시 관료로서 국외에 나간다는 것은 쉽지 않은 일이었는데 서계로서는 행운이었다고 하겠다. 서계는 청을 여행한 후 그의 현실적인 대청외교관이 옳았다는 것을 확신하게 된 것으로 보이며, 청의 선진문물을 보고는 자신의 실학적인 학문관을 더욱 굳힐 수 있었을 것이다. 청에 다녀온 서계가 단독 보고서를 조정에 올린 적은 없지만, 사신 일행이 귀국한 후 정사 이경억, 부사 정윤, 서장관 박세당이 왕을 알현하고 청의 사정에 관해 묻는 왕의 질문에 답한 내용이 실록에 기록되어 있다.

　……저들은 이미 전쟁도 없고 땅을 남쪽 끝까지 얻어서 물화가 집중되어 편안히 부귀를 누리고 있습니다. 정조正朝 때에 그들을 보니 비록 하급관리라도 모두 흑초구黑貂裘를 입고 사용하는 기물은 화려하여 눈이 어지러울 정도였습니다.……

이는 서계를 비롯한 사신 일행이 청이 확실하게 중국을 통일하고 지배하고 있는 강국이라는 인식을 같이하였음을 보여준다. 따라서 사신들의 이러한 보고에 불만을 품은 송시열 계열은 서계를 비롯한 사신들이 연경에서 관등놀이와 잡다한 유희를 구경하였다는 트집을 잡아 신명규 등을 탄핵하였다.

서계는 송시열과 같은 서인계였지만 정치적·학문적으로 뜻을 달리하였기 때문에 송시열계의 끊임없는 공격 대상이 되곤 하였다. 이는 서계에게 큰 딜레마였다. 우선 당시의 조정 형세를 보면, 서인과 남인 사이에는 여전히 예송禮訟 논쟁이 진행되고 있었기 때문에 서계로서는 서인의 전열을 무너뜨려 가면서까지 같은 당인인 송시열계를 적극적으로 공격하기에는 한계가 있었다. 게다가 송시열은 서인의 영수로서 정계에 절대적인 영향력을 행사하고 있었기 때문에, 평탄한 관직생활을 원한다면 송시열의 정치적·학문적 입장에 동조해야 했고, 자기의 정치적·학문적 신념을 지키려 할 경우 이들의 계속된 탄핵과 비방에서 자유로울 수 없는 상황이었다. 결국 서계는 이러한 조정 풍토에 환멸을 느끼고 조정을 떠나 새로운 삶을 모색하는 것이 옳은 방법이라 생각하여 사직을 결심하였다. 그의 나이 40이 되던 현종 9년(1668), 서계는 마침내 벼슬을 버리고 수락산 서쪽 기슭인 석촌동에 은둔하였다.

서계의 관직 사퇴는 당시 양반사회의 풍토나 유학자들의 자세에 비추어 상당히 어려운 일이었을 것이다. 당시 관직이라는 것은 개인이나 가문이 추구하는 최고의 영예면서 사회적으로 신분상승의 수단이자 사회적 특권을 누릴 수 있는 최선의 방법이었기 때문이다. 서계는 정월에 사직한 뒤에도 계속 3월에 정언, 지평, 4월에 수찬, 6월에 정언, 그리고 청의 사신으로 서장관, 8월 이조좌랑, 9월에 교리로 제수되었으나 서장관 이외에는 나아가지 않았다. 이조좌랑을 제수 받았을 때는 벼슬을 받지 않는다고 하여 금부에서 곤장까지 맞고 마지못해 벼슬에 응하였으나 곧 사직하였다. 이처럼 관직을 떠나겠다는 서계의 결심은 확고하였지만, 그렇다고 해서 중앙정계와 완전히 절연한 상태는 아니었다.

앞에서도 이야기했듯이 서계는 서인계이기는 했지만, 송시열을 중심으로 한 보수적인 계열과는 달리 정치적으로나 학문적으로나 상당히 혁신적인 생각을 가지고 있었다. 서계와 그의 동조자들은 대외정책으로는 '군신지의'를 앞세운 현실적인 대청관계를, 국내정치의 개혁으로는 양반지주계급에 대한 국역 부담과 반상차별의 타파와 양반의 생산활동 장려를, 주자학에 대하여는 유교경전의 자유로운 해석과 주체적인 이해를 주장하여 송시열계와는 모든 면에서 대립적인 입장에 섰다. 노·소 분당의 배경이 바로 여기에 있었다.

소론계로 분류된 서계는 중앙정계에 영향력을 미치고 있었고, 그뿐만 아니라 그의 두 아들 박태유·박태보가 조정에서 송시열계를 탄핵하는 일에 앞장선 것도 있고 해서 그는 소론계의 막후 실력자로 주목을 받았다. 더욱이 박태보가 민비 폐비사건으로 숙종에게 죽음을 당하게 되자 서계는 소론뿐 아니라 서인 전체에서도 그 비중이 커지게 되었다. 거기에다 갑술환국 이후 소론이 정계에서 주도적인 역할을 담당하게 되자 정계에 대한 그의 영향력이 더욱 높아졌다. 서계의 정치적 영향력은 그가 관직에서 은퇴한 후 그에 대한 국왕의 관직 제수를 보아도 잘 알 수 있다. 서계는 은퇴한 다음 해인 현종 10년에 부교리, 수찬, 좌랑 등 6차례, 11년에는 통진현감, 지평 등 5차례, 12년에는 헌납, 13년에는 수찬, 응교, 사간, 14년에는 사간, 집의 등 7차례, 15년에는 사간, 보당, 집의 등에 제수되었고 숙종 초에도 충청도 관찰사, 부제학, 이조참의,

대사간에 제수되었고 갑술환국 이후에는 호조참판(가선대부 종2품), 숙종 21년에는 공조판서(자헌대부 정2품), 숙종 23년에는 의정부 우참찬, 사헌부 대사헌, 25년에는 예조판서(숭정대부 종1품) 다음 해에는 이조판서에 제수되었다. 중앙정계에는 거의 나아가지 않고 석촌동에 머물러 있으면서도 그는 말 그대로 정승 반열에 오른 셈이다.

이처럼 서계는 한편으로는 중앙정계에 관심을 갖고 상당한 영향력을 행사하면서도 다른 한편으로는 정계와 일정하게 간격을 유지하며 손수 농사를 짓고 저술과 교육활동에 전념하였다. 이러한 생활을 통해 정치적으로나 학문적으로 상당히 성공적인 삶을 영위하였다고 할 수 있지만, 가정적으로는 상당히 불우하였다. 나이 58세 때 장자인 박태유, 3년 뒤에는 차자인 박태보까지 죽음을 당하여 정신적으로 상당한 어려움 속에 말년을 보냈을 것이다. 더욱이 계속되는 노·소의 갈등 속에서 나이 75세 되던 숙종 29년(1703)에는, 송시열을 공격한 이경석의 비문 내용을 계기로『사변록』을 문제삼은 송시열계에게 집중적으로 탄핵을 당하여 사문난적斯文亂賊으로 몰리면서 삭탈관작削奪官爵, 문외출송門外黜送의 명을 받는 시련을 당하였다. 그는 노년의 병든 몸을 이끌고 동대문 밖에서 대죄하였으나 그 해 4월에 옥과(전남 곡성)로 유배되었다. 다행히 행사직 이인엽 등이 그를 변호하는 상소를 올려 유배에서 풀려나 석천동 으로 돌아왔으나 그 해 8월 21일 75세를 일기로 생을 마감하였다. 서계는 먼저 세상을 떠나 수락산 서쪽 기슭에 묻힌 두 부인의 묘에 합장되었다. 서계의 죽음에 대해 왕조실록에서는

박세당이 죽었는데 나이가 75세다. 박세당은 젊었을 때 일찍이 국구國舅 김우명金佑明의 집 잔치에 참석하여 일어나 춤을 추기까지 하였으

므로 사론士論에서 이를 더럽게 여겨 전랑銓郎 추천을 저지 받았으며, 뒤에 의논이 송시열宋時烈에게서 나온 것으로 의심하여 원한이 매우 깊어 드디어 벼슬을 버리고 시골로 내려가서 그대로 조정에 나오지 아니하였다. 사람이 치우치고 어긋나며 집요한 병통이 있으며 일찍이 장주莊朱의 글을 주해하였다.…… 서울 사대부의 자제로서 과거 보는 글을 배우려고 하는 자가 수업을 청하면 박세당은 망령되게 사도師道로 자처하여 경훈經訓을 마음대로 고쳐서 사사로이 전해주었는데, 여러 해가 되어 일이 비로소 발각되었다.…… "박세당이 성인을 업신여기고 경을 헐뜯으며 떳떳한 도리를 문란케 하고 예를 허물어뜨렸으니, 벼슬을 버리고 물러간 한 가지 일로 그 죄를 속贖할 수 없다."고 하였다.……

라고 하여 서계를 폄하하고 비판적으로 기록하였다. 이는 당연히 송시열계의 노론이 집권한 시대 상황에서 송시열과 대립·적대적 관계였던 서계에 대한 사관들의 공정성 잃은 곡필曲筆이었을 것이다. 서계는 사후 3년이 되는 숙종 33년, 이인엽 등의 주청으로 복관되고 경종 2년(1722)에는 조정으로부터 문절文節이라는 시호를 받아 명예를 회복하였다.

<u>03</u> 박세당의 사상 및 정치관

박세당이 생존하였던 17세기는 조선왕조 후반기로 격동의 시기이자 변혁이 요구되는 시기였다. 이 때는 정치적·사회적으로 조선조 양반사회의 모순과 갈등이 누적되어 사회기강은 해체되고 백성들은 생활고에 허덕였으며 왜란과 호란의 두 차례 대 전란을 겪으면서 조정의 대응능력에 대한 불신감이 팽대되어 모든 사람이 깊은 좌절과 허탈감에 빠져 있었다. 사상적으로는 통치이념으로서의 성리학이 갖는 비현실적인 모순이 부각되어 이에 대한 자성과 비판이 표면화되었고, 더욱이 서구문화와의 접촉으로 새로운 의식에 눈뜨게 되었다. 이러한 정치·사회·사상 각 부분의 모든 부면에서 새로운 변화의 싹이 트고 있었다. 이러한 시대적 배경 속에서 인조반정으로 세력을 잡은 서인이 노론과 소론으로 분당된다. 분당의 원인에 대해서는 윤증과 송시열의 개인적인 감정 싸움에서 비롯되었다고 보는 경우가 많지만, 그보다는 당시의 정치 사회 현상에 대하여 기존 체제를 유지하려는 보수적인 송시열계열과 새로운 정치 사회개혁을 요구하는 개혁적인 윤증·박세당 계열 간의 대립에서 찾아야 할 것이다. 그러나 현종 연간에는 비록 노·소 간에 내부적으로 대립과 충돌이 잦기는 했지만 남인과의 예송논쟁 등으로 서인세력의 단결이 요청되었기 때문에 표면적인 직접대결은 상당히 자제하는 분위기였다. 그렇다 해도 노·소 간의 대립은 계속 심각해져 서계는 노론의 집요한 정치공세에 염증을 느끼고 결국 정계 은퇴를 결심하게 된다.

노론계는 기존의 정치 사회 질서를 유지하기 위하여 주자학적 통치이념을 고수하고, 명·청 교체라는 국제사회의 새로운 현실적인 질서를 거부하며 '춘추의리春秋義理'를 앞세운 명에 대한 사대를 고집하였다. 이에 비해 소론은 백성들의 생활을 안정시킬 새로운 질서를 수립하기 위해 공리공담에 흐른 주자학적 통치이념을 비판하며 통치이념의 사상적 수정과 과감한 개혁을 요구하고 청을 현실적으로 수용하고 새로운 국제질서에 순응할 것을 주장하였다.

이러한 노·소의 시국관 차이는 국가정책은 물론 예론 같은 사소한 문제에서까지 계속 충돌을 불러왔다. 이하에서는 서계가 이러한 노·소 간의 충돌에서 중심에 섰던 대표적인 사건을 살펴봄으로써 그의 사상 및 정치관을 알아보고자 한다.

첫째가 백헌白軒 이경석李景奭의 신도비명으로 일어난 사건이다.

이경석은 서계의 부친 연배로 송시열보다 10여 세 연상인 정계의 대선배이며, 인조·효종대에 걸쳐 우의정과 영의정을 역임한 정치가이자 뛰어난 문장가였다. 그는 병자호란의 삼전도 비극 때 왕의 간곡한 권유로 그 누구도 쓰기 꺼리는 삼전도 비문을 썼다. 이 비문을 쓴 후 이경석은 주변 사람들에게 자신이 글을 배운 것을 한탄하기까지 하였는데, 후에 송시열을 중심으로 한 노론계로부터 비난의 표적이 되었다. 숙종 29년(1703), 이경석의 손자인 현령 이하성李厦成이 그의 조부와 서계를 변호하여 올린 상소에서

……신의 조부가 전형을 맡을 때 송시열은 전 참봉으로 학행에 이름이 있어서 맨 먼저 추천하여 높은 벼슬길에 오르게 하였고 그로 인해 송시열은 종宗이 되었으며 매양 도성에 들어오면 베옷과 짚신 차림으로 찾아오고 공경하고 존중하는 예가 편지에 나타났으며…… 그러나 기해년 예송 때 다소 의견이 갈라졌으며 그 뒤 신축년에 신의 조부가 윤선도尹善道의 위리안치圍籬安置를 너그럽게 하기를 청하자 송시열이 이를 원망하고 뒤에 혼인청탁을 하였는데 마침내 합의되지 못하자 자신에게 불만이 있는 것으로 의심하였습니다. 무신년에 선왕께서 신의 조부에게 궤장机杖을 내리시니 송시열이 은혜가 지나치다는 글을 지었으며……

라고 한 것을 보면, 송시열과 이경석 사이에 얽힌 오랜 인연을 알 수 있다. 즉 송시열은 원래 이경석의 문인이었고 또한 이경석의 추천을 받아 관계에까지 진출하였는데, 현종대에 들어와 송시열이 이경석 공격

에 앞장섰다는 것이다. 송시열의 이경석 공격은 당시의 정치 상황에서 많은 영향을 받은 것으로 볼 수 있다. 효종을 이어 즉위한 현종은 송시열을 중심으로 한 서인 보수계열의 정치적 독주에 불만을 품었고, 송시열을 견제하기 위해 송시열계열의 반대를 무릅쓰고 이경석에게 궤장机杖을 하사하였다. 송시열은 이 같은 국왕의 견제와 남인과의 예송논쟁에서 수세에 몰린 정치 상황에서 벗어나고자 현종에게는 효종의 북벌의지를 계승할 것을 요구하고, 삼전도 비문을 지은 이경석에 대해서는 '춘추대의春秋大義'를 내세워 금나라에 아부하는 글을 지은 송나라의 손적孫覿에 비유하여 모욕적인 비난을 가하였다. 이에 맞서 이경석은 송시열의 관료로서의 옳지 못한 처신을 공격하였고 서인 내부에서도 서계 등이 여기에 동조하였다.

서계는 송시열의 주장에 대해, 국왕이 이미 굴욕을 당하였는데 신하된 자가 자기의 결백을 지키기 위해 춘추대의를 앞세워 이를 회피하고자 한다면 이는 신하된 자의 기본 도리인 '군신지의君臣之義'가 무엇인지도 모르는 패륜적인 행위라고 비난하였다. 이처럼 서계는 당시의 명·청 교체라는 새로운 국제질서에 대응하는 논리로서 송시열계가 내세운 '춘추대의'의 허구성과 모순성을 지적하고, 새로운 대응논리로 '군신지의'를 앞세워 현실적으로 청을 중심으로 한 새로운 국제질서에 순응할 것을 주장하였다. 이러한 '춘추대의'와 '군신지의'를 앞세운 두 계열의 세계관의 차이와 이로 인한 대립과 충돌은 결국 서인을 노·소로 분당시키는 한 요인이 되었다.

숙종 29년, 이경석의 손자 이하성李廈成이 서계를 찾아와 그의 조부인 이경석의 신도비문을 부탁하였다. 이경석의 삼전도 비문 찬술의 불가피성을 인정하고 이경석의 정치적 행적에 긍정적이었던 서계는 이를 받아들여 비문을 찬술하였다.

서계는 이 비문에서 이경석의 삼전도 비문 찬술은 왕명에 따른 것으로서 그가 비난 받아야 할 이유는 없으며 이를 비난하는 송시열이 오히려 부당하다고 보았다. 또 이경석과 송시열 간의 관계를 쓰면서 일찍이 송시열이 관계에 들어올 때 이경석의 추천을 받았음에도, 송시열은 정치적인 이해와 사감을 가지고 기회 있을 때마다 이경석을 공격하였으나 이경석은 여기에 별로 대응하지 않았다면서 두 사람을 올빼미와 봉황새에 비유하였다. 즉 올빼미는 봉황새와 달리 쓸데없이 성도 잘 내고 욕도 잘한다면서 송시열을 이와 비교하여 혹평하고, 이경석은 봉황새에 비유하며 군자라고 칭찬하였다. 이러한 이경석의 신도비문 내용이 알려지자 송시열의 문인을 중심으로 한 노론계가 일제히 서계를 향해 공격을 퍼부었다. 이 공격에 앞장선 것이 노론의 중진으로 호란 때 척화파였던 김상헌의 손자 김창흡金昌翕이다. 그는 송시열의 춘추대의를 앞세워 신도비문과 함께 서계의 『사변록』을 공격하였다. 김창흡은 성균관 유생 홍계적洪啓迪을 시켜 유생 180명과 더불어 서계를 탄핵하는 상소를 올리게 하였다. 이 상소문은

……전 판서 박세당은 요려拗戾한 성품과 사왕邪枉한 소견으로 염퇴恬退하다는 헛 이름을 가지고 문자의 작은 재주를 가지고 자랑하여 무리를 모아 가르치면서 감히 사도師道로 자처하여, 주자의 사서 장구 집주四書章句集註를 많이 고쳐 저술하여 논술을 이루었고, 근래에는 상신 이경석의 비문을 지으면서 선정신先正臣 문정공文正公 송시열을 무고하고 욕하였으니 이는 참으로 '성인을 업신여기고 정인正人을 욕하는 죄'에 처할 만합니다.
……송시열이 이경석에게 애초에 은혜와 원수가 없었는데 이경석이

일찍이 삼전도의 문자에서 그들의 공덕을 굉장하게 칭찬하였으니, 송나라 신하 손적孫覿이 금나라 사람을 위해 글을 지은 것과 같기 때문에 주자가 손적의 일을 기록한 것을 인용하여 풍자하고…… 박세당은 위로 주자를 업신여기고 아래로는 송시열을 욕함이 이 지경에 이르렀으니, 이는 성인을 업신여기고 정인을 모욕하는 자가 아니겠습니까.…… 삼가 원하건대 빨리 명하여 박세당이 지은 사서주설四書註說과 이경석의 비문을 거둬들여 물이나 불에 던져 그 근본을 끊고 박세당의 죄를 법관에 맡겨 온 세상으로 하여금 주자의 말을 헐뜯을 수 없고 송시열의 어짊을 모함할 수 없으며 성인을 업신여기고 정인을 욕하는 죄는 징계하지 않을 수 없음을 분명히 알게 하여 학술이 하나로 정해지고 선비의 취향이 바른 데로 돌아가서 세도의 무궁한 화를 면하게 하소서.

라고 하여 사건의 발단이 된 이경석의 비문 내용보다는 『사변록』을 문제 삼아 서계가 주자를 능멸하기 위해 주자의 숭배자인 송시열을 공격한 것이라고 확대해석하였다. 그리고 서계를 사문난적으로 몰아 『사변록』과 이경석의 비문을 거둬들여 불사르고 서계를 처벌할 것을 왕에게 강권하였다. 노론 측은 주자의 권위를 내세워 주자에 도전한 서계와 소론 측을 공격할 수 있는 기회를 잡았다고 여기고 공격의 강도를 높였다. 이에 대해 숙종은

박세당이 성인을 업신여기고 정인을 욕한 것이 한결같이 이 지경에 이르렀으니 사문斯文에 관계되는 바이므로 결단코 그대로 두기 어렵다. 해당 조曹에서 조사하여 처리하라.

하고 뒤에 예조에서 조사하여 품계한 것을 읽고는

……박세당이 지은 사서주설을 보건대 그가 주자를 능멸하며 도를 배반하고 이치를 해친 것이 진실로 한둘이 아니며…… 박세당은 어찌 감히 성인 업신여기기를 이처럼 거리낌 없이 하는가. 선정신先正臣 송시열에 이르러서는 여러 조정에서 예우하는 대로며 나도 평일에 존경하고 신임함이 어떠하였는데…… 박세당을 먼저 삭탈관작하여 문외송출門外送出하고 곧 유신으로 하여금 조목마다 변파辨破하게 한 뒤 비문과 책자를 한꺼번에 불에 던져라.

라고 하여 서계의 관작을 빼앗고 도성 밖으로 내쫓는 가혹한 벌을 내렸다. 이러한 국왕의 처사에 서계의 제자인 수찬修撰 이탄李坦이 상소를 올리기를,

……박세당이 이 글을 지은 것이 거의 30년인데 모든 벼슬아치들이 듣고 아는 자가 많이 있었으나 당초에 비방하는 말을 듣지 못하였고 또 성토하기를 청한 일도 없었습니다. 이제 상신의 비문으로 인하여 갑자기 원한과 노여움이 생겨서 떠들고 선동하니 처음에는 저쪽을 변명하고 이쪽을 배척하는 계획에서 나왔으나 마침내 "경을 허물어뜨리고 성인을 업신여긴다."는 이름으로 몰아서 빙자해 재갈을 물리고 굴레를 씌워서 더러운 욕을 멋대로 행합니다.…… 대저 비문 가운데 몇 마디 옮긴 말은 박세당이 평상시 견해가 진실로 이와 같았으므로 글에 임하여 말을 낸 것이 조금도 굽히거나 피함이 없는 것이지, 어찌 사사로운 뜻이 그 사이에 있겠습니까.…… 박세당의 염퇴한 절개와 청고한 지조는 성명聖明께서 일찍이 칭찬하신 바인데, 이제 그 사사로운 기록을 주워 모아서 죄안을 만들려고 합니다.……

라고 하며 서계를 변명하자, 이를 우부승지右副承旨 김만채金萬採가 비방하고 숙종은 노론 측의 뜻을 받아들여 이탄을 파직하였다. 이에 서계의

문인 진사 이익명李翼明 등 10여 명이 다시 서계의 억울함과 송시열을
공격하는 상소를 올리기를

    ……박세당이 비문을 지을 때에 일에 의거하여 사실대로 썼으니
대개 박세당이 송시열에게 본래 털끝 만한 혐의와 감정이 없었는
데…… 홍계적 등은 죄를 성토할 거리를 얻지 못하자 경전의 권위에
의탁하여 성인을 업신여긴다는 죄안을 날조하였으니 그 마음에 둔
바를 누군들 보지 못하겠습니까. 박세당은 일찍 벼슬을 사양하고 임천
林泉에 높이 누워서 공평정결公平貞潔한 마음으로 지낸…… 참된 사대부
라 이를 만합니다. 이제 더할 수 없는 무고를 받아 장차 불측한 땅에
빠지게 되었으니 원하건대 겸허한 마음으로 공평하게 들으시고 선입
관을 주장하지 마시며 참소하는 말이 방자하게 행해지지 말게 하소서.

라고 서계를 옹호하였다. 동시에 『사변록』은 개인의 집 궤짝 속에 사사롭
게 간직된 것으로서 문제될 것이 없다고 노론 측의 주장에 반격을 가하였
다. 그러자 노론 측에서는 사헌부로 하여금 송시열을 비난한 박세당과
이익명을 유배 보내도록 계청케 하였고, 숙종도 이를 받아들여 두 사람을
귀양 보냈다. 이를 보고 행사직行司直 이인엽李寅燁이 상소를 올려

    ……박세당은 나이가 지금 75세로 거듭 이상한 병을 얻어서 조석
사이에 관에 들어갈 것인데, 이제 만약 먼 변경으로 귀양보내 길 떠날
차비差備를 재촉하여 가게 한다면 반드시 길에서 죽을 것입니다. 그
실낱 같은 목숨을 특별히 용서해주어 들창 밑에서 목숨을 마치게
한다면 인후하신 덕에 빛남이 있지 않겠습니까. 박세당은 산림 밑에
물러나서 휴식한 지 40년에 고상한 풍도와 우뚝한 절개는 진세塵世를
멀리하고 뭇사람을 떠났으니 족히 쇠퇴한 세속을 떨쳐 가다듬게 할

만한데, 한갓 상자 속의 사사로운 기록으로 갑자기 영해로 귀양을
당하였으니 진실로 평소에 성조聖朝에 바라는 바가 아닙니다. 하물며
박세당은 두 아들을 모두 잃고 외로운 그림자가 쓸쓸한데 그 아들
박태보가 뜻을 세운 바가 저처럼 우뚝합니다.…… 지금 박태보의 절의
로써 능히 그 아버지를 보전하지 못한다면 딱하고 슬프고 가엾음이
더욱 어떠하겠습니까.……

라고 서계의 귀양을 풀어줄 것을 왕에게 간청하였다. 숙종이 이를 받아들
여 박세당이 성인을 업신여기고 정인을 미워한 죄는 당연히 멀리 귀양보
내야 할 것이지만 늙고 병든 것을 감안하여 귀양을 정지한다고 유배의
명을 취소하였다. 서계는 이로써 귀양이 풀려 석천동으로 돌아와 그렇게
사랑하였던 수락산 풍광 속에서 운명할 수 있었고 거기에 묻혔다. 이로써
이경석의 비문 파동은 일단락되었으나 이에 대한 사소한 논전은 계속되
었다.

이경석 비문 파동은, 국제적으로 동아시아 사회의 명·청 교체라는
새로운 변화 속에서도 구태의연한 춘추의리春秋義理를 절대가치로 내세
운 송시열계의 노론들이 군신지의君臣之義를 앞세운 서계를 포함한 소론
계열의 새로운 개혁사상을 압살하고 기존 질서를 유지하며 정국의 주도
권을 유지하려 한 과정에서 일어난 사건이라 볼 수 있다.

두 번째가 서계의 유훈으로 일어난 '조석상식朝夕上食 폐지' 문제다.

서계는 숙종 22년(1696), 자손들에게 자신이 죽은 후에 반드시 지켜야
할 일을 당부하는 유계遺戒를 남겼다. 그 유계에서

……내 사후에 치상할 때 사소한 사치도 하지 말라. 몸에 붙이는
의복 금구衾具나 관에 고급품이나 장식품을 써서는 안 된다.…… 사람

박세당의 시문(詩文), 간찰(簡札) 등을 수록한 유묵첩(遺墨帖).

이 죽은 후에 그 자손이 궤연饋筵을 차려 놓고 매일 두 차례씩 3년 동안 상식을 올리는 일은 누가 시작한 것인지 알 수 없으나 이는 예전에는 없었던 지나친 예법인데 주자가 주자가례朱子家禮에서 장제葬祭는 '종후從厚'라고 하여 이후 사대부들이 모두 따르게 되었다. 그러나 선배 호예지가先輩 好禮之家 중에는 이를 부당하다고 여기고 고례古禮를 좇는 경우도 있다. 그런데 대부분의 사대부들은 이를 예지대절禮之大節이고 인심소명人心所明한 일이니 선유인 주자가 정한 것이어서 경솔히 바꾸기 어렵다고 여기고 추종하니, 그렇다고 해서 이를 따를 수 있겠는가.…… 무릇 상喪이라는 것은 매장 전에는 생生을 좇고 매장 후에는 사死를 좇는 것이 옛 성인의 설법設法이다.…… 내 죽은 후에는 졸곡卒哭 후에 반드시 조석상식朝夕上食을 폐할 것이며 문중문외의 분분한 이견異見에 현혹됨이 없도록 하라.…… 너희가 이로 인하여 죄를 받게 될지라도 이 훈계를 위배하지 말라.…… 다만 한 달에 두 번 초하루와 보름에 삭망朔望만을 지내 고례古禮로 돌아가라. 내 자손 된 자는 이를 세세전수하여 변개치 말라.……

라고 하여 삼년상식의 폐지를 후손들에게 엄히 당부하였다. 서계는 이 밖에도 두 아들의 죽음을 교훈 삼아 자손들에게 보신을 위해 무슨 일에든 앞장서지 말라는 글을 남기고, 심지어는 무덤 관리에 불편함이 없도록 무덤의 위치와 크기, 높이를 어떻게 할 것인지, 또 사치와 낭비를 막기 위해 큰 제사에는 쌀 네 되, 작은 제사에는 쌀 두 되를 넘지 않게 하고 제수에 사용할 음식은 무엇을 어느 정도까지 하라는 등 극히 세세한 부분에까지 유언을 남겼다. 서계는 유계에서 상장제례喪葬祭禮는 고례古禮를 따르라고 하였는데, 이는 당시 주자가례를 앞세워 기존 질서를 고수하고자 한 노론계에 대한 도전이자, 실용성을 중시한 그의 일관된 기본 생각에서 나온 것이라고 할 수 있다. 더욱이 주자에 비판적인 박세당이 고례古禮를 내세워 이를 따르라 한 것은, 주자 지상주의자인 송시열계의 노론들에게는 주자에 대한 정면 도전으로 받아들여졌을 것이다. 그러나 조선조에 예禮의 성전으로 떠받들어진 『주자가례朱子家禮』에는 정작 조석상식에 대한 주자의 분명한 뜻이 나와 있지 않으며, 더욱이 조선조의 예의 대가인 김장생金長生조차 상식은 졸곡卒哭 후에 마땅히 폐지하여야 한다고 하여 오히려 서계를 비롯한 그의 문인들의 주장이 옳음을 보여주는 자료들이 많았다. 그러나 노론 당인들은 이것을 단순한 예禮에 대한 논쟁이 아니라 기존 질서에 대한 도전으로 받아들였기 때문에 이를 인정하는 것은 주자 도통주의에 터전한 기존 질서를 붕괴하는 것이고 더 나아가 자신들의 정치권력을 퇴조시키는 것이라고 간주하였다. 그래서 이 일이 알려지자 송시열계인 노론이 일제히 대반격을 나선 것이다. 먼저 숙종 30년(1704) 6월, 정언 김만근金萬謹이 상소를 올려

……박세당은 본래 집요한 성격으로 일생 동안 괴이함을 행하였는데, 처음에는 감히 경전을 훼손하여 그의 사설邪說을 만들고 마침내는 상제喪制를 변경하여 후세 사람을 그르쳤으며, 죽음에 임해서 조석의 상식을 설행하지 말라 유언하여 듣는 자들이 다 해괴하게 여기지 않는 이가 없습니다. 듣건대 박세당이 고례古禮에 "졸곡卒哭 후에는 다시 하실下室에서 궤식饋食하지 않는다."는 글을 핑계하였는데…… 박세당은 망령되이 잘못된 견해를 믿고 함부로 상제喪制를 고쳤으므로 이미 매우 무엄한데, 더욱이 그의 문도들이 번성하여 외람되게 높이 숭상하였습니다. 만약 이번 일을 징치하지 않으면 서로 전하여 본받아 방제邦制를 무너뜨리고 민속을 무너뜨릴 것이니, 그럴 염려가 만무하다고 해서는 안 될 것입니다. 원하건대 예관에게 명하여 제사를 폐한 죄를 바로잡고……

라고 하여 박세당의 자손을 징계할 것을 청하였다. 이와 함께 조정에서는 노론 대신을 중심으로 이 문제를 논의하였는데 예조판서 민진후閔鎭厚가 임금에게 고하기를

지난번 김만근의 소를 보니 박세당의 집안에서는 조석의 상식을 폐한다고 하였는데 이는 매우 해괴합니다. 고례에 비록 다시는 궤식饋食하지 않는다는 글이 있으나, 주자가 이미 정론定論함이 있고 우리나라 제도는 3년 동안 일제日祭를 행하여 왔는데 별도로 다른 의견을 내어 성훈聖訓을 어기고 방례邦禮를 등진 것이 이보다 더 심함이 없습니다.…… 부모의 상에 3년 동안 상식하지 않는 자는 불효로 논정論定하여 법률로 만들면 실로 풍속을 바로잡는 도리에 합당할 것입니다.

라고 하여 김만근과 비슷한 주장을 하였다. 좌의정 이여李畬는

박세당은 평생 은밀한 사리를 찾고 괴이한 짓을 하여 바로 하나의 이단異端이기 때문에 매사가 이렇습니다.…… 그의 아들은 부모의 명에 따라 부득이 행한 것이니 이를 죄줄 수는 없다고 신은 생각합니다. 그러나 민진후의 말은 옳습니다. 우리나라의 예속禮俗이 이미 이루어져 부모의 상에는 상식하지 않는 자가 없을 것이나 혹 그런 일이 없으리라는 보장이 없으니 그런 조짐을 방지하여야 합니다. 정례定例를 세워서 어긋나는 자가 있으면 마땅히 금하여야 할 것입니다.

라고 하자 숙종은

박세당의 일은 참으로 놀랍다. 3년 동안 조석으로 제사하는 것은 바로 통행하는 예인데, 어찌 감히 폐한단 말인가. 다만 이는 그의 집안 일이니 어찌 해가 풍속에까지 미치겠는가.

라고 하며 개인의 집안 일이니 그대로 묵인하자는 의견을 표시하였다. 그러나 민진후가 이를 법률로 정하여 규제하여야 한다고 숙종에게 진언하자 결국 이 의견을 받아 법률로 정하여 시행하라고 명하였다. 이로써 이 문제는 노론 측의 주장대로 일단락되는 듯하였으나 노론계는 이를 다시 문제 삼아 이 기회에 박세당의 문인과 소론을 철저하게 응징하려 하였다. 그래서 숙종 36년에 대사간 정호鄭澔가 이 문제를 다시 거론하여 3년 상식과 제사를 폐하는 해괴한 일이 박세당의 자손과 문도뿐 아니라 많은 사람에게 전수되고 있으니 3년 상식을 폐지한 박세당의 아들과 그의 문인들을 찾아 엄히 처벌하라고 논핵하여 조정에서 논의가 되었다. 교리 김흥경金興慶, 우의정 김창집 등이 처벌을 주청하였으나 숙종이 주저하며 좇지 않자 정호가 재차 주청하기를,

……승냥이나 수달도 오히려 근본에 보답할 줄 아는데 사람으로서 제사를 폐지하니 세도世道가 지극히 한심합니다. 박세당은 한낱 이단異端의 사람인데 교목세신喬木世臣으로서 지위가 정경正卿에 이르렀으니 무식한 상한常漢들이 더러 말하기를 "아무개 집안에서도 행하지 않는다." 하고 3년 제사를 지내지 않을 뿐 아니라 다른 제사도 전폐할 것입니다. 국가에서는 본래 예를 가르쳐서 풍속을 도탑게 하여야 하므로 이러한 일들은 헤아려 감죄勘罪하는 바가 있어야 마땅합니다.……

라며 처벌을 강력하게 요구하고 나섰다. 결국 숙종은 이 의견에 받아들여 서계의 셋째 아들인 참봉 박태한朴泰翰을 의금부에 가두었다.

박태한은 공초를 바치기를,

망부亡父께서 3년 동안 상식하는 것이 고례에 적합하지 못하다 하여 기록하여 유계遺戒로 삼았고…… 예기禮記에 이르기를 "졸곡卒哭에 생사生事가 끝나고 귀사鬼事가 시작되는 것이다",…… "다시 하실下室에서 궤식饋食하지 않고 귀신으로 이를 제사한다",…… "삭망朔望에 은전殷奠을 설행한다." 하였으니 이것이 고례에 졸곡 후에는 상식을 설행하지 않는다는 명문明文입니다.…… 망부가 자손에게 유언한 것이 어찌 고례를 멸절한 죄와 인륜을 밝히지 않은 일이 있겠습니까.……

라고 하면서 억울함을 호소하였다. 이러한 상황에서 서계의 장손자인 전봉사前奉事 박필기朴弼基가 등문고를 두드려 그의 숙부 박태한 대신 자신을 처벌해줄 것을 요구하였다. 그러자 홍문관 부교리 홍우서洪禹瑞, 부수찬 이택李澤 등 노론 당료들이 차자箚子를 올려 박필기의 처벌을 주장하여 많은 논란 끝에 박필기를 조정 명령을 어긴 죄를 물어 충청도 이산尼山으로 유배토록 하였고 박태한도 같은 죄로 처벌 하였다. 그러나 그 해 7월, 노론이 숙종의 미움을 사는 정치적인 사건이 일어나 홍우서 등이 처벌되고 영의정 이여李畬는 면직, 대사간 정호鄭澔는 갑산으로 귀양가는 등 이 문제를 일으킨 주역들이 대거 몰락하게 된다. 이를 배경으로 박필기는 풀려나게 되고 이 사건은 정치적으로는 종결되었다.

두 사건을 통해 서계가 추구하였던 정치적 입장을 요약하여 본다면 다음과 같다.

첫째, 대외정책은 민족자존을 위한 실리추구實利追求다.

중국 대륙의 명·청 교체라는 변혁기에 주자학적인 절대관과 고정관에 얽매여 숭명배청정책을 추구한 송시열을 중심으로 한 노론 계열의 대의명분론에 맞서 서계는 명분보다는 실리를 추구하여 대륙의 명·청의 교체를 현실로 받아들여 민족의 현실적인 생존과 국가 보위에 최고의 가치를 두고 이를 일관되게 추구하였다.

둘째, 대내정책은 보수적인 정치·사회의 개혁을 통한 새로운 질서의 수립이다.

조석 상식의 폐지 문제는 단순한 예禮 논쟁이 아니라 17세기 조선 양반 사대부 사회의 봉건적 질서를 지탱하고 있던 성리학적 예를 부정하고 격하시키는 적극적인 도전을 통해 불합리하고 부패한 기존의 정치·사회질서를 해체하고 새로운 변화와 질서를 추구하였다.

<u>04</u> 실학자로서의 박세당

서계가 생존하였던 17세기의 조선사회는 주자학 일변도의 '주자학 절대주의' 풍토 위에 이루어진 사회였고, 더욱이 주자학 정통주의를 고집하

『사변록』

『색경』

는 서인(노론계)이 집권을 하고 있던 시기였다. 이러한 시대적인 배경 속에서 서계는 그 시대의 절대 가치였던 주자학의 명분론과 허례허식에 정면으로 도전하여 이를 타파하여 명분보다는 실제성을 중시하는 즉 '실학'적인 정신을 나타내었다. 또한 서계는 양반 사대부들의 고루한 경세관과 노동관의 비현실성을 공격하면서 자신이 직접 농작물을 경작하고 이 경험을 바탕으로 농업서를 출간하였다. 이를 통해 농업생산량을 높여 백성들의 삶의 질을 끌어올리는 노력을 계속함으로써 명분보다는 민생을 최우선으로 하는 현실적이고 실천적인 정신, 즉 '실학'적인 정신과 행동을 나타내었다.

서계의 이러한 실학적인 풍모는 명분보다 실리에 입각한 실제성을 중시한 그의 사고와 행동에서 많이 엿볼 수 있었다. 여기서는 서계의 이러한 실학적인 사상과 풍모의 일면을 그의 대표적인 저서 『사변록思辨錄』과 『색경穡經』을 통해 살펴보기로 하겠다.

먼저 『사변록』을 살펴보자.

『사변록』은 서계의 대표적인 저술인 동시에 그의 사상적인 풍모를 가장 잘 보여주는 책이다. 또 내용이 세간에 알려지면서 정치

194

인·학자인 그를 사형선고나 다름없는 사문난적斯文亂賊으로 몰리게 만든 문제작이기도 하다.

『사변록』은 서계가 은퇴한 후인 숙종 6년(1680)부터 숙종 19년(1693) 사이에 저술한 것으로, 유학 경전에 대한 주자의 주해註解를 일일이 검토하여 이를 비판, 수정하고 자기의 뜻에 따라 경전을 해석한 책이다. 책은 모두 14책으로 제1책이 대학大學, 제2책이 중용中庸, 제3책이 논어論語, 제4·5책이 맹자孟子, 제6·7·8·9책이 상서尚書, 제10·11·12·13·14책이 시경詩經을 주해하였다.

서계는 이 책을 저술한 동기를 서문에서

……앞 사람의 전적典籍을 굳게 지키기만 하는 자는 고착固着 불통不通하고 편벽하여 전혀 평탄한 길에 어두웠다.…… 현인이 지은 전傳에 의하면 "먼 곳을 가려면 반드시 가까운 곳에서 출발한다." 하였으니 이것은 무엇을 두고 한 말인가.…… 진실로 세간에 배우는 이가 얻은 것이 있다면, 앞의 먼 곳이란 곧 가까운 곳으로부터 가야 된다는 것을 알 수 있을 것이다. 그렇다면 이른바 깊은 것이란 얕은 데로부터 들어갈 수 있을 것이요.…… 지금 육경六經에 구하는 이는 거개가 모두 그 얕고 가까운 것을 뛰어넘어서 깊고 먼 것으로 달려가며,…… 경經에 실린 말이 그 근본은 하나지만 그 실마리는 천 갈래 만 갈래니, 이것이 이른바 하나로 모이는데 생각은 백이나 되고 같이 돌아가는데 길은 다르다는 것이다. 그러므로 비록 독특한 지식과 깊은 조예造詣로써도 오히려 그 귀추의 갈피를 다하여 미묘한 부분까지 잃지 않을 수 없는 경우가 있어서, 반드시 여러 장점을 널리 모으고 조그만 선善도 버리지 아니해야만 추솔하고 소략한 것도 유실되지 않고 얕고 가까운 것도 누락되지 아니하여 깊고 심원하고 정세하고 구비한 체제가 비로소 완전해지는 것이다. 이 때문에 나는 문득 참람한 것을 잊고 좁은 소견으

로 얻은 바를 대강 기술하여 이를 모아 편編을 이룩하고 그 이름을 '사변록'이라 하였다. 혹시 선유先儒들이 세상을 깨우치고 백성을 도와 주는 뜻에 티끌만한 도움이 되지 않을까 생각한다.……

라고 경전에 대한 주자의 해석을 비판없이 그대로 따르는 당시 학자들의 학풍과 일반적인 학자들의 학문연구 자세와 방법이 잘못되었음을 지적하였다. 그리고 경전의 근본을 추구하는 데는 여러 가지 방법과 길이 있는데, 자신은 주자와는 다른 방법과 길을 찾아 해석을 새로이 하고 빠진 부분을 찾아 보충하기 위하여 이 책을 쓰게 되었다고 밝혔다.

17세기는 주자학이 최고도로 심화 발전한 시기로, 주자를 절대화한 주자 도통주의자들이 정계와 학계를 장악하여 조선 전반기와는 달리 자유로운 경전 연구와 해석이 어려워졌다. 당시 주자의 절대화에 앞장선 대표적인 인물 송시열은 효종에게

> ……주자의 말은 '일자일구一字一句'도 '지론격언至論格言'이 아닌 것이 없고……주자 이후의 저술은 쓸데없는 '잉설剩說'에 불과하고 주자와 조금이라도 어긋나는 것은 '잡설雜說'에 불과하다.

라고 하여 주자 해석에 대한 반론이나 다른 해석은 절대 용납할 수 없는 이단으로서 정계나 학계뿐 아니라 양반 사회에서도 영원히 추방해야 할 것이라고 하였다. 바로 이러한 시대에 나온 『사변록』은 맹목적인 전통 추종에서 벗어나 주자학 비판을 통해 그 시대의 자기반성과 주체적인 현실인식을 바탕으로 주자학을 극복하려 한 시대정신을 반영한다고 하겠다.

『사변록』은 경서 전반에 걸쳐 주자의 해석에 대하여 본격적이고 전면

적으로 의문을 제기하고 이를 다시 해석하고 있다. 여기에서 서계는 주자 해석의 오류를 지적하며 재해석을 시도하였을 뿐 아니라 주자의 장구章句 배열도 수정하여 자기 나름대로 배열을 하였다. 이러한 책 내용을 두고 서계 문인을 중심으로 한 소론계와 송시열계의 노론계 사이에 벌어진 논쟁을 통해 박세당의 실학의 선구자로서의 일면을 살펴 보기로 하자.

앞 장에서 이야기한 바와 같이 『사변록』이 정계에 파문을 일으키고 문제 서적으로 등장한 것은 이경석의 비문 때문이었다. 노론 측은 비문을 작성한 박세당을 공격하기 위해 이전부터 그 내용이 일부 알려져 있던 『사변록』을 들고 나왔다. 노론 측에서 선봉장에 선 것은 홍계적洪啓迪으 로 그는 다음과 같은 상소를 올렸다.

……아, 예로부터 성현聖賢들은 공이 없는 사람이 없겠지만, 우리 유학자가 된 사람이라면 반드시 주자朱子를 일컫는 것은 무엇 때문이겠 습니까. 진실로 공자, 증자, 자사, 맹자의 도가 모두 경서經書에 있는데 주자가 아니면 그 뜻을 밝힐 수 없었으니, 주자의 공은 우리가 가장 존경할 만한 사람인 부자夫子보다 더합니다. 진秦 한漢 이래로 여러 유학자가 경經을 전하였지만, 갈갈이 흩어지고 이치에 어긋나 성인聖人 의 뜻을 어지럽혀서 배우는 이가 알지 못하고 따라서 배울 바도 알지 못하였습니다. 주자周子, 정자程子 여러 현인이 나오고서야 비로소 그 대의大義를 밝혀내었으나, 그래도 일정한 학설을 저술하지 못하였습니 다. 그런데 주자朱子에 이르러 여러 경서를 표장表章하지 않은 것이 없었으며, 더욱 사서四書에 힘을 써서 여러 해설을 모아 절충하여, 그 말이 수수정백純粹精白하고 정말 확실하여 한 자字, 한 구句를 가감할 수 없으니, "백세百世의 성인을 기다려도 의혹하지 아니한다."고 이를 만합니다. 그런데 박세당은 어떤 사람이기에 감히 다른 견해를 억지로

내어 잘되고 잘못된 것을 드러내 비평하고 혹은 선후의 차례를 뒤바꾸기도 하며, 혹은 명의名義와 윤류倫類를 변란시키기도 하여 하나의 다른 학설을 만들어 통설通說이라 이름하였는데, 그 뜻은 "주자의 해설이 통하지 않는 것이 있으므로 반드시 나의 해설과 같이 해야만 통할 수 있다."는 것입니다.……어찌 사문斯文의 변괴이자 우리나라 바른 도리의 난적이 아니겠습니까.……

서계는 주자를 비난하고 멋대로 장구章句를 바꾸고 새로운 학설을 내세웠으니 사문난적이라는 주장이었다. 이에 대해 숙종은

……박세당이 지은 사서주설四書註說을 보건대, 그가 주자를 능멸하며 도道를 배반하고 이치를 해친 것이 진실로 한둘이 아니며, '중용中庸'에 이르러서는 장구章句를 변경해서 바꾸고 마음대로 헐뜯는 것이 차마 바로 볼 수 없는데, 끝에 말하기를 "마지못한 데서 나온 것이지 좋아서 하는 것이 아니다."라고 하였으니 말의 순서 없음이 이 지경에 이르러 다시 여지가 없다.…… 지나간 성인을 계승하고 장래의 학자를 열어준 공이 주자보다 큰 이는 누구겠는가. 그런데도 박세당은 어찌 감히 성인 업신 여기기를 이처럼 거리낌 없이 하는가.……

라며 노론 측의 주장을 받아들였다. 이에 대해 왕조실록의 평자는 쓰기를

박세당이 경을 헐뜯는 말이 세상에 오래 행하였으나, 그 전편全篇을 본 자가 없었는데, 이경석의 비문이 나오자 사림士林이 더욱 놀라고 분개하여 드디어 죄를 성토하기를 청하니 그 말이 의리가 엄하고 바르므로 임금이 이를 기꺼이 받아들여, 치우치고 방탕한 말을 엄하게 물리쳐 사론士論이 통쾌하게 여기지 않는 이가 없었다.

라고 하여 당시 주자 절대주의가 지배하던 조정과 사림의 분위기를
보여주고 있다.

이러한 조정의 처사와 노론의 공세에 대하여 서계의 제자인 수찬修撰
이탄李坦은 상소를 올려

> ……진실로 의리義理는 한정이 없어서 의심과 어두움이 생기기 쉬운
> 데, 의심스러운 바가 있으면 그 말의 통할 바를 구하고 다행히 깨달아
> 얻은 견해가 있으면 사사로이 책에 기록하는 것은 옛사람이 이미
> 행한 일입니다. 만약 의심이 나서 탐색하는 것을 경經을 허물어뜨리는
> 일로 돌리고 사사로이 기록한 것을 성인聖人을 업신여기는 일이라고
> 한다면, 강의하고 토론하는 공부를 그만두어야 할 것이며, 궁리하고
> 사물의 이치를 찾는 격물格物하는 학문은 시행할 수 없을 것입니다……
> 박세당은 산림 속에 오래 있으면서 경전을 탐색 완미하여 생각함이
> 있으면 기록하고 의심이 있으면 적어서 이미 몇 편의 글을 이루어
> 이를 '사변록' 혹은 '통설通說'이라 하기도 하였는데……

라고 하여 자유로운 경전 연구와 주체적인 해석은 옛 선인이 해오던
학문적인 전통이니, 이러한 입장에서 서계의 『사변록』은 문제될 것이
없다고 하였다. 이상의 글들을 통해 『사변록』의 내용과 성격 그리고
이 책이 갖는 의미 등을 살펴볼 수 있겠다.

서계는 이 책에서 논리적으로 주자가 행한 주석註釋의 잘못된 점을
지적하여 수정하고, 옛 경전經典과 맞지 않는 부분을 지적하고 배열을
다시 하였는데, 특히 숙종이 지적한 『중용』뿐 아니라 『대학』의 경우에는
주자가 행한 주석의 거의 전편에 걸쳐 의문을 제기하고 자기 나름의
해석을 붙였다. 특히 그는 중용편에서 주자학의 핵심인 성리설을 전면적

으로 부정할 정도로 주자와는 다른 해석을 가하였다. 한 가지 예를 들어 보자. 서계는 주자의 "성性은 이理다", "성性은 사람과 물物과 통한 다", "사람과 물物이 각기 자연스러운 성性을 따르는 것이 도道가 된다"라 는 천인합일天人合一적 가치관에 대하여, 객관적 자연인 물과 도덕적 주체인 사람은 분리되어야 하며 물은 도덕과 별개의 것으로 보아야 한다는 탈성리학적 입장을 보였다. 이와 같이 서계는 주자 절대주의가 지배하는 시대에 보수적인 학문의 틀을 깨고 학문의 자유로운 연구를 이룩한 선구적인 진보적 사상가로 평할 수 있다. 또 서계의 유교 경전에 대한 독자적인 해석은 단순히 학문적인 해석의 문제가 아니라 당시의 주자학적 가치관과 통치이념에 대한 도전이요, 성리학적 명분론에 바탕 한 기존의 봉건적인 신분질서와 체제를 부정하고 현실성을 바탕으로 한 새로운 사회를 지향하고 추구한 사회개혁론이었다고 볼 수 있다. 이는 고려말 개혁론자들이 배불론을 앞세워 고려의 불교통치이념에 도전하여 부패한 고려를 무너뜨리고 새로운 조선왕조를 개창한 것과 같이, 17세기 조선사회의 모순을 개혁할 수 없었던 낡은 주자학 통치이념 에 대한 개혁의 요구이자 도전이었다고 할 것이다. 이러한 의미에서 본다면 서계의 풍모와 그의 사상은 명분보다 실질을 중시하고 현실에 터전한 개혁을 내세운 조선 후기 실학사상의 특성을 잘 보여주고 있으며, 그의 사상은 이후 18세기 실학사상으로 만개되었다고 할 수 있다.

둘째 『색경』을 살펴보자.

서계는 수락산 석천동으로 은퇴한 후 스스로 농부를 자처하며 생활인 으로 농사를 지었다. 당시 조선 양반사회에서도 관리들이 시골로 낙향하 여 은둔 생활을 하는 경우는 많았으나 자신이 직접 농사를 짓는 경우는 거의 보기 어려웠다. 서계는 농촌생활에 대해 쓴 글에서, 땅이 척박하여 곡식 심기에 알맞지 않은 석천동 땅에서 직접 농사를 지었는데, 농사철에는 직접 호미와 쟁기를 메고 들에서 하루종일 일하는 방식으로 한 해를 보냈고 직접 과일도 심고 나무짐을 팔아 생활하였다고 밝히고 있다. 이는 다른 일반 은퇴 양반들이 취미생활로 밭에 나간 것과는 전혀 다른 생활 모습이다.

서계는 이러한 농촌생활을 하면서 자신은 물론 농민들이 농사를 짓는데 필요한 농서인 『색경穡經』을 저술하였다. 이 책은 서계가 석천동에 은거한 이후 농사를 지으면서 얻은 경험을 바탕으로 하여 숙종 2년(1676)에 초고를 완성하고 그 뒤에도 자신의 농사 경험을 반영하여 오랫동안 수정 보완하였는데 인쇄본이 아닌 필사본으로 전해지고 있다. 『색경』은 상·하 두 편으로 나누어 26개 절목節目과 세목으로 구성되었는데 상편에는 농경에 관한 내용이, 하편에는 양잠養蠶, 양축養畜, 식품가공 및 지리 점복 등 다양한 내용이 담겨 있다. 책에 담겨 있는 구체적인 내용을 보면 다음과 같다.

ㅇ농업경영 총론에 관한 부분 : 임지任地, 판토辦土, 경지耕地, 파종播種
ㅇ농경 실제의 각론 : 조, 보리·밀[大小麥], 논벼[水稻], 밭벼[旱稻] 등 34종류
ㅇ농업에 관한 부분 : 구전법區田法, 오이과 식물 심는 법
ㅇ과일 심는 법[種諸果法]
ㅇ과일 농사의 실체 : 배[梨], 복숭아[桃], 살구[杏], 포도葡萄 등 10종류
ㅇ나무 심는 법[種諸樹法]
ㅇ나무재배의 실체 : 대[竹], 소나무, 잣나무[松柏] 등 10종류
ㅇ꽃 약초 심는 법[種諸花藥法]
ㅇ약초 재배의 실체 : 연蓮, 국화菊花, 지황地黃 등 7종류
ㅇ접붙이는 법[接諸果]

○계절별 농업관계 점치기[田家占驗]

○천문류天文類 : 해[占日], 달[月占], 별[星占] 등 9종류

○지리류地理類 : 산[占山], 땅[占地], 물[占水]

○조수류鳥獸類 : 새[占飛禽], 짐승[占走獸], 물고기[占魚] 등 5종류

○가축家畜 : 돼지[猪], 닭[鷄], 벌꿀[蜜蜂] 등 5종류

○양잠養蠶

○들을 때마다 써둔 것[隨聞補錄] : 식초 만드는 법[製醋法], 술 담그는 법[造粘酒法] 등 4종류

매우 다양하고 광범위한 내용을 담고 있음을 볼 수 있는데, 이는 모두 실제 농민들이 농사를 짓는 데 활용 가능한 농업기술서로 높이 평가할 수 있다.

이 책의 저술 동기에 대해서는 책의 서문에서

……노농노포老農老圃에서 얻고 이 책에 힘입어 농사짓는 가르침을 끝까지 속 깊이 연구하였다. 이 책이 장차 농가의 선생이 되어 사람마다 배고프고 추운 걱정을 면할 수 있다면 그 이익이 어찌 넓지 않겠는가 ……

라고 하여, 책의 저술은 스스로 농사 짓는 데 도움을 얻고자 한 것도 있지만 그보다는 많은 농민들에게 도움을 주어 그들의 생활 향상에 기여하는 데 더 목적을 두었음을 알 수 있다. 이는 서계가 항상 염두에 두고 있었던 위민사상爲民思想의 발현이라고 하겠다. 그리고 서계는 서문에서

……선비가 나아가 조정에서 그 도道를 행하면 이를 군자君子라 말하

고 물러나 들에서 밭 갈고 그 힘으로 밥 먹고 살면 이를 야인野人이라
부른다. 나는 이미 들에서 농사를 지으니 야인이 아니겠는가. 내가
일찍이 벼슬을 하면서 그 도가 세상에 유위有爲한 일을 하기에 부족함
을 알아 벼슬을 그만두고 내 힘으로 먹을 것을 만들고자 한 지가
오래 되었다. 비각 도서를 열람하다 이를 얻어서 기뻐하며 나의 스승으
로 삼았다. 기록이 번잡하고 어지러운 것은 잘라서 요약하고 중복된
것은 제거하여 한 질로 다스려서 편안하게 볼 수 있도록 하여 색경이라
이름 붙였다.

라고 하여 서계가 오래 전부터 은퇴를 마음속 깊이 생각하였고 은퇴
후에는 자신이 직접 농사를 지을 결심을 하고 그 준비로서 많은 농서를
구해 공부하고 있었음을 알 수 있다. 그리고 그러한 연구의 소산으로
나온 것이 『색경』임을 밝히고 있다. 따라서 이 책은 이전부터 있던
『농상집요農桑輯要』 같은 많은 농서를 참고하고 은퇴 후 주변 농민들의
풍부한 농사 경험과 자신의 농사 경험을 바탕으로 해서 저술한 것으로
보인다. 역시 그는 책 서문에서 자신의 농업관을 밝히기를,

　　　……농사는 진실로 민생의 근본이고 천하의 중요한 도道다.……

라고 하여 농업을 국가의 근본으로 생각하고 농업을 귀히 여기고 농민을
존중하여야 하며 이러한 연유로 양반 사대부도 조정에 나아가 자기의
도를 행하기 어려우면 야인으로 돌아가 직접 농사를 지으며 생활하는
것이 마땅한 도리라고 지적하였다. 벼슬하지 않는 양반사대부의 생업관
을 제시한 것이라 하겠다.
　이러한 동기와 목적을 가지고 편찬한 농업기술서 『색경』에 담긴 정신

은 서계의 기술과 노동을 중시하는 그의 현실적인 경세관이며, 또 당시 사회에서는 상상할 수도 없었던 양반 사대부가 농민과 어울리며 직접 농사를 짓는 파격적인 모습 등은 후에 농업의 중요성을 주창한 중농주의 실학자의 선구적인 모습이라고 하겠다.

물론 박세당의 학문관 및 『사변록』 저술 등에 대해서는 당시 소론계의 학문 경향 및 정치 성향과 연결시켜 실학자로서의 서계를 부정적으로 보는 견해도 있으나, 명분보다 실리를 중시하는 현실주의, 실천주의 정신이나, 공리공론을 배격하고 생산활동에 직접 참여한 것 등에서 실학자로서의 면모를 확연히 찾을 수 있겠다.

05 에필로그

서계 박세당이 살았던 17세기 조선사회는 양난 이후 기존의 봉건적인 제도의 모순이 누적·심화된 혼란기였다. 또 주자학적 절대주의를 내세워 기존의 통치질서를 유지하려는 송시열을 중심으로 한 노론계가 정치계·사상계·학계를 지배하던 시기였다.

서계는 이러한 시대적인 배경 아래서 주자학을 교조적으로 받들고 명분론에 얽매여 있던 송시열계에 맞서서 현실과 실질을 앞세워 외로운 싸움을 계속하였다.

서계는 사상·학문적인 면에서는 주자 정통주의에 맞서 반주자학적 입장을 취했으며, 대외정책 면에서는 대의명분론을 앞세운 대청강경론에 맞서 대청온건론을 주창하고, 대내정책 면에서는 양반 지주층의 특권 유지에 맞서서 그 폐지를 내세웠으며, 도덕 윤리 면에서는 허례허식

적인 예禮에 맞서 실질적
이고 현실적인 예를 주창
하였다. 이러한 서계의
생각이나 모습은 당시로
서는 매우 혁신적이고 파
격적이어서 주자학적 정
통질서를 고수하고자 하
였던 송시열계를 비롯한
대다수 양반 사대부들로
부터 공격의 대상이 되곤

서계의 글씨. 석천동에서 자연과 더불어 합일하는 자신의 모습을
운치있게 표현한 것이다.

하였다. 더욱이 불의와 타협할 줄 모르는 서계의 곧고 정의로운 성품은
그를 더욱 외롭게 만들었을 것이다. 이 때문에 그는 일찍부터 관직에
환멸을 느끼고 은퇴를 결심하였던 듯하다. 서계의 처남인 남구만南九萬
은 이러한 서계의 모습을

> 공은 뜻에 맞지 않는 사람에게는 어떤 일이건 영합하는 것을 참지
> 못하였고 어떤 사람에 대해서도 비위 맞추는 것을 참지 못하였다.
> 이 때문에 유명한 아버지의 아들로서 과거에 수석을 하고 벼슬길에
> 나아갔지만 친교하고 서로 왕래하는 사람이 하나도 없었다. 이름이
> 높아 세상이 모두 우러러보는 사람과는 더욱 상접하지 않았다. 이러한
> 행동으로는 조정에 오래 남아 있을 수 없음을 스스로 알고 마침내
> 용퇴하여 궁핍함을 40년 동안 참았다. 다른 사람들은 그 고생을 감당할
> 수 없었을 터인데 그는 끝내 자기 뜻을 바꾸지 않았다.

라고 묘사하여 자신이 옳다고 생각한 것은 끝까지 지킨 그의 외골스러운

성품을 잘 보여주고 있다.

서계는 은퇴 후 그의 명성을 듣고 찾아온 유생들을 맞아 활발한 교육활동을 폈다. 학생들을 계절에 따라 자신이 세운 궤산정을 비롯하여 들에서 지성으로 가르쳤다. 당시 교육의 목적은 대부분 과거시험에 있었기 때문에 교육 내용도 경사經史와 사장詞章 중심이었고 수업방법 역시 이를 암송하고 해석하고 익히는 것이었다. 그러나 서계는 이러한 전통적인 교육내용과 수업방법에서 탈피하여 사장詞章을 익히고 쓰고 암기하게 하기보다 책을 읽고 그 뜻을 찾으며 이치를 연구하는 독서와 궁리窮理를 중심으로 하고 학생들도 능력에 맞추어 나누어 가르쳤다. 여기에서 최근 교육에 관심 있는 사람들의 입에 오르내리는 창의력 신장을 위한 교육, 능력별 수업 등을 수세기 앞서서 실천한 선구적인 교육자의 모습을 볼 수 있다면, 지나친 것일까?

서계는 수업이 끝난 후 학생들과 생활을 같이하면서 자신이 생각하고 실천하고 있는 생활을 바탕으로 생활과 의식意識 교육에 힘을 기울였다. 뒤에 서계가 이경석 비문과 『사변록』 등의 문제로 궁지에 몰렸을 때 많은 제자들이 그의 스승을 구하기 위해 앞장섰던 것은 이러한 서계식西溪式 교육의 성공적인 결과라고 할 수 있겠다. 높은 관직과 주변의 많은 유혹을 물리치고 40여 년을 산야에 묻혀 오직 학문연구와 제자양성에 몰두하였던 서계의 교육자적 풍모를 통해 바로 올바른 인간의 삶의 교훈적인 전형을 볼 수 있겠다.

이러한 서계가 오늘날 살아온다면 지금의 우리 교육계·정치계·사상계를 비롯한 세상 돌아가는 모습을 보고 뭐라고 할까.

교육에는 전혀 관심도 없고, 스승은 존경의 대상이 아니라 개혁과 축출의 대상이라고 호언하는 정치인을 앞세워 어설픈 정치논리와 경제

논리로 교육계를 황폐화시킨 국정 책임자에게 올바른 교육개혁이란 어떤 것인지를 호통치며 가르쳐주지 않을까. 이러한 서계가 그리워진다.

정직보다 사술詐術을 뛰어난 정치적 역량이라고 믿으며 날뛰는 정치 지도자들을 보고 올바른 정치인이라면 어떻게 처신해야 하는지를 호통 치며 가르쳐주지 않을까. 이러한 서계가 그리워진다.

원칙과 논리는 없이 그저 낙조落照의 이데올로기만을 금과옥조처럼 되뇌이면서 가장 진보적인 개혁사상가로 행세하고 있는 얼빠진 지식인 들에게 진정한 진보적인 개혁이란 어떤 것인지를 호통치며 가르쳐주지 않을까. 이러한 서계가 그리워진다.

<u>06</u> 서계西溪와 서강西江의 만남

때　　갑신년(2004년) 10월 28일(음력 보름)
장소　수락산水落山 궤산정簣山亭

서강 : 서계 선생님, 시공을 뛰어넘어 이런 어려운 자리에 나와주셔서 정말 감사합니다.

서계 : 나도 요새 사람들 이야기를 듣고 싶었는데 서강이 나에 대해 관심을 갖고 만나고 싶어하여 이 곳 풍광도 보고 옛일도 회고하고 싶어 나왔지. 편하게 말은 놓겠네.

서강 : 저와 선생님의 나이 차이를 계산하기에는 너무나 세월이 많이 흐른 것 같습니다. 제가 병자생丙子生(1936)이고 선생님은 기사생己巳生 (인조 7, 1629)이시니 시간적인 간극을 따져 보면 6갑자(340년)쯤 되네요. 그리고 선생님이 궤산정에 특별한 애정을 갖고 계시리라

생각하여 선생님의 말씀도 안 듣고 이 곳을 만남의 장소로 정하였는데 괜찮으시겠습니까.

서계 : 참 잘 정했어. 궤산정은 내가 가장 사랑하였던 곳이지. 서강도 궤산정 유래는 알고 있겠지, 오랜만에 이 곳에 앉아 있으니 감개가 무량하고 옛일이 많이 생각나는구먼. 이 정자를 지을 때 내 밑에서 공부하던 학동들이 많이 애썼고 이 고장 사람들도 많이 도와주었어. 다 지어 놓고 정자 이름을 지을 때도 고민하다 궤산정으로 한 것도 이 곳을 공부하는 장소로 만들고자 해서지.

삼태기 궤簣자와 뫼 산山자를 써서 한 삼태기 한 삼태기 흙을 쌓아 산을 이루듯 공부하는 사람은 매일 매일 산을 쌓는 자세로 정진하라는 좋은 의미지. 학문하는 사람은 예나 지금이나 이런 자세를 가져야 된다고 생각해.

서강 : 정말 맞는 말씀입니다. 요새 사람들은 공부라는 걸 능률을 앞세워 너무 쉽게 하려는 경향이 많아 걱정입니다. 궤산이라는 의미를 요사이 학문하는 사람들에게 되새겨 주고 싶습니다. 이 정자를 최근에 개축하여 옛 모습이 많이 없어져 서운하시지요. 이런 것을 잘 보존하지 못한 뒷사람들이 선생님 꾸지람을 들어야지요. 많이 꾸짖어 주십시오. 선생님, 선생님이 이 곳 수락산과 인연을 맺은 것이 사모님(남씨南氏)의 장지를 수락산 서쪽 기슭에 정하면서부터라고 알고 있는데 맞는지요. 또 장지를 이 곳에 정한 것이 이전부터 이 지역과 어떤 특별한 인연이 있어서인지 궁금합니다. 그리고 선생님, 수락산이라는 산 이름이 어떻게 생겨났는지 혹 알고 계시는 것이 있는지요.

서계 : 내가 수락산을 눈여겨보게 된 건 매월당 김시습梅月堂 金時習 선생님과 관련이 있지. 수락산 부근에는 매월당이 이 곳 산세에 매혹되어 이 산 동봉東峰 부근에 자리를 잡고 매월당이라는 암자를 짓고 오래 머물렀다는 이야기가 전해 내려오고 있어. 나는 우연히 이 이야기를

전해듣고 매월당의 행적을 찾아 이 곳에 왔다가 그 산세와 풍광에 반해 이 곳을 자주 찾게 되었어. 그러다가 내자인 남씨가 돌아가자 장지 후보지로 여러 군데가 언급되었지만 내가 우겨서 이 산 서쪽 기슭에 장례를 지내고 이 곳을 나의 은둔지로 삼을 결심을 하였어. 수락산이라는 산 이름은 글자 그대로 물[水]이 떨어지는[落] 산이라는 의미인 것 같아. 내가 이 산 부근에 정착한 뒤에 촌로들이 하는 이야기에 따르면, 옛날 이 부근에 사는 사냥꾼의 아들로 수락이라는 아이가 있었는데 어느 날 아버지가 아들을 데리고 호랑이사냥을 나갔다가 수락이가 호랑이에게 물려갔다는 것이야. 그래서 아버지가 수락이의 이름을 외치며 며칠을 산 속을 헤매다 기진해서 벼랑에 떨어져 죽었다네. 그런 뒤로는 바람만 불면 수락이를 부르는 아버지의 외침 소리가 들려 산 이름이 수락이 되었다는 것이야. 내 보기에는 물 떨어지는 산이라는 의미가 맞는 것 같아.

서강 : 저도 선생님과 같이 수락이라는 한자의 의미를 산 이름의 연원으로 보고 싶군요. 선생님, 저기 보이는 선생님 고택古宅은 언제 지으셨습니까. 지금 그 집에 살고 있는 선생님의 11대 종손 박찬호 씨는 선생님이 벼슬을 그만두신 현종 9년에 집을 지었다고 하는데 맞는지요

서계 : 난 내자를 장례 지낸 후 이 곳을 나의 은둔지로 생각하고 있었기 때문에 내가 은둔할 집을 짓기로 하였지. 몇 군데 집터 자리를 알아보다 지금 고택이 있는 자리가 뒤에 수락산 줄기가 내려와 야트막한 병풍을 두르고 시냇물이 앞으로 흘러 배산임수背山臨水의 좋은 집터로 보이기에 여기에 자리를 잡았지. 그래서 이듬해부터 집 짓는 공사에 착수하였는데 지금처럼 기와집이 아니라 조그만 초가집이었어. 지금 집은 후에 나의 5대 종손 때 다시 지어진 것이야.

서강 : 선생님이 이 곳에 은둔하신 후 매월당의 사우인 청절사靑節祠를 세우셨다고 전해지는데 지금 주춧돌이 있는 장소가 맞는지요.

서계 : 지금은 길이 넓어져 옛 터를 추정하기 어렵지만 대체로 지금 주춧돌이 있는 장소에서 길 왼쪽 산 밑에 있었던 같아. 자그마한 건물이었으니까. 지금 남아 있는 주춧돌은 청풍정이라고 청절사 옆에 내가 세웠던 정자의 것이고.

서강 : 선생님이 청절사를 이 곳에 세우신 깊은 뜻은 대강 짐작이 되지만 이에 대해 좀더 자세한 말씀을 듣고 싶습니다.

서계 : 서강, 내가 앞에서도 이야기했지만 내가 수락산을 좋아하였던 것은 산의 풍광에 반해서이기도 하지만 그보다는 역시 매월당과의 인연 때문이었어. 매월당이 이 산 동봉 부근에 매월당이라는 암자를 짓고 그 암자에 오래 머물렀기 때문에 이 산 곳곳에는 그의 흔적과 체취가 배어 있었어. 지금도 이 계곡에 매월당이 쓴 수락동천水落洞天이라는 글이 남아 있다는 것은 서강도 익히 알고 있을 것이야. 그래서 나는 이 곳과 인연을 맺은 뒤 매월당의 사우인 청절사를 지었지. 처음 지을 때는 매월당이 이 산 동봉東峰에 머물렀기 때문에 동봉사東峰祠라고 불렀는데 뒤에 조정에서 '청절사'라는 사액을 내려 이름이 바뀐 것이지. 이 사우를 지을 때 이 곳에 사는 백성들과 매월당을 존경하는 학동의 부모들이 많은 애를 썼고 나중에는 이 뒤에 있는 석림사 승려들도 도움을 많이 주었어. 아마 매월당과 불교의 깊은 인연을 알고 도왔을 것이야. 나는 우리 선인 가운데 절개 높은 매월당을 가장 높이 평가하고 그를 존경하여 나의 평생 스승으로 삼고 그의 행적을 닮고자 노력하였지. 사우 옆에 '청풍정'이라는 정자를 세운 것도 이 곳을 젊은 학동들이 글 공부하는 장소로 만들어 이들로 하여금 매월당의 뜻을 계승하고 기리게 하려는 생각에서였지. 나의 호인 '서계'도 매월당의 동봉과 대칭적인 서봉과 내가 사랑한 수락산 서쪽 계곡에 연유한 것이지.

서강 : 선생님 말씀 가운데 나온 석림사가 지금의 위치와 당시와 같은지

요. 그렇지 않다는 이야기가 있어서 절에 계신 분들한테도 물어보았는
데 아는 분이 없더군요.

서계 : 내가 오늘 보니까 주변이 많이 바뀌기는 했지만 지금보다 조금
위쪽 산록이었던 것 같아. 청풍정에서 석림사까지 걸어 올라갈 때
좀 힘들었던 생각이 나거든. 그리고 절이 옛날에 비해 많이 커졌더구
먼. 당시에는 조그만 암자였어. 대웅전 건물과 그 옆에 조그만 산신각
이 하나 있었는데, 참 아늑하고 조용한 절이었어. 지금 보니 전기도
들어오고 자동차가 들락날락하는 게 정말 격세지감을 느끼겠더구먼.

서강 : 선생님, 저는 우연히 이 산에 왔다가 산이 조용하고 산세가 아름다
워 자주 찾게 되었고 그러다가 선생님과 이 산 사이에 얽힌 인연을
알게 되어 이 산을 더욱 사랑하게 되어 자주 찾고 있습니다. 이 산에서
선생님과 얽힌 인연을 처음 접한 곳이 '노강서원'인데, 그 서원을
보시는 선생님의 느낌은 남다르시겠지요.

서계 : 나는 이 곳에 오면서 노강서원을 보고 그 앞에 한참 서 있었지.
새삼스럽게 옛일이 생각나 눈물이 나더구먼. 자식이라는 것이 무엇인
지 그렇게 세월이 지났는데도 그 일이 어제 일처럼 되살아나.

서강 : 선생님, 처음 노강서원을 보았을 때는 그 앞에 서 있는 안내문을
보고 박태보 공의 위패를 모신 서원이구나 하면서 박태보 공과 선생님
의 연은 깊이 생각해 보지도 않고 그냥 무심히 지나쳤습니다. 그
뒤에도 별다른 생각 없이 지나곤 했는데 후에 선생님의 산소를 보고
난 뒤 박태보 공의 행적을 찾아보고는 요사이 이 앞을 지날 때마다
새롭게 옛일을 되새기곤 합니다.

서계 : 태보는 나의 자식들 중 가장 기대를 많이 하였고 또 나를 가장
많이 닮은 아이였지. 그런데 나의 중형仲兄(박세후朴世垕)이 손이 없이
젊은 나이에 돌아가셔서 그리로 양자로 보냈어. 그래서 족보상으로는
나의 조카가 되지만 다른 자식에 대해서보다 마음이 더 애틋했어.

그 아이는 내가 기대한 대로 과거시험 문과에 장원급제하고(숙종 3년, 1677) 관계로 나아가 여러 벼슬을 거쳤는데 그 아이 관직 생활하는 걸 보면서 항상 마음이 조마조마했어. 불의를 보면 참지 못하고 불의와는 절대 타협하지 않으며 진정 자신이 옳다고 생각하는 것에 대해서는 절대 주장을 굽히지 않는 그 아이 모습이 어떻게나 나와 똑같던지, 정말 관직생활을 계속할 수 있을지 불안 불안 하였어. 결국 이러한 성품이 그의 생명을 단축시키고 말았지.

서강 : 박태보 공이 숙종의 민비폐위 사건과 연계되어 곤욕을 당할 때 선생님은 어디에 계셨는지요.

서계 : 그 때 나는 은퇴하여 이 곳에서 농사도 짓고 학동을 모아 글도 가르치고 있었지. 숙종임금이 민비를 폐하고 장희빈을 정비로 삼으려 하자 많은 관리와 선비들이 그 부당함을 간하였는데 이들 무리에 앞장을 선 태보가 장희빈 지지세력과 숙종임금의 미움을 사서 불충죄로 혹독한 형벌을 당하고 귀양길에 올랐는데 한강을 건너 노량진에서 그만 불귀에 객이 되고 말았지. 그 때 나이가 서른다섯이었어. 태보의 귀양소식을 듣고 가족들이 그의 귀양길을 위로, 배웅하러 노량진까지 갔다가 그의 애통한 죽음을 지켜보았어. 특히 나의 형수의 애통함이야 필설로 다 표현할 수 없었지. 비록 옳은 일을 하다 당한 의로운 죽음이라고는 하지만 자식을 앞서 보내는 부모 심정은 오죽했겠나. 지금도 당시의 애통했던 심정이 생생하게 되살아나네. 더욱이 3년 전에 큰아들 태유를 잃은 슬픔에서 헤어나지 못하였던 때라 더 기가 막혔지.

서강 : 선생님의 당시 심정이야 더 듣지 않아도 알 수 있을 것 같습니다. 뒤에 선생님이 자손에게 남긴 유훈 속에 항상 무슨 일에든 앞장을 서지 말라고 훈계한 것은 그 때문인 것으로 생각되는데 맞겠지요. 그 이야기는 그만하시고 노강서원이 원래 이 곳에 있었던 것은 아니지

요.

서계 : 숙종이 장희빈을 폐하고 민비를 복위하면서 자기가 하였던 일을
뉘우치고 당시 바른말을 하다 불행한 일을 당한 인사들을 복권시켜
주었어. 특히 숙종은 태보의 죽음을 애틋하게 생각하여 그가 죽은
곳인 노량진에 그의 절의를 기리기 위해 서원을 짓고 '박태보지사'라
는 편액을 내렸지. 이 일은 내가 죽기 전 일이라 지금도 잘 생각나.
태보가 죽은 지 6년 뒤의 일이기는 하지만 어쨌든 약간 위안은 되었지.
그리고 내가 죽은 오랜 뒤인 정조 연간에 왕이 노강서원이라는 편액을
내렸다는 이야기는 들었어. 이 서원이 이 곳으로 옮겨온 이야기는
소문으로 들었지만 자세한 내막은 모르겠고 어떻든 우리 집안과 인연
이 깊은 수락산 산록으로 옮긴 것은 잘한 일 같네.

서강 : 선생님 술 한 잔 드시면서 말씀 하시면 어떻겠습니까. 포천에서
나오는 일동 보양주를 준비하였는데 옛날 술맛이 날지 걱정스럽습니
다.

서계 : 나도 술을 즐겨하였어. 내가 살았던 당시 선비들은 술을 사랑하였
지. 과음을 경계하면서 음주지락飮酒之樂이라 할까 술 먹는 분위기와
취흥 속에서 보는 자연과 세상을 즐겼지. 나는 이 곳에 은둔한 뒤에는
수락산 물로 담근 약주술을 즐겼어 농삿일 하면서 농민들과 요기
삼아 마시는 농주인 막걸리도 애용하고 달 밝은 가을밤에 이 궤산정에
서 달빛을 벗 삼아 한 잔 술로 가을 정취 속에 파묻히곤 하였지.
요새 사람들 술 먹는 것과는 좀 다른 면이 많았어.

이 술맛도 괜찮은데 옛날 내가 먹던 약주술보다 약재를 많이 넣은
것 같아. 이 곳에서 물소리를 들으며 달빛 속에서 술잔을 기울이니
옛날로 돌아간 듯하네.

서강 : 선생님, 어떠세요? 수락산 산세는 변함없지만 주변 풍광은 옛날
과는 많이 달라진 것 같지요.

서계 : 밑에서 본 산세는 옛날이나 지금이나 변함없지만 주변 풍광은 많이 변했구먼. 길도 넓어지고 나무 수종도 많이 변했어. 그 때는 소나무가 많았는데 지금은 별로 많아 보이지 않네. 그렇지만 옛날 풍광은 많이 남아 있어 지금 보아도 좋구먼. 나는 정말 이 산을 사랑하고 좋아했어 그래서 아침 저녁으로 시간만 있으면 산속을 걸으며 시간을 보냈지. 그리고 1년에 한두 번은 산 정상까지 올라가 건너편 도봉산을 넘겨보며 시상을 떠올리곤 하였지. 이 산 넘어 청학리 부근도 몇 차례 발걸음을 하곤 하였어. 다 옛날이야기지.

서강 : 우리 선인들이 말씀하신 산천山川은 의구依舊한데 인걸人傑은 간 곳 없네라는 싯구가 생각나네요. 선생님 부친 되시는 박정朴炡(1595∼1632) 공에 대한 기억은 어떠하신지요.

서계 : 내가 네 살 때 아버님이 돌아가셨기 때문에 아버지에 대한 기억은 거의 없어. 성장하면서 조부님(박동선朴東善)이나 형님 그리고 친인척을 통해 부친에 대한 이야기는 많이 들어서 내가 오랫동안 가까이서 모셨던 것 이상으로 부친의 모습과 행적이 머리 속에 선명하게 그려져 있었어. 나의 아버님은 광해군 11년(1619)에 과거에 급제, 벼슬길에 나아갔지만 폐모문제에 반대하여 쫓겨나 있다가 인조반정에 참여하여 벼슬길에 나가셨어. 아버님이 남원부사를 지내던 시절에 내가 태어났지만 곧 돌아가셨지. 그 때 연세가 아마 37세쯤 되셨을 거야. 그러니 내가 아버님에 대한 특별한 기억을 가질 수 없었지. 나에게 영향을 많이 주신 분은 조부님과 형님들이라 할 수 있어. 특히 조부님은 내가 어렸을 때 아버님을 대신하여 집안을 이끌었고 나에게 많은 가르침을 주셨어. 조부님은 나에게 천자문도 가르쳐 주시고 기회 있을 때마다 어린 나를 무릎에 앉히고 많은 이야기를 해주셨지. 뒤에 내가 그래도 세상을 바로 보고 바르게 살려고 노력할 수 있었던 것도 모두 조부의 가르침의 덕이었다고 생각해. 아버님이 돌아가셨을 때는

어리고 철이 없어서 그리 큰 슬픔을 느끼지 못하였는데 12세 때 조부님 상을 당했을 때는 정말이지 애통 절통하였어. 나의 조부님은 선조, 광해군, 인조 세 임금을 모시고 나름대로 백성을 위해 최선을 다하신 분이라고 자랑할 만한 분이야. 평생을 조부님을 닮고 싶어서 노력하였지만 결국은 조부님 발 밑에도 못 미친 것 같아. 조부님은 정승의 반열에 계셨지만 집안 살림보다는 항상 나라와 백성을 걱정하시느라 집안은 늘 가난하였어. 그래서 나의 어머님이 정말 힘들어 하셨지.

서강 : 조모와 모친은 장수하셨지요.

서계 : 조모님은 정말 장수하셨지. 조모상을 당한 것이 내가 22세 때니까 80세를 훨씬 넘기셨어. 당시로는 장수하신 셈이야. 내가 70중반까지 생을 누릴 수 있었던 것도 조부님과 조모님의 혈통을 받은 덕이 아닌가 생각해. 어머님은 아버님보다야 장수하셨지만 내 나이 21세 때 50을 조금 넘기시고 돌아가셨어. 아버님 돌아가신 후 어려운 살림을 이끌고 시부모님 모시고 우리 형제들 키우시며 뒷바라지하느라 고생만 하시다 돌아가셨어. 지금 생각해도 눈물이 나.

더욱이 어머님은 명문 집안에 태어나(부친은 관찰사를 지낸 윤안국尹安國) 곱게 자란 분인데 우리 집안으로 시집와서는 아버님과 조부님이 광해군 때 폐모론에 반대하다 삭탈관직을 당하는 비운을 겪었고 젊은 나이에 부군을 잃은데다 3년 후에는 장성한 아들인 나의 장형(박세규朴世圭)까지 앞세웠으니 그 비통함이야 무엇으로 표현할 수 있겠나. 또 병자호란 때는 가족들을 이끌고 안동까지 피난 갔다가 청주, 천안 등지를 전전하며 집안 식솔들의 생계를 꾸려 갔으니 그 고생은 무어라고 할 수가 없었을 것이야.

그 때와 지금은 전쟁 모습도 많이 달라졌지만 백성들이 겪는 어려움이야 거의 같다고 보아야겠지. 서강도 전란을 겪어보았으니까 대개 짐작이 되겠구먼.

서강 : 저는 선생님이 병자호란을 겪은 나이보다 조금 많은 15세 때인데 그 때 겪은 고생은 지금도 생생하게 기억납니다. 병자호란도 겨울철이 었지만 저의 피난길도 정월이어서 추위 속에 남부여대男負女戴 가족들 이 줄줄이 눈길을 걸어가며 추위와 배고픔 속에서 그래도 한 발이라도 더 적에게서 멀어지려고 안간힘을 썼던 일들이 어제 일같이 느껴집니 다.

서계 : 병자호란 때 전쟁의 참상은 이루 다 말할 수가 없었지. 내가 관직에 나가서 대청문제對淸問題를 둘러싸고 우암 송시열宋時烈과 그의 추종세력들과 다툰 것도 사실 따지고 보면 전쟁을 막고 현실적인 국제관계를 인정하여 새로운 국제질서를 받아들이자는 것이었지.

서강 : 그 문제는 뒤에 자세히 여쭈어 보기로 하고 먼저 선생님에게 처음 글을 가르쳐주신 분이 조부님이라고 하셨는데, 조부님 돌아가신 후에는 누구로부터 글 공부를 하셨는지요.

서계 : 조부님이 돌아가시기 전부터 중형님(박세견朴世堅)으로부터 배 웠지. 중형님은 나와 10여 세나 나이 차이가 나고 학문적으로도 뛰어나 스승으로는 손색이 없었지. 13세 되던 해부터는 당대의 학자로 이름이 나 있던 고모부 정사무鄭思武 공에게서 배웠지. 이 분 밑에서 공부를 하면서 학문적으로 많이 성숙한 것 같아. 그리고 나에게 학문적으로 많은 영향을 준 분이라면 나의 장인 되는 남일성南一星 공과 처남 남구만南九萬, 또 처숙 남이성南二星 공을 꼽을 수 있어. 이 분들은 당대에 널리 이름이 알려진 학자들이고 문인으로서도 필명을 남긴 분들이었어. 그런데 이 분들과 교유를 하게 되면서부터 나의 의지와는 상관 없이 나는 노론 측에 의해 소론으로 분류되어 관직생활을 하면서 어려움을 많이 당하기도 하였지.

서강 : 당시 선비들의 가장 큰 꿈은 과거에 합격해서 관리가 되어 자기의 웅지를 펴서 나라와 백성을 위하여 봉사하는 것이라 생각하였던 것으

로 보는데요. 선생님이 과거에 합격하신 것이 언제지요.

서계 : 서강의 이야기가 다 맞다고는 할 수 없겠지만 많은 선비들이 그러한 생각을 가지고 과거에 응시하였지. 또 당시 글줄이나 읽는다는 양반 자제들이 할 수 있는 것이라고는 이 길밖에 없었지. 그래서 많은 양반가문에서는 자기 가문을 유지하기 위해 자손들의 과거시험에 목숨을 걸었다고 할 수 있어. 우리 집에서도 나의 과거시험에 관심을 많이 가졌지만 내 나이 20여 세를 전후하여 모친과 조모상이 연달아 겹치고 경제적으로도 형편이 여의치 않아 자연히 과거시험 응시가 늦어졌지. 그러다가 내 나이 23세 되던 해인 효종 3년에 처음 과거시험에 응시하였지만 중형님의 과거시험을 위해 내가 좀 쉬기로 했어. 그러다 중형님이 과거에 합격하자 본격적으로 과거시험에 매달려 결실을 얻어냈지. 현종 원년 내 나이 32세 때 문과에 장원급제하였지. 그 때는 참 기뻤어. 나의 합격을 가장 기뻐해 주실 조부모님과 부모님이 안 계신 것이 서운했지만, 그 때는 앞으로의 관직생활이 형극荊棘의 길이라는 것도 모르고 기쁘기만 하였어.

서강 : 선생님의 관직생활 중 나름대로 보람이 있었다면 어느 자리에 계실 때로 생각되시는지요.

서계 : 내가 관직생활을 제대로 한 게 32세부터 40세까지 약 8년 정도 되는데, 그 뒤 조정의 부름을 받아 몇 차례 벼슬자리에 앉기도 하였지만 벼슬에는 별로 뜻이 없어서 기회만 있으면 사직하고 이 수락산록으로 은둔하려고 하였어. 그나마 관직생활을 하면서 가장 보람을 느낀 건 간관인 사간원司諫院 정언正言으로 있었던 시기 같아. 그것은 이 자리가 나의 첫 벼슬이나 마찬가지였을 뿐 아니라 하는 일도 나의 성품과 상당히 잘 맞아서 앞뒤 안 보고 내 소신대로 열심히 일했지.

서강 : 조선왕조 때 간관諫官이라는 벼슬은 요사이 언론기관에 비유할 수 있으리라 생각됩니다. 간관이란 국왕이나 조정에서 하고 있는

일을 세세히 살펴, 잘못된 것을 찾아 이를 철저히 규명하고 바르게 시정하는 역할이라고 생각됩니다. 그래서 간관의 직분을 제대로 할 경우 주변으로부터 칭찬을 듣기보다는 원망을 듣는 경우가 많았겠지요. 아마 선생님도 간관으로 계시는 동안 주변으로부터 원망과 비난의 대상이 되는 경우가 많았으리라 생각됩니다. 그 중 가장 인상 깊었던 일은 무엇이었는지요.

서계 : 나의 선친의 친우로서 내가 부모처럼 모시던 좌의정 원두표元斗杓 공을 탄핵한 일이 아닌가 해. 정말 어려운 일이었어. 원공은 서강도 알고 있겠지만 나의 부친과 함께 인조반정에 참여하여 정사공신靖社功 臣 2등에 책록되고 평원부원군平原府院君에 봉해진 당시 최고 실력자였지. 이런 인연으로 원공 자신도 나를 자식처럼 아끼고 나의 정치적 후원자로 자처하신 분이야. 사건의 전말이야 서강도 알고 있겠지만, 원공이 자기 휘하에 있던 이수창이 무관으로 서울에 오래 있어 안마가 너덜해질 정도로 궁핍하다면서 왕에게 그를 외직으로 내보내줄 것을 요청하여 승낙을 받았어. 어떻게 보면 상하 간에 인정어린 배려를 한 것이라고 볼 수 있겠지만, 중요한 것은 외직을 치부의 방편으로 생각했다는 것이야. 그래서 이는 그대로 묵과할 수 없는 일이었지. 그런데 대부분의 간관들이 원공의 위력에 눌려 제대로 말 한 마디 못하는 것이야. 나도 원공과 선대와의 친분이라든지 여러 가지를 생각하면 뒤로 물러나 있어야 했겠지만 그렇게 할 수 없었지. 사사로운 교분은 어디까지나 사사로운 교분이고 공적인 관계는 어디까지나 공적인 관계라고 생각하였으므로 과감하게 원공을 탄핵하였지. 뒤에 들려오는 말에는 원공이 정말 섭섭하게 생각한 모양이야. 나를 의리도 모르는 고연놈이라고 많이 욕을 하곤 하였지. 그래도 그 때 일은 지금 생각해도 내가 잘한 것이라고 생각하고 있어.

서강 : 그 일은 선생님이 탄핵한 대로 되었는지요.

서계 : 전하께서 내말을 듣지 않고 오히려 탄핵을 받은 원공을 위로할
정도였으니 결과야 뻔했지. 그리고 조정 분위기도 나에게 찬사를
보내는 사람도 있기는 했지만 대부분 원공 편에 서서 나의 처사가
지나치다고 비판하는 분위기였어. 이런 일이 있은 다음부터 많은
사람들이 나를 멀리하여 내 주위에는 사람들이 없었어. 정말 외로웠지.

서강 : 선생님, 제가 보기에도 원공 문제에서 선생님이 조금 뒤로 물러섰
더라면 원공의 정치적 후원을 받아 선생님 관로가 정말 평탄했을
수도 있었을 것 같습니다. 그런데 부득부득 이를 뿌리치고 이런 결단을
내리신 것은 요사이 관리나 정치지도자들에게 큰 귀감이 된다고 생각
합니다. 그 뒤에 원공과는 화의를 하셨는지요.

서계 : 그 일이 있은 후 원공과는 별다른 교류가 없었고 3년 뒤인 현종
5년에 돌아가셔서 서먹한 상태로 끝나고 말았지.

서강 : 선생님, 우암 송시열과는 정치적으로 상당히 불편한 관계였던
것으로 알려져 있습니다. 우암을 어떻게 생각하고 계신지요.

서계 : 우암은 연세가 나의 부친보다는 적지만 거의 부친 연배로 나보다
22세나 연상이었어. 내가 벼슬길에 처음 나갔을 때 이미 정승반열인
우찬성으로 있으면서 서인의 영수로서 정계에 막강한 영향력을 행사
하고 있었지. 학문적으로도 율곡의 학통을 계승하여 사단칠정론四端七
情論에서 율곡의 기발이승일도설氣發理乘一途說을 받아 일원론적一元論
的인 학설을 발전시켜 퇴계의 이원론적二元論的인 이기호발설理氣互發說
에 맞서 성리학의 양대 산맥을 이루었지. 후학들을 많이 키워 우암학맥
을 이루고 조선후기 학계와 사상계에 막강한 영향을 미쳤어. 우암이
대단한 인물이라는 점에는 의심의 여지가 없지만 그분을 존경하고
싶은 마음은 없었어.

서강 : 선생님이 우암과 불편한 관계가 되었던 것은 대청정책對淸政策을
둘러싼 견해 차이에서 기인한 바가 크다고 말씀드려도 틀린 것은

아니겠지요.

서계 : 물론 대청문제만은 아니었지만 표면적으로는 그게 가장 큰 문제였지. 병자호란 뒤에 효종을 비롯한 조정 관료들이나 백성들 사이에 병자년 치욕을 설욕하자며 배청분위기가 상당히 고조되어 있었지. 이러한 분위기 속에서 우암은 대의명분론을 앞세워 정계에 등장하였고. 그래서 효종대에는 국왕의 북벌의지에 편승하여 왕의 절대적 신임을 받으며 북벌정책의 추진에 중요한 역할을 담당하였어. 그러나 세월이 흘러 청이 중국의 주인으로 자리를 잡고 그 자리가 굳어지면서 조선의 북벌정책은 현실적으로 실현 불가능한 상황이 되어 갔지. 그런데도 우암과 그의 추종세력은 시대와 정세의 변화와 관계없이 여전히 자기들의 집권수단으로서 성리학적 의리론을 앞세우며 숭명배청정책崇明背淸政策만 고집하였어. 특히 북벌론은 우암 자신도 이루어질 수 없는 것임을 너무도 잘 알고 있었어. 그러면서도 이미 없어진 명에 대한 의리를 고집한 것은 정권유지의 수단으로밖에 이해가 되지 않았어.

서강 : 우암이 숭명의리론崇明義理論의 입장에서 주장한 것 가운데 가장 표면적으로 선생님과 대립하게 된 것은 무엇일까요?

서계 : 첫째로 꼽을 수 있는 것이 연호 사용문제라고 생각해. 우암은 숭명의리론을 앞세워 이미 망해 버린 명나라의 숭정崇禎 연호를 사용하자고 고집하였지. 우암의 주장으로는, 명에 대한 충절을 지키기 위해 명의 연호가 지켜져야 한다는 거야. 나는 이미 망해 버린 나라의 연호는 그 나라와 함께 이미 없어진 것이고 연호란 나라가 바뀌면 같이 바뀌는 것이 올바른 이치다, 이미 청을 중국의 주인으로 받아들이고 청에 사대의 예를 하기로 하여 우리 나름의 독자적인 연호를 사용할 수 없는 것이 현실이라면 마땅히 그 현실을 인정하고 청의 연호인 강희康熙를 사용해야 한다고 주장하였지. 두 번째는 청나라 사신 영접

문제였어. 당시의 조정분위기를 보면, 우암계를 중심으로 청나라에 대하여 반대를 하거나 소극적인 자세를 취하는 것이 대의를 지키는 올바른 자세인 것처럼 되어 있었어. 더욱이 병자년 호란에 친족이 피해를 입은 후손들의 경우는 이 문제에 대해 아주 민감했지. 이 문제가 조정에서 가장 큰 파문을 일으킨 것은 김만균金萬均 사건이었어. 사건은 계유년(1663) 현종임금 재위 4년에 김만균이 청의 사신을 영접하라는 명을 받았음에도 이를 할 수 없다고 벼슬을 바꾸어 달라고 해서 일어났어. 김만균이 내세운 이유는 자기 조모가 병자년 호란 때 청군에게 피살되었기 때문에 조모의 원수인 청 사신을 영접할 수 없다는 것이었지. 그러나 그건 말 그대로 그냥 표면적인 이유고 당시 우암과 그의 추종자들의 일반적인 정서였다고 할 수 있어. 결국 김만균은 왕명 거역죄로 파직되었고 그 뒤에도 논란은 계속되어 조정 이 크게 시끄러웠어.

서강 : 선생님, 시간이 많이 지난 것 같은데 잠깐 약주 한 잔 드시고 말씀하시지요.

이 사건으로 선생님도 우암계로부터 공격의 표적이 되어 어려움을 겪으신 것으로 알고 있는데 이 때 우암계가 김만균을 변호하기 위하여 내세운 주장은 어떠하였는지요.

서계 : 김만균을 옹호하는 데 앞장선 우암이 임금에게 올린 상소를 보면 대개 내용이 이랬어. 김만균은 주자도 말한 자손으로 지켜야 될 도리를 지킨 것이고 사람으로서 할 도리를 한 것이니 그를 처벌한 것은 잘못된 것이라는 거야. 참 말도 안 되는 이야기지. 병자년의 치욕이야 우리 모두가 치를 떠는 일이지 그렇지만 백성과 종사宗社를 위하여 어쩔 수 없는 선택이었어. 그래서 병자년 이후 청나라 사신이 올 때마다 위로는 임금으로부터 아래로는 말단 관리에 이르기까지 굴욕을 참고 최선을 다하여 이들을 영접하였지. 그런데 임금조차 그런 굴욕을

참고 일을 하는데 하물며 신하된 자가 화를 입은 자손이라는 핑계를 대며 자기만 깨끗하고 대의를 지키는 것처럼 행세하는 것은 정말 있을 수도 없는 일이지. 더욱이 이를 청의淸議라고 옹호하는 우암의 태도에 나는 정말 참을 수가 없었어. 그래서 앞장서서 우암을 공격하였던 것이고. 이 때문에 그들은 나를 오사五邪의 한 명으로 지칭하면서 공격했어. 이런 일들을 지켜보면서 더 이상 관직에 머무르겠다는 생각을 버리게 되었지.

서강 : 제가 생각해도 당시의 국제정세에서 성리학적인 명분론에 벗어나지 못한 우암계의 대청자세는 어떤 명분을 내세웠다 해도 정말 수구적이고 교조적이었다는 비판을 받아야 할 것으로 보입니다. 요사이 일부 자칭 진보개혁 세력들이 민족 자존 자주를 외치면서 나라를 국제적인 미아 상태로 끌고 나가려고 하는데 당시 우암계와 비슷한 느낌이 듭니다. 어떻든 이 사건을 보시면서 선생님은 나라 장래에 대해 많은 걱정을 하셨지요.

제가 청나라에 사신으로 다녀오신 것이 이 사건이 일어난 후로 알고 있는데 청나라를 보시고 어떤 느낌을 받으셨나요.

서계 : 내가 청나라 사신(동지사冬至使)의 일원으로 발탁된 것은 큰 행운이었다고 생각해. 현종 임금 9년(1668)이니까 내 나이 40이 되던 해로, 나는 이미 이 해 정월에 벼슬을 내놓고 수락산에 은둔하면서 조정의 계속된 부름을 거절하고 있던 때야. 나는 정사 이경억李慶億 공 밑에 서장관으로 임명을 받고 많은 생각을 한 끝에 이것만은 앞으로의 나의 학문활동이나 제자들 교육을 위해 받아들이는 것이 옳다고 판단하여 이를 수락하고 청나라 연경을 다녀왔지. 요사이야 이웃동네 마실 가듯 외국여행을 하지만 당시에는 외국여행이 정말 힘들었지. 나에게는 귀중한 체험이었고 많은 것을 보고 얻었어. 이 여행을 통해 대청외교에 대한 나의 소신이 옳았다는 확신을 갖게 되었고. 이미

청나라는 중국을 완전히 통일해서 지배하고 있었을 뿐 아니라 한족漢族들까지도 멸망한 명나라에 대해서는 거의 잊고 청정부에 조용히 순응하고 있더라고. 문물도 크게 번창하여 백성들의 생활도 비교적 안정되어 있었고 나라 전체가 활기 넘치게 움직이고 있어 강국다운 면모를 보이는 것이 인상적이었어. 학술 분야에도 새로운 학풍이 크게 일어나 우리가 정신 차리고 보아야 할 부분이 많았어. 나는 이러한 청나라를 우암에게 한 번 보여주고 그의 생각이 어떤지 듣고 싶었어.

서강 : 이 사건 뒤에도 선생님은 우암과 여러 가지로 계속 좋지 않은 연으로 얽혔던 것으로 알고 있는데요. 가장 기억나는 것으로는 무엇이 있는지요.

서계 : 김만균 사건은 현종임금 재위 4년(1663)에 일어난 일이고 그 뒤에도 나는 이런저런 문제로 우암계와 계속 충돌할 수밖에 없었지. 예를 들면 나는 우암계와는 달리 대청 문제에서도 현실적이고 실리적인 관계를, 국내정치 문제에서도 양반지주계급에 대한 국역부담과 반상차별의 철폐 등 새로운 사회개혁을, 유학에서도 유학경전에 새로운 해석 등을 주장하여 대립적인 관계를 지속할 수밖에 없었어. 그러나 당시에는 효종임금이 돌아간 뒤 조대비(효종의 계모)의 복상문제로 서인과 남인 사이에 벌어진 예송禮訟논쟁이 정계의 가장 큰 쟁점이었고 이것이 정권의 향배를 결정할 수 있는 일이었기 때문에 서인 내부의 이런 의견차이는 크게 부각되지 못하였지. 나 또한 서인·남인 논쟁이 벌어지는 와중이라 우암에 대한 공격에는 한계를 느끼곤 하였어. 그렇지만 어떻든 나와 입장을 같이하던 사람들은 우암계의 미움을 사서 관직생활을 하는 동안 사사건건 이들의 견제와 방해를 받아야 했어. 이들이 나에게 준 가장 큰 시련은 역시 우암 사후에 일어난 백헌白軒 이경석李景奭(1592~1671) 공의 신도비문神道碑文 사건이라

생각해.

서강 : 선생님 말씀을 듣다 보니 선생님은 비교적 당파에 관계없이 초당적 입장에서 모든 문제를 생각하셨던 같은데 그래도 서인에 대한 감정에는 남다른 면이 있었던 것처럼 생각되네요.

서계 : 서강이 잘 보았어. 지금 되돌아보면 내가 우암계를 신랄하게 공격하기는 하였지만 아무래도 남인계보다는 학연, 지연 등 여러 인연으로 얽힌 서인들에게 마음이 쓰였던 면이 있었던 것 같아. 그렇지만 나의 소신을 굽히면서까지 이들을 도운 적은 없었어.

서강 : 백헌 공 신도비 문제를 여쭈어 보겠습니다. 제가 보기에 백헌 공은 여러 가지 면에서 선생님과 생각을 같이한 부분이 많았던 같습니다. 특히 대청문제에서는 앞에서 선생님이 말씀하신 바와 같은 입장에서 우암과 맞선 것으로 알고 있는데요 백헌 공 생전에 선생님과는 교류가 자주 있었는지요.

서계 : 백헌 공은 나의 부친과 동갑으로 내가 처음 벼슬길에 나간 현종임금 재위 3년에는 공의 연세가 이미 68세로 국가의 최고 원로였어. 가끔 찾아뵙고 인사도 드리고 가르침을 받곤 하였지만 자주 찾아뵙기는 어려웠지. 당시 조정의 현신들 중 내가 가장 존경하고 따랐던 분이야. 서강도 알고 있겠지만 백헌 공은 정종의 열째 아드님인 덕천군 이후생德泉君 李厚生의 후손으로, 공의 집안은 종반 이씨 가운데 벼슬길에 나아가 크게 이름을 떨친 대표적인 집안이지.

서강 : 백헌 공 신도비 문제라는 것이 결국 비문 내용 가운데 우암과 관련된 부분이 있어서 그게 문제가 되었다고 볼 수 있겠지요. 백헌과 우암의 관계를 비문과 연관하여 말씀해 주시면 좋겠습니다.

서계 : 우암과 백헌 공과의 관계는 직접적으로 사제의 연을 맺은 것은 아니지만 사제간이라 해도 크게 잘못되었다고 할 수 없을 것이야. 백헌 공이 인조임금 재위 23년(1645)에 이조판서로 제수되자, 공은

당시 사림에서 인망이 있던 우암과 송준길宋俊吉, 권시權諰 등을 추천하였을 뿐 아니라 우암을 이 가운데 으뜸으로 내세워 그의 벼슬길을 열어주었어. 우암이 벼슬길에 나간 뒤에도 백헌 공을 수시로 찾아가 가르침을 받았다는 사실은 많은 사람들도 알고 있었어. 그러던 두 사람 사이가 벌어지게 된 것은 백헌 공의 손자인 이하성李厦成의 이야기에 따르면, 우암과 정적관계에 있던 윤선도尹善道를 귀양보내는 문제 때문이었어. 공은 위리안치圍籬安置를 주장하는 우암에게 반대하였거든. 또 두 집안의 혼사가 우암의 뜻대로 되지 않은 것도 중요 원인이 되었다고 하더구먼. 그러나 내가 보기에 그런 것들은 여러 요인 중 하나가 되겠지만, 가장 근본적인 것은 현종임금 재위시까지 우암이 집권의 명분으로 내세운 춘추의리春秋義理에 입각한 북벌문제와 연계된 대청문제 등의 정치문제였다고 생각해.

공은 병자호란 전부터 대외문제를 현실적이고 실리론적 입장에서 올바르게 보고 판단할 수 있는 몇 안 되는 분 중 한 분이셨어. 병자호란이 일어나던 해인 인조 재위 14년(1636) 봄, 후금이 국호를 청으로 바꾸고 황제라 칭하며 마부대馬夫大를 사신으로 조선에 파견하여 조선에 대해 칭신稱臣할 것을 요구하여 왔지. 이 때 조정의 공론이 어땠냐하면, 마부대를 처형하고 청과 절화絶和하자는 것이었어. 그러나 이 때 공은 "척화일사斥和一事가 어찌 정대正大하지 않으리오마는 사세를 돌보지 않고 강적에게 분을 돋우니 계책이 아니다."라고 하면서 척사 정책 뒤에 올 국가의 위기를 걱정하였지. 결국 강경한 분위기에 놀란 마부대가 탈출하여 본국으로 돌아갔고 이어 전쟁이 일어나 나라가 치욕을 당하고 백성들은 엄청난 고통을 당하였어. 마부대가 탈출한 뒤에도 공은 청나라가 압록강이 얼 때를 기다려 침략할 것이니 그동안 그들과 적극적으로 화친을 추진하여 전쟁을 막아야 한다고 주장하였어. 즉 반청 강경자세만이 능사가 아니고 난국을 현명하게 풀어나가야 한다고 주장한 것이야. 정말이지 시의적절한 방책이었어.

서강 : 선생님, 우암이 현종임금이 재위하고 있을 때에도 북벌을 주장하였나요.

서계 : 우암은 효종임금이라는 지우를 얻어 북벌정책을 추진하였지. 이것은 성리학적 명분론과 당시의 시대적인 분위기와 연계하여 그들에게 집권의 정당성과 명분을 주었고 백성들로부도 지지를 받았어. 그런데 현종임금이 즉위하고나서는 점차 우암의 주장이 설득력을 잃어 갔지. 이미 중국에서는 청이 주인으로 자리잡았고 실질적으로 청을 대상으로 하는 북벌정책이란 실현 불가능 하였어. 그런데도 우암은 현종임금에게 부왕인 효종의 뜻을 계승해서 계속 북벌을 추진하라고 강권하였지. 이는 자기들의 집권 방편으로 정책을 이용한 것이었다고 보는 것이 옳아. 그런데 현종임금은 우암의 주장이 시대의 흐름에서 역행하고 있다는 것을 너무나 잘 알고 있었고, 그래서 우암과는 노선을 달리하는 백헌 공으로 하여금 우암계를 견제시킬 생각이었어. 현종임금이 백헌 공에게 힘을 실어주고 왕의 신임과 뜻을 내외에 보일 의도로 공에게 궤장几杖(왕이 국가의 최고 원로공신을 우대하기 위해 내린 의자와 지팡이)을 하사한 것은 이 때문이지. 그러면서 우암계와 백헌 공 사이에 금이 가게 되었고, 이는 서인이 노론과 소론으로 분파되는 단초가 되었다고 볼 수 있지.

서강 : 우암은 현종의 뜻을 알고 있었기에 백헌 공에 대한 비난의 강도도 더욱 세졌겠네요.

서계 : 그렇지. 우암은 현종의 뜻을 꺾기 위해서라도 백헌 공에 대한 비난에 열을 올렸지. 우암계는 '수이강壽而强'이라는 말을 써가며 공의 행적을 비판하였어. 공이 삼전도 비문을 찬술한 점 등을 들어 공의 행적을 비판한 것인데 '수이강'이란 중국의 송宋나라 정강의 변靖康變(금나라의 공격을 받고 서울이 함락되고 임금과 대신들 모두가 금에

잡혀간 사건) 때 금나라에 잡혀간 송의 흠종欽宗임금을 따라간 손적孫覿이 금나라에 아첨하여 부귀를 누렸다는 고사인데, 공과는 정말 거리가 먼 이야기지. 사실 삼전도 비문 찬술문제는 공의 가장 아픈 부분이야. 사람으로서 정말 해서는 안 되는 일인데 우암이 이걸 들고 나온 거야. 그런데 이러한 비난에 대해 백헌 공은 일체 대응하지 않았어.

서강 : 선생님, 백헌 공이 삼전도 비문을 찬술하게 된 과정과 이에 대한 우암의 공격 핵심은 무엇이었습니까.

서계 : 병자호란이 끝난 뒤에 청은 인조가 굴욕적인 항복을 한 장소인 삼전도(현 송파구 석촌동)에다 승전비를 세울 것을 요구해 왔어. 인조임금은 어쩔 수 없이 장유張維, 이경전李慶全, 조희일趙希逸과 공에게 비문을 짓게 하였지. 공은 당시 예문관 제학 자리에 있었는데 국가의 중요 문서는 예문관 대제학이 짓지만 당시 대제학 자리가 비어 있었기 때문에 비문 찬술자로는 다음 위치인 공이 제1순위였어. 비문 찬술자로 명 받은 사람은 모두 비문 쓰기를 거부했으나 이를 왕이 허락하지 않아 어쩔 수 없이 쓰게 되었고, 이들이 쓴 비문을 청으로 가지고 갔어. 그런데 이 가운데 공의 것을 가지고 와서 너무 간략하니 다시 쓰라고 요구해 온 거지. 인조는 공을 불러 "나라의 존망이 달려 있는 일이다. 후일을 도모하는 것은 나의 역할이니 오늘은 다만 문자로 저들의 비위를 맞추어 일이 더 격화되지 않도록 하는 것뿐이다."라고 하며 비문 찬술을 간곡하게 부탁하였어. 공은 국가적으로 누군가가 이 멍에를 짊어져야 되는데 아무도 맡으려 하는 이가 없고 신하 된 자로서 왕명을 거역할 수도 없어 결국 이것을 다시 맡아 개작하였지. 공은 비문을 찬술한 후 자기에게 글을 가르쳐준 백형 석문 경직石門景稷 공에게 자신이 글을 배운 것이 천추의 한이 된다고 자탄하는 편지를 보내기도 하고, 자탄의 시를 쓰기도 하고, 심지어 수치스러운 마음을 가눌 길 없어 죽음까지 생각하였어. 그런 일을 가지고 우암이

춘추대의를 내세워 비난을 한 거야. 아무리 왕명이라도 명분에 맞지 않으면 마땅히 거절하여야 되는데 청에 아첨하고 청을 기쁘게 하는 데만 오로지 하였다고 말이지.

서강 : 백헌 공 생존시 선생님은 공을 위해 우암과 논전을 벌인 일이 있는지요.

서계 : 나는 백헌 공이 생존해 계실 때도 기회 있을 때마다 이러한 우암의 주장에 맞섰어. 국왕이 이미 굴욕을 당하였는데도 신하 된 자가 자기 결백을 지키기 위해 춘추대의를 내세워 이를 회피한다면 신하가 지켜야 할 군신지의君臣之義를 저버린 패륜행위라고 하면서. 또 이미 망한 명나라에 대해 의리를 지켜야 한다는 비현실적인 모순을 지적하고 어쩔 수 없이 현실적으로 청을 중심으로 한 국제질서에 순응하는 것이 국가와 백성을 위해 올바른 자세라고 주장하였어.

서강 : 현실론과 명분론과의 싸움은 항상 명분이 당당하고 정대해 보이죠. 앞에서도 말씀드렸지만 지금도 한물 간 이념을 앞세워 강대국 중심의 국제질서에서 민족자존을 부르짖으며 날뛰는 진보를 자처하는 일부 인사들을 보면 우암 생각이 납니다. 참 문제가 된 백헌 공의 신도비는 선생님이 어떻게 찬술하시게 되었나요.

서계 : 나는 백헌 공 생존시에도 그를 존경하고 따랐을 뿐 아니라 공이 돌아가신 후에도 당대의 가장 뛰어난 인물로 높이 평가하였지. 그런데 공이 돌아가신 지 30여 년이 지난 숙종임금 재위 28년, 공의 손자인 하성厦成이 나를 찾아와 공의 신도비문을 찬술해달라고 부탁하는 것이야, 기꺼이 응했지.

서강 : 저도 비문을 읽어보았는데 글자수가 6,663자나 되는 대작이고 내용도 백헌 공의 일생을 상세히 잘 기술하였더군요 제가 알고 있기로 지금의 신도비는, 선생님의 신도비문이 알려져 선생님이 곤욕을 치르실 때 세워지지 못하고 선생님이 돌아가신 지 50여 년이 지난 영조

30년(1754)에 공의 집안 후손인 원교 이광사圓嶠 李匡師의 글씨를 받아 세웠다고 합니다. 그 뒤 노론들이 이 신도비를 갈아서 글짜를 없애고 비신을 깨뜨려 버렸는데, 그것을 최근(1974년)에 옛날 자리보다 좀더 위쪽에다 복원한 것으로 알고 있습니다. 신도비문 때문에 선생님과 같이 공의 신도비도 많은 수난을 겪었다고 볼 수 있지요. 비문 가운데 노론들이 무엇에 가장 격분하였다고 보시는지요

서계 : 서강도 비문을 읽어보았으니까 알겠지만 백헌 공과 우암과의 관계를 쓰면서 우암이 정치적인 이해와 사감을 가지고 공을 공격하고 비난했지만 이에 대해 공은 별 반응을 보이지 않았다는 사실을 적었다. 그리고 그 두 사람을 올빼미와 봉황새에 비유하여 "恣爲肆誕 世有聞人 梟鳳殊性 載怒載嗔 不善者惡 君子何病"이라고 하였지. 서강은 뜻을 알겠지만 풀이해 보면 "제멋대로 꾸미고 방자하게 속이는 문인(세상에 이름난 사람)이 있다. 올빼미는 봉황새와 성질이 달라서 제멋대로 성내고 제멋대로 꾸짖는 것이다. 불선자가 미워하는 것이니 군자가 무엇을 염려하리오." 대개 이런 뜻이지. 우암을 이렇게 평한 데 대해 우암계인 노론 측에서 가장 격분하였지. 어떻든 이것은 나의 솔직한 평가고, 지금도 비교적 객관적인 입장에서 두 사람의 관계를 비유하여 보았다고 생각해. 이러한 생각에는 변함이 없어.

서강 : 이 비문이 알려지면서 노론 측에서는 선생님을 표적으로 일제히 공격을 하였지요. 견디시기 힘드셨지요.

서계 : 참 그 때를 생각하면 지금도 울분이 터져. 다음 해인 숙종임금 재위 29년, 내 나이 75세가 되던 해지. 비문을 하성에게 주었는데 이 비문 내용이 알려지자 노론이 벌떼처럼 일어나 상소가 빗발쳤어. 이들은 그 비문의 내용보다는 내가 쓴 『사변록』을 들어 나를 공격했지. 그들은 내가 『사변록』에서 주자朱子의 사서장구집주四書章句集註를 제멋대로 고쳐 성인을 업신여기고 비문에서 정인正人(송시열)을 욕하였

다는 거야. 즉 위로는 주자를 욕하고 아래로는 우암을 모욕했다면서 내가 우암을 공격한 것은 단순히 우암만 공격한 것이 아니라 주자를 능멸하기 위한 것이라고 공격하였지. 아마 노론 측은 나를 비롯한 반대파를 공격하기 좋은 소재를 얻었다고 생각했을 것이야. 그래서 주자의 권위를 앞세워 나를 공격하였어. 참 어처구니 없는 이야기지만 당시에는 이런 말들이 모든 유림계에 상당한 설득력을 발휘하였어.

서강 : 이 문제에 대해 임금인 숙종은 어떠한 태도를 취했나요.

서계 : 당시 집권세력이라 할 수 있는 노론들이 일제히 나를 성토하니 숙종임금도 노론측 입장에 동조하여 나의 모든 관작을 빼앗고 나를 도성 밖으로 내치는 문외송출門外送出이라는 형벌을 내렸어.

서강 : 그 때 선생님 연세가 상당히 높으셨는데 이러한 일을 당하셨으니 그 괴로움은 필설로 표현하기조차 어려우셨을 것 같습니다. 결국 이 사건이 선생님이 세상을 하직하시게 된 가장 중요한 요인이 되었다고 해도 틀린 말씀은 아니죠.

서계 : 서강이 잘 보았어. 나는 병든 몸을 이끌고 이 곳 석촌동에서 쫓겨났어. 셋째인 태한이가 나를 쫓아다니며 병 수발을 하느라 고생 많이 했지. 게다가 나의 제자들이 나를 감싼다고 상소를 올린 게 오히려 노론계를 더 자극하여 이들은 나뿐 아니라 나의 문인에게까지 가혹한 처벌을 요구하였어. 그래서 나를 변호하는 데 앞장섰던 수찬 이탄李坦이 파직되고 진사 이익명李翼明이 나와 함께 귀양을 떠나게 되었어. 그 때 나는 거동도 어려울 정도로 심신이 병들어 있었지만 어쨌든 왕명이니 어쩔 수 없이 유배지인 옥과로 떠났지. 그 때가 아마 4월 28일로 기억되는데 이 길이 마지막이구나 하는 비감한 생각이 들어 발걸음이 잘 안 떨어지더군. 그나마 이건 좀 지나치다는 생각이 들었던지 숙종임금도 나의 죄를 용서해주기를 청한 이인엽李寅燁의 말을 받아들여 귀양을 풀어주었어. 그리던 수락산 밑으로 돌아왔

지만 이 때 얻은 병이 더욱 깊어져 결국 몸을 추스리지 못한 채 그해 8월 결국 세상을 버리게 되었어.

서강 : 지금 들어도 가슴 아픈 이야기네요. 그런데 당시 노론 측에서 비문 내용보다는 선생님의 『사변록』을 들고 나와 선생님을 공격하였다는데, 『사변록』에 대해 말씀해 주셨으면 하는데요, 선생님의 『사변록』은 현재 국역본이 출간되어 관심있는 학자들은 쉽게 구해 읽어볼 수 있게 되었습니다. 저도 구해서 읽어보았지만 그렇게 쉽지가 않더군요.

서계 : 『사변록』은 내가 수락산록에 은둔한 이후 이전부터 관심을 갖고 있던 유학경전에 대해 내 나름대로 해석을 가한 것이지. 당시는 유학경전해석이라면, 주자의 해석을 절대불변의 진리처럼 받아들이고 주자를 절대시하는 분위기였어. 심지어 우암은 "주자의 말은 일자일구一字一句도 지론격언至論格言이 아닌 것이 없고" "주자와 조금이라도 어긋나는 것은 잡설雜說에 불과하다"라고 하면서 주자를 절대지엄의 존재로 부각시키고 주자해석에 대한 반론이나 다른 해석은 절대 용납할 수 없는 이단이라고 규정하여 정계나 학계나 양반 유림사회에서 추방하였어. 요사이 사람들이 보면 이상하겠지, 유학경전 해석이 왜 문제가 되었는지 이해가 안 될 거야. 그러나 앞에서 본 당시의 시대적인 분위기를 염두에 둔다면 이해가 될 거야.

서강 : 당시의 시대 분위기를 보면 선생님 말씀이 이해가 됩니다. 요사이도 자기와 견해를 달리하는 사람에게 모멸적인 언사를 구사하며 학계나 사회에서 매장시켜 버리려고 광분하는 인사들의 모습을 보면서 암담한 심정에 빠진 때가 많았습니다. 선생님이 『사변록』을 완성하신 것이 대체로 언제쯤이신지요. 그리고 책은 출판하셨는지요.

서계 : 내가 책을 쓰기 시작한 게 내 나이 52세 되던 숙종임금 재위 6년경쯤인 것 같아. 책을 마무리한 것은 13년 후인 내 나이 65세

되던 해였지. 나름대로 온 정성을 기울여 깊이 깊이 생각하면서 집필하였어. 전부 14책인데 대학大學, 중용中庸, 논어論語, 맹자孟子, 상서尚書, 시경詩經 순으로 집필하였지. 내가 이것을 집필한 것은 책 서문에서도 밝혔지만 당시의 주자 해석을 맹종하는 학풍을 바로잡아 경전의 참뜻을 바르게 알리고자 하는 데 있었어. 일단 집필을 끝내기는 했지만 출판은 하지 않고 내 주변의 문인이나 제자들에게 보였지. 그것이 한 사람 두 사람 건너 세상에 알려지게 되었고 먼저 말한 백헌 공신도비문 사건으로 세상에 널리 알려지게 되었지.

서강 : 달이 정말 밝네요. 선생님 오래 말씀을 하셔서 목 좀 축이시는 것이 좋으시겠죠. 약주 한 잔 하시면서 주변 풍광도 보시면서 천천히 말씀하시지요. 그런데 노론 측에서 『사변록』 전체를 문제 삼았지만 특히 이들이 가장 흥분하였던 부분은 어디라고 생각하시는지요.

서계 : 내가 제1책인 대학과 제2책인 중용에 제일 많이 손을 대었어. 이 부분은 주자朱子의 주석이 거의 잘못되었고 경전의 자구배열도 틀린 곳이 많아 이 모두를 고치고 내 나름대로 주석을 하였지. 특히 이들이 흥분하였던 것은, 내가 주자의 성리설性理說을 잘못되었다고 보고 달리 해석한 대목이야. 그들은 이것을 성리학 자체를 부정하는 것으로 받아들였어. 주자는 천인합일天人合一적 가치관에서 "성은 이다[性卽理]", "성性은 사람[人]과 물物과 통한다", "사람과 물이 각기 자연스러운 성性을 따르는 것이 도道가 된다"라고 했는데, 나는 객관적인 자연인 물과 도덕적인 주체인 사람과는 분리되어야 한다고 보았어. 어떻든 나는 물物을 도덕과 동일시하는 이러한 주자의 해석이 잘못된 것이라고 보았고 지금도 이러한 생각에는 변함이 없어. 그들은 이러한 나의 해석을 성리학의 근본을 부정한 것이라며 나를 사문난적斯文亂賊으로 몰아 유림계에서 추방하려 했어. 나의 해석이나 주장을 단순히 학문적인 차원에서 본 것이 아니라, 성리학적인 명분론에 바탕한

기존의 통치질서나 성리학적 가치관에 대한 도전으로 받아들인 거야. 나도 당시에는 이러한 시대적 분위기와 주자학에 대해 환멸을 느끼고 있었어. 병자호란 이후 우암계가 집권의 명분으로서 성리학적 절의와 대의명분을 내세우면서 성리학은 비타협적이고 완고해져 학문의 다양성을 잃어버리고 정권유지의 수단으로 전락해 버렸지. 그러다 보니 공자·맹자의 유학사상이라 해도 주자의 학설에 반하면 이를 인정하지 않으려 하였을 뿐 아니라 철저히 탄압하였지. 내가 바로 그런 경우라 볼 수 있어. 나는 유학경전의 뜻을 올바르게 이해하고 받아들여야 한다는 입장이었는데, 이런 식으로 왜곡되니 참 기가 막힌 일이었지. 그래도 다행인 게 이러한 나의 학문적 입장을 올바르게 이해하고 높이 평가하여 준 실학자를 비롯한 후세 학자들이 있었다는 것이야. 서강에게도 고맙게 생각하고 있어.

서강 : 선생님, 저야『사변록』에 대해 별로 연구한 바도 없는데 그렇게 봐주시니 감사할 따름입니다. 어떻든 명분보다 실질을 중시하고 현실에 터전한 선생님의 개혁적인 학문과 사상관은 후세 사람들에게 높이 평가되고 있습니다.『사변록』에 대해서도 요사이 역사학계에서는 당시 조선사회의 모순을 개혁하기에는 역부족이었던 낡은 주자학의 통치이념에 대한 도전이요 시대의 개혁요구였고, 이것이 후에 실학자들에 의해 꽃을 피우게 되었다고 간주하여 선생님을 실학의 선구자로 평가하고 있습니다. 더욱이 선생님의 저술 가운데『색경穡經』은 농업의 중요성을 주창한 중농주의 실학자의 선구적인 업적으로 높이 평가되고 있습니다. 저도『색경』을 보면서 양반 사대부도 조정에 나가 자기의 도를 행하기 어려우면 야인으로 돌아가 스스로 농사를 지어 생활하는 것이 마땅한 도리라 한 선생님의 생업관에 새삼 머리가 숙여집니다. 이 책을 저술한 동기는 책 서문에도 쓰셨지만 선생님께 다시 한 번 동기뿐 아니라 이 책에 대해 듣고 싶습니다.

서계 : 나는 벼슬길에 나아가 있을 때도 항상 은퇴를 생각하였어. 그리고 은퇴 후에는 농민들과 어울려 농사를 짓고 이를 생계 수단으로 삼는 것이 올바른 도리라는 신념을 가지고 있었지. 그래서 관로에 있을 때도 틈만 나면 농사 지을 준비로 많은 농서들을 구하여 열심히 공부하였어. 그러다 이 곳에서 은둔하게 되자 원래의 신념대로 이 곳 농민들과 어울려 직접 논밭에 나가 농사를 지었지. 그런데 내가 생각했던 것보다 이 곳의 땅이 척박해서 농사를 짓는 데 어려움이 많더라고. 그래서 내가 공부하고 이 곳에서 경험한 농사지식을 바탕으로 하여 나를 비롯한 주변 농민들이 농사를 짓는 데 조그마한 도움이라도 될까 하여 이 책을 썼지. 이 책이 농민들의 농사에 길잡이가 되어 농민들의 생활향상에 도움이 되었으면 하는 바램이었어.

책을 본격적으로 쓰기 시작한 것은 관직을 그만두고 한 3년쯤 되어서야. 시간 나는 대로 틈틈이 써서 숙종임금 재위 2년 쯤(1676)에 초고본을 완성하고, 그 뒤에도 틈만 나면 손질을 해서 수년 뒤에 완결을 지었어. 이것도 인쇄는 못하고 필사본으로 만들어 주변에 널리 전했지. 책은 상하 두 편으로 나누어 상편에는 농경에 관한 것을, 하편에는 양잠, 양축, 식품가공 등 다양한 내용을 담았지. 심지어 점복에 관한 내용도 실었어. 이런 건 농촌 서민생활의 애환과 밀접한 관계를 갖고 있거든.

서강 : 선생님의 『색경』을 가지고 의정부 모 고등학교에 재직하고 있는 젊은 교사가 대학원 학위논문을 쓴 것이 있어 구해 보았는데, 이 책을 기술과 노동을 중시한 선생님의 현실적인 경세관을 표현한 조선시대의 대표적인 농업기술서라고 극찬하였더군요. 저도 전적으로 동감하였습니다.

서계 : 과찬이지. 우리 선인들 가운데 이런 문제에 크게 관심을 갖고 연구한 분이 얼마 없어서 내가 과대평가된 것 같아. 어떻든 나는

농업을 국가와 민생의 근본으로 생각하였어. 요사이야 농업 이외에도 많은 산업이 있어서 국가의 부의 원천을 농업에만 두고 있지 않은 것 같지만, 지금도 우리가 생존하는 데 가장 기본이 되는 중요한 부분이 농업임을 부인 할 수는 없으리라 생각해.

서강 : 선생님 말씀이 틀린 것은 아니지만 옛날에 비해 농업에 대한 중요도나 의존도가 상당히 떨어졌다고 볼 수는 있습니다. 참 선생님 돌아가신 후에 자손들이 곤욕을 치른 선생님의 유훈에 대해 말씀해 주셨으면 합니다. 선생님이 유훈을 남기신 깊은 뜻은 무어라고 볼 수 있는지요.

서계 : 나는 평소 우리나라의 상장제례喪葬祭禮에 대해 많은 것을 생각하였어. 본래 우리나라 상장제례는 비교적 간소하였지. 그런데 점차 양반을 중심으로 해서 그들이 성전聖典으로 떠받들던 주자가례朱子家禮를 앞세우게 되면서 장제葬祭문화가 사치스럽고 복잡해졌어. 그러다 보니 체면을 중시하는 양반들 가운데는 조상의 상장喪葬 때문에 패가 망신하는 경우도 많았고 상주가 건강을 해쳐 명을 단축하는 일도 많았어. 그래야만 효를 한 것으로 여기고 상장례를 위해 무엇을 얼만큼 바치느냐를 효의 척도인 것처럼 생각하였지. 나의 중형님도 이 때문에 일찍 돌아가셨고, 나 역시 이 때문에 병을 얻어 평생 고생을 하였어. 특히 사람이 죽은 후에 궤연几筵(죽은 사람의 혼백을 모신 곳)을 차려 놓고 매일 두 차례씩 3년 동안 상식上食을 올리는 게 있는데, 이게 주자가례에도 없는 일이야. 그런데도 이런 풍습이 일반화되어 많은 사람들을 힘들게 만들었지. 그래서 나는 간소하고 실용적인 옛 장례법으로 돌아가야 한다고 생각하고 유훈을 남긴 것이야.

서강 : 선생님 유훈에서 어떠한 것들을 후손들에게 유계로遺戒로 남기셨는지요. 그리고 유계 중에서 무엇이 가장 큰 문제로 등장하였는지요.

서계 : 환갑이 넘어 이제는 살 만큼 살았으니 나의 사후를 위해 후손들에

게 무엇인가 가르칠 것을 남겨야 되겠다 생각하였지만 차일피일 미루다가 내 나이 68세 되던 해(숙종 22년, 1696)에 유훈을 썼지. 나는 유계에서 3년간의 조석상식朝夕上食을 폐지할 것을 자손들에게 엄히 당부하고, 그 밖에도 여러 가지를 당부하였지. 예를 들면 장례를 지낼 때 장구葬具 쓰는 문제, 무덤의 위치·크기·높이에 관한 문제, 제사 때 사용하는 음식 문제 등 요사이 보면 정말 소소한 문제까지 유계를 남겼어. 자손들이 세상을 어떻게 살아갈 것인가 하는 문제 등도 구체적으로 이야기해 두었지. 내가 죽은 후의 일이지만 상식 폐지문제는 크게 문제가 될 것 같아서 자손들에게 이로 인해 죄를 받더라도 이 유계는 꼭 지키라고 엄하게 당부하였지. 과연 예상한 대로 이 문제 때문에 나의 자손들이 곤욕을 치렀지.

서강 : 선생님, '조석상식 폐지' 문제는 상장제례喪葬祭禮 문제요 더욱이 개인적인 집안 문제일 뿐인데, 왜 이것이 그리 중요한 정치문제로 등장하였는지 이해가 안 되는 부분이 많습니다. 저도 당시의 시대상에 대해서는 어느 정도 이해를 가지고 있어 대개 짐작은 합니다만 요사이 사람들은 이해를 못할 것입니다. 이 부분에 대해 말씀 부탁드립니다.

서계 : 사실 이 문제는 서강이 이야기한 대로 개인 집안사야. 그런데 고례古禮에 따라 상식을 폐지하자고 한 내 주장을 당시 사회를 지배하고 있던 주자가례뿐 아니라 나아가 주자에 대한 도전으로 받아들인 것이지. 즉 단순한 예禮를 둘러싼 논쟁이 아니라 기존 질서에 대한 도전으로 보았던 것이야. 만약 그저 단순한 예에 관한 논쟁 정도로 보고 이를 인정할 경우, 이는 주자 절대주의에 터전하여 이룩한 기존 질서를 붕괴시킬 것이고 자신들(우암계 노론)의 정치권력이 퇴조하게 될 것이라고 생각한 거야. 이 문제에 대해 비교적 동정적이고 온건하였던 숙종임금에게 압력을 가해 결국 나의 아들 태한泰翰이와 장손자인 필기弼基까지 유배형에 처했어. 내가 세상을 떠난 후였지만 정말 안타

까운 마음으로 지켜볼 수밖에 없었지.

다행히 정치적으로 노론이 숙종임금의 미움을 받아 실각하는 사건이 일어나면서 이 사건에 앞장섰던 대사간 정호鄭澔 등이 오히려 귀양을 가면서 사건은 더 이상 확대되지 않고 조용히 끝났어. 불행 중 다행이라 생각해.

서강 : 달이 상당히 기울었는데요. 시간이 많이 간 것 같습니다. 선생님이 이 곳에 낙향하여 은둔하신 후 농민들과 어울려 농사를 직접 지으면서 선생님의 가르침을 받기 위해 찾아온 학동들을 가르치셨죠. 당시 선생님이 생각하시던 교육관을 듣고 싶습니다.

서계 : 당시의 교육은 서강도 알고 있듯이 과거시험 준비교육이 중심이었지. 그래서 대부분의 교육기관은 교육 내용의 중심이 경사經史와 사장詞章이었고 교육방법도 경사를 읽고 뜻풀이를 하면서 암기하고 사장을 익히고 쓰는 것이었어. 나는 이러한 전통적인 교육방법에서 탈피하여 경사와 사장을 익히고 쓰고 암기하기보다 책(주로 경전)을 읽고 그 뜻을 찾고 이치를 연구하는 독서와 궁리窮理를 강조하였지. 이는 자기 스스로 원리를 찾고 연구하고 생각하게 하는 힘을 키워주는 교육이었다고 생각해. 강의 장소도 집안이나 정자로 한정하지 않고 산속이나 개울가 또는 논밭가로도 잡아 자연과 더불어 공부하면서 자연의 섭리와 이치를 찾아 익히도록 하였지. 또 농민들의 농사짓는 모습을 보고 자기들이 직접 농사도 짓고 농업을 중히 여기고 농민들을 존중하도록 하는 생활중심 교육을 통해 올바른 생업관과 인생관을 갖도록 하였어.

서강 : 선생님이 하신 교육방법은 요사이 교육에서 강조하는 창의력 신장, 개성중심, 생활중심 교육의 한 모습이라고 볼 수 있습니다. 이러한 교육을 당시에 행하셨다는 것은 놀라운 일이라 생각됩니다. 선생님, 한평생의 삶을 되돌아보시면서 가장 잘한 일이었다고 생각되

시는 일이 무엇인지요.

서계 : 나의 은퇴지이자 나의 영원한 안식처로 이 수락산록을 택한 것을 첫 번째로 잘한 일이라 생각해. 지금까지 나의 후손들이 이 곳을 터전으로 삼아 뿌리를 내리고 있고 이 곳의 자연 풍광이 그래도 파괴되지 않고 유지되고 있는 것을 보며 내 선택이 옳았다는 생각이 들어. 두 번째로는 내가 이 곳에 은둔하며 학동들을 가르친 것을 보람 있었던 일로 생각해. 이 곳에서 나를 찾아온 학동들에게 내가 평상시 생각하고 연구하였던 학문적인 내용을 소신대로 마음껏 펼 수 있었고 이들에게 사람답게 사는 방법을 가르쳐 학문적으로나 인간적으로 많은 결실을 얻을 수 있었거든. 이 밖에도 몇 가지 더 생각나는 게 있지만 오늘은 둘만 들겠어. 한 마디 추가하자면 서강이 나처럼 수락산 풍광을 사랑하고 좋아할 뿐 아니라 이 곳의 역사적인 의미를 부각시키려고 애쓰는 모습을 보니 정말 기특한 생각이 드는데 앞으로도 계속 이 일을 챙겨주었으면 좋겠어.

서강 : 선생님 저를 그렇게 보아주시니 감사할 따름입니다. 앞에서도 말씀드렸지만 저도 우연하게 수락산에 왔다가 그 풍광과 분위기에 반하였고 나중에는 수락산과 선생님과의 인연을 알고 더욱 이 산을 아끼고 사랑하게 되었습니다. 이 산을 찾은 것이 이제 거의 1천 회에 가까워지는데 제가 생명을 다할 때까지 수락산을 계속 찾을 생각입니다.

상당히 오랫동안 말씀을 들은 것 같습니다. 벌써 새벽 닭울음 소리가 들리네요. 날이 밝기 전에 선생님은 돌아가셔야 하겠지요. 또 한 번 기회를 만들어 보겠습니다. 헤어지기 전에 마지막으로 지금 이 땅에 살고 있는 사람들에게 좋은 말씀 하나 부탁드립니다.

서계 : 많은 이야기를 주고 싶지만 어떻게 하든 전란만은 막아야 한다는 말을 해주고 싶어. 내가 보기에 지금 이 나라가 처한 상황은 마치

병자호란 전후 모습 같아. 주변국이 어떻게 돌아가는지도 모르고 낡은 성리학의 대의명분론을 금과옥조처럼 외치면서 목소리만 높이다가 병자호란을 당하고 온 국민을 비참한 전란의 늪으로 밀어넣었던 일을 귀중한 역사적 교훈으로 받아들이라고 당부하고 싶어. 서강이 요사이 일부 인사들이 낡고 퇴색한 좌파이론을 금과옥조처럼 되뇌이면서 민족 자주 자존을 외치며 국제적인 미아로 고립을 자초하는 모습을 걱정하는 것을 보면서 옛일이 자꾸만 생각나. 다시 한 번 역사적인 교훈을 잊지 말 것을 당부하고 싶어. 서강도 자주 주변 사람들에게 이 교훈을 되새김시켜 주었으면 좋겠어. 요사이 이 나라 돌아가는 모습을 보면 상당히 걱정은 되지만 젊은이들이 현명하게 잘 대처하겠지 하는 생각을 하며 자위하고 있어. 아직 나누고 싶은 이야기는 많지만 다음 기회로 미루기로 하고 오늘은 이 정도로 끝낼 수밖에 없겠구만. 마지막으로 서강, 이런 좋은 자리 만들어주어 정말 고마웠어.

서강 : 선생님, 이 자리에 기꺼이 참석해주시고 오랫동안 좋은 말씀 정말 감사합니다. 선생님의 귀중한 말씀 깊이 간직하고 생활에 중요한 양식으로 삼겠습니다. 선생님 정말 감사합니다.

참고문헌

『朝鮮王朝實錄』
『西溪全書』, 태학사, 1979(영인본).
『國譯 思辨錄』, 민족문화추진회, 1968.
金萬圭, 「서계 박세당의 정치사상」, 『국학기요』 1, 연세대학교, 1978.
김용흠, 「조선 후기 노·소론 분당의 사상 기반」, 『학림』 17집, 연세대학교, 1996.
尹熙勉, 「박세당의 생애와 학문」, 『국사관논총』 34, 국사편찬위원회, 1992.
李曦載, 「박서계의 실학 사상」, 『논문집』, 광주대학교 민족문화연구소, 1994.
金俊錫, 「서계 박세당의 위민의식과 치자관」, 『동방학지』 100집, 연세대학교, 1996.
金俊錫, 「17세기 새로운 부세관과 사대부 생업론」, 『역사학보』 158집, 역사학회, 1998.
張閏洙, 「박서계의 사변록 고찰」, 『철학논총』 6집, 경북대학교, 1990.
安秉杰, 「서계 박세당의 중용 해석과 주자학 비판」, 『태동연구소』 10집, 한림대학교, 1993.
洪晸惪, 「『색경』 연구」, 경희대학교 교육대학원 석사학위논문, 1998.

강화학파의 발자취를 찾아서

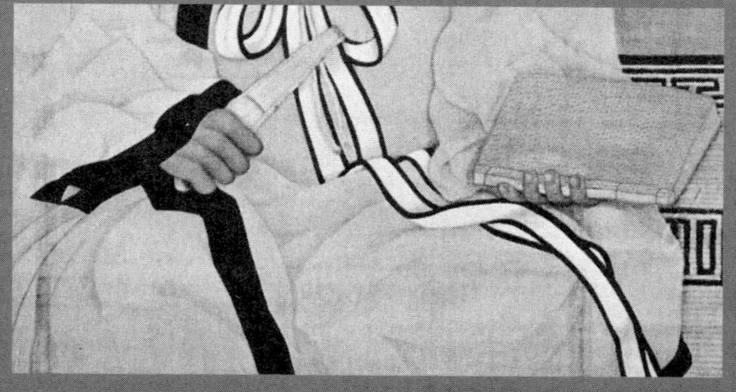

강화학파의 발자취를 찾아서

<u>01</u> 강화학파江華學派의 성립

내가 강화학파에 관심을 갖게 된 것은 강화도와의 오랜 인연도 있지만 그보다는 몇 가지 다른 이유들이 있다. 하나는 강화학파의 마지막 인물인 위당 정인보爲堂 鄭寅普의 스승 난곡 이건방蘭谷 李建芳의 증손인 명주군과 고등학교 동기동창이라는 인연과, 다른 하나는 위당이 학문적인 뿌리를 내린 연세대학교와의 인연 때문이 아닌가 생각된다. 이러한 연유로 강화도를 찾을 때마다 기회 있는 대로 강화학파와 관련된 흔적을 찾아보곤 하였다. 최근에는 실학을 연구하는 원유한 교수, 강세구 박사, 이용규 선생과 더불어 실학자들의 터를 찾는 답사여행을 하면서 그 일환으로 강화도를 찾게 되어 그 관심이 더욱 깊어졌다. 우리들의 강화도 답사는 전주 이씨 종친회의 도움을 받아 강화학파를 만개시킨 영재 명미당 이건창寧齋 明美堂 李建昌의 종손인 이형주李亨周 외 몇몇 후손들이 우리와 동행하여 많은 이야기를 들을 수 있었다. 강화학파와 실학과의 관계에 대해서는 여러 가지 견해가 있지만 실학을 염두에 두고 강화학파와 관련된 유적지를 더듬어 보았다. 강화학파의 태두인 하곡 정제두霞谷鄭齊斗와 이광명李匡明을 필두로 이 학파를 가학家學으로 전승한 대표적인 두 집안 후손들의 흔적들을 하나하나 찾았다.

강화학파의 성립은 조선조 숙종 35년(1709), 정제두가 강화 하곡으로 이주하면서 비롯되었다. 정제두는 안산에서 강화에 이주하여 정착한 후 평생에 걸쳐 이룩한 학문을 이 곳에 깊게 뿌리내렸다. 그의 학문은 아들인 정후일鄭厚一, 손서孫壻인 이광명과 신대우申大羽에게 가학으로 250여 년에 걸쳐 전승 발전되어 독특한 학맥을 이루었다. 강화학이 이처럼 혈연 등으로 이어지는 폐쇄적인 집안학문으로 유지될 수밖에 없었던 것은 이들이 정치적으로 정권에서 소외된 소론계인데다가 학문적으로 이단으로 규정된 양명학 연구자들이었기 때문이다. 영일 정씨 집안은 정제두의 고손인 정문승鄭文升, 6대손인 정기석鄭箕錫, 7대손인 정원하鄭元夏 등에게 이어졌고 전주 이씨 집안은 이광명의 양자인 이충익李忠翊, 그의 자손인 이면백李勉伯, 이시원李是遠, 이지원李止遠, 이건창李建昌, 이건방李建芳과 정인보鄭寅普 등으로 전수되었다. 평산 신씨 집안은 신작申綽, 신현申絢 등으로 전승되었다. 그러나 하곡의 학문은 정씨 집안이나 신씨 집안보다는 이광명의 집안인 전주 이씨 덕천군파를 중심으로 발전하였다. 강화학은 정인보에 의해 연희전문학교(연세대 전신)에서 개화하여 홍이섭, 민영규閔泳珪에게 계승되어 현재에 이르고 있고, 민영규에 의해 강화학이라는 용어가 처음 사용되기 시작한 후 현재는 학계에서 일반화되었다. 민영규는 강화학파를 다음과 같이 정의하였다.

　　지역적으로 강화도라는 지역을 구심점으로 하고, 학문적으로는 하곡철학霞谷哲學을 기본으로 한 다양한 전개(문학, 사학, 서예학, 음운학, 수학, 농학 등)와 인맥으로는 하곡 정제두로부터 시작하여 위당 정인보까지 이어지는 혈연과 학연으로 이어지는 하곡의 제자들을 강화학파라 한다.

<u>02</u> 강화학파의 학맥(인물)

정제두의 생애와 강화이주

2002년 늦가을 오후 늦게 혼자 양도면 하일리 도로변에 위치한 하곡 정제두의 묘소를 찾았다. 그의 묘는 이전에도 몇 번 찾았지만 이 날은 새로운 시각으로 그의 묘를 더듬어 보았다. 묘는 정남서향으로 부친인 정상징 묘역 뒤에 위치하였는데 비교적 규모도 크고 봉분 앞에는 신도비, 문인석, 망주석, 상석 등이 잘 갖추어져 있었으며 후손들이 정성들여 가꾼 흔적이 보였다. 신도비는 상석 좌측에 전면을 향해 위치하고 있었는데 이미 몇 차례 읽어본 적이 있지만 다시 한 번 손으로 더듬어 가며 비의 전면에 새겨진 "朝鮮議政府右贊成兼世子貳師成均館祭酒諡文康公鄭先生齊斗之墓", 그리고 뒷면에 새겨진 비제인 "朝鮮故右贊成文康公鄭先生神道表"와 비문을 읽어보았다. 묘역 앞에 앉아 비문의 내용을 떠올리며 하곡의 생애를 더듬어 보고 그와 강화와의 인연을 되새겨 보았다.

　　하곡 정제두(1649~1736)는 조선조 인조 27년(1649), 진사 정상징鄭尚徵과 한산 이씨의 큰 아들로 한성부 반석방에 있는 자택에서 태어났다. 본관은 영일迎日로 고려 충신 정몽주鄭夢周의 후손이며, 당시 집권세력인 서인계의 명문가다. 조부는 인조 효종대에 우의정을 지낸 정유성鄭維城

위에서 내려다본 정제두의 묘. 아래는 정제두의 아버지 정상징의 묘다. 이상하게도 아들의 묘가 보다 위쪽에 위치하고 있다.

이며, 백부는 고양군 정창징高陽君 鄭昌徵이고 종형은 인평위 정제현寅平尉 鄭齊賢 등 당대의 대표적인 명망가였다. 외조부는 호암 이기조浩菴 李基祚 로 외가 역시 당대의 대표적인 명문가였고 처가도 파평 윤씨 명문가로 그의 부인은 부사를 지낸 윤홍거尹鴻擧의 딸로 문정공 윤황文貞公 尹煌의 질손녀가 되며 지천遲川 최명길崔鳴吉의 형인 판서 최래길崔來吉의 외손녀 다. 이와 같이 하곡의 집안은 왕실로부터 당대의 집권세력인 권력의 실세들과 깊은 관계를 맺고 있었다.

이러한 인연으로 하곡은 성장 과정에서 학문·사상적으로 서인계의 영향을 많이 받았다. 하곡이 처음 스승으로 모시고 수학한 이상익李商翼 과 이찬한李燦漢 등은 모두 서인의 영수인 송시열宋時烈과 송준길宋俊吉의 문인이어서 그의 초기의 학문적 성향은 서인학풍이었다. 이러한 하곡이 사상적으로 이단으로 규정되고 있던 양명학에 관심을 갖고 연구에 평생 을 바친 이유는, 현재 잔존한 자료만으로는 정확히 밝히기 어렵지만 하곡이 생존한 17·18세기 조선사회의 시대적인 배경과 중요하게 관련되어 있을 것이다. 당시는 대외적으로 중국에서 명·청 교체가 완결되어 송시열계 노론들의 집권 명분인 성리학적 가치관에 터전한 대의명분론이 퇴색하여 가치관에 혼돈이 일어나고 있을 때였다. 대내적으로는 서인 남인 노·소론 등이 뒤엉켜 극심한 당쟁이 일어나 체제에 대한 불신과 새로운 개혁과 재편성의 당위론이 대두되고 있었다. 이러한 시대 상황이 하곡으로 하여금 기존의 성리학에 회의를 품게 하고 새로운 학문·사상에 대해 관심을 갖게 한 것이 아닌가 생각된다. 이렇게 보면 하곡의 양명학 수용은 일반적으로 볼 수 있는 직접적인 인맥관계에 의한 사승師承보다는 시대 상황에 대한 문제의식이 가장 중요한 계기가 되었다고 볼 수 있다. 이를 더욱 가속화시킨 것은 그의 개인적인 신상 문제였다. 하곡은 24세 때 과거에 응시하여 초시에는 합격하였으나 전시에 낙방하였다. 그러자 그는 과거를 포기하고 학문연구에 전념하면서 다양한 서책을 접하고 새로운 학문과 사상 연구에 몰입하였다. 이러한 속에서 하곡은 양명학을 접하게 되었고, 이것이 주자학을 보완, 대신할 수 있을 것이라는 확신을 갖게 된

고려 정몽주의 후손인 하곡의 집안은 조선왕실 및 권력의 실세들과 관계가 깊었다. 위는 정제두 아버지의 묘비, 아래는 정제두의 묘비다.

것으로 보인다. 물론 하곡의 양명학 수용을 그의 가계와 연관시켜 설명하는 학자들도 있다. 그의 초취 부인인 파평 윤씨의 외조부가 최래길崔來吉이다. 그는 조선조 초기에 양명학을 수용한 인물로 알려진 최명길의 형이고, 또 지천의 손자인 최석정崔錫鼎과는 박세채朴世采를 스승으로 모시고 동문수학한 친구였다. 하곡의 양명학 수용은 이들로부터 상당한 영향을 받았다는 것이다. 또 양명학은 우리나라에 들어온 후 기호지방을 중심으로 전파되어 학맥상으로 주로 서경덕徐敬德, 성혼成渾, 이이李珥 계통의 학자들이 많았다. 그런데 하곡은 기호지방에서 성장하였고 특히 성혼의 딸이 그의 초취 부인 파평 윤씨의 큰할아버지 윤황尹煌에게 출가하여 성혼과는 학맥의 연이 있다고 보인다. 그렇지만 하곡의 양명학 수용은 이러한 가계家系가 하나의 단초는 되었을지 모르지만, 가장 주된 요인은 역시 앞에서 본 당시 시대상황에 대한 문제의식이었다고 보아야 할 것이다. 하곡이 양명학 수용을 구체적으로 표현한 것은 34세 때 자신의 병세가 악화되면서였다. 그는 일종의 유서처럼 동생 정제태鄭齊泰와 아들 정후일鄭厚一에게 「임술유교壬戌遺敎」를, 스승 박세채에게 「의상박남계서擬上朴南溪書」를 썼는데 여기에 자신이 양명학에 대해 갖고 있는 학문적인 소신을 피력하였다. 「임술유교」에서는 "오직 왕씨(양명)만이 주자·정자 이후에 성인의 참됨을 얻었기에[惟王氏之學 於周程之後庶得聖人之眞] 일찍부터 몸을 바쳐 잠심潛心하여 펼쳐보았으나 아직 강講하지 못한 것이 한스럽다."라고 하면서 양명학의 학문정통과 양명학에 대한 애정을 적고 있다. 또 「의상박남계서」에서는 "심성의 취지에 대하여서는 아마도 왕양명의 학설이 바뀔 수 없는 것이 아닌가 합니다[心性之旨 王文成說恐不可易也]"라고 왕양명의 심성설이 정당하다는 확고한 뜻을 밝히고 있다.

하곡의 일생은 일반적으로 거주지역을 중심으로 해서 3기로 나누어
볼 수 있는데, 이는 그의 학문 연구과정이나 사상 전개과정을 이해하는
데 중요하다.

첫째 시기는 하곡이 태어나 서울에서 살았던 40세까지인 인조 27년
(1649)부터 숙종 14년(1688)까지다.

둘째 시기는 하곡이 안산安山으로 이주하여 살았던 41세부터 60세까
지인 숙종 15년(1689)부터 숙종 34년(1708)까지다.

셋째 시기는 하곡이 강화에 이주하여 살았던 61세부터 88세까지인
숙종 35년(1709)부터 영조 12년(1736)까지다.

1기의 서울 생활은 명문가에 태어나 앞에서 쓴 바와 같이 당시의
집권층과 밀접한 관계 속에서 성장하였으나 가정적으로는 행복하지
못하였다. 하곡은 5세 때 부친, 16세 때는 백부 정창징鄭昌徵, 종형 정제현
鄭齊賢과 조부가 죽었으며, 23세 때는 17세 때 결혼한 부인 윤씨가 죽어
정신적으로 어려운 생활을 하게 되었다. 이러한 가정적인 어려움 속에
24세 때 과거에 실패하자 과거를 포기하고 가사를 동생에게 맡긴 채
자신은 학문연구에 전념하였다. 하곡이 과거를 포기한 것은 여러 가지
요인이 있겠지만, 가장 중요한 것은 가정적인 불행과 이로 인한 신병의
악화였다. 이는 그의 장래를 예측할 수 없는 상태의 절박한 궁지로
몰아넣었고, 정치적으로도 당시 남인과 서인 간에 벌어진 예송禮訟논쟁
에서 남인이 승리를 거두면서 송시열·박세채 등의 서인이 정권에서
축출된 것 등도 이유가 되었을 것이다. 그는 서인 중에서도 소론계인
남계채南溪 박세朴世采, 명제明齊 윤증尹拯(처재종남매)을 스승으로 모시
고 그의 문하에서 학문연구에 몰두하였다. 이러한 사승師承 관계 때문에
이후 하곡의 정치색은 서인 중에서 소론계로 분류되었다.

하곡이 벼슬과 처음 인연을 갖게 된 것은 그의 나이 32세 때인 숙종 6년(1680), 집권세력인 남인이 역모로 몰려 축출당한 경신대출척庚申大黜陟으로 서인정권이 들어서면서부터다. 그 해 하곡은 영의정 김수항金壽恒이 경명행수經明行修(과거에 의하지 않고 학문과 덕행이 높은 사람을 천거하는 인재등용 과목)로 천거, 사포서司圃署 별제別提(종6품)에 임명되었고 2년 뒤에는 종부시宗簿寺 주부主簿(종6품)로 제수되었으나 모두 나아가지 않았다. 벼슬길에 나아가지 않은 이유를 그의 연보에서는 신병 때문이라고 적고 있는데, 물론 신병도 이유 중 하나였지만 그보다는 극심한 당쟁에 휩싸인 정치에 대한 실망감에서 원인을 찾아야 할 것이다. 당시는 조선 전 시기 중에서도 당파싸움이 가장 극심했던 때였다. 정치관료들은 국가와 백성들의 안위보다 반대당파를 타도하는 데 모든 역량을 집중하였고, 왕은 이를 제어하기보다 오히려 이들의 손에 놀아나는 형세가 되어 정치적 보복이 끊임없이 반복되고 있었다. 이 와중에 하곡의 주변 인물들 가운데에서도 피해자가 속출하여 하곡은 이 같은 정치권에 염증을 느끼고 있었을 것이다.

하곡은 36세 때인 숙종 10년, 공조좌랑工曹左郎(정6품)에 임명되었으나 역시 나아가지 않다가 40세 때인 숙종 14년 평택현감에 임명되어 다음 해 부임함으로써 처음으로 관직에 발을 들여놓았다. 그러나 이 관직생활도 오래가지는 못하였다. 숙종 15년(1689), 장희빈 소생 세자의 책봉문제로 서인이 축출되고 남인이 집권하는 '기사환국'을 거치면서 하곡은 벼슬을 버리고 안산安山으로 은퇴하였다. 아마 남인이 집권하면서 서인의 영수인 송시열이 사사賜死되고, 김수항 등 조정의 서인들은 축출·유배되고 율곡 이이栗谷 李珥, 우계 성혼牛溪 成渾도 문묘文廟의 배향配享에서 쫓겨나는 등 급변한 정치적 상황에 환멸을 느꼈기 때문일 것이다.

하곡의 2기라 할 수 있는 안산 생활은 양명학에 몰두하면서 마음의 안정을 찾은 시기지만, 가정적으로는 결코 행복하지 못하였다. 하곡이 안산을 낙향지로 선택한 이유는 정확한 기록이 없어 분명하지 않으나, 그의 선대의 선영先塋이 있고 부친을 이 곳에 장사지낸 인연 때문인 듯하다. 하곡은 초취 부인 윤씨도 이 곳에 장사지냈다(뒤에 천안으로 이장하였다). 하곡은 선친과 부인 윤씨 묘가 있는 안산 추곡楸谷에 집을 짓고 외부와는 거의 담을 쌓은 채 학문연구에만 전념하였다. 여기에서 양명학 연구에 박차를 가하며 스승인 박세채·윤증은 물론 친우인 최석정 등 주로 소론계열 학자들과 학문적인 교류를 하며 양명학에 대한 이론을 정리해 나갔다. 이러한 과정을 통해 하곡은 안산에서 양명학에 대한 학문적인 이론을 확립하여 강화학의 바탕을 이루었다고 하겠다.

안산시기에도 조정에서는 여러 차례 그에게 벼슬이 내렸지만 거의 응하지 않았다. 숙종 22년 서연관書筵官(세자의 선생)을 필두로 경기도사 京畿都事, 삭녕군수朔寧郡守, 사도시주부司導寺主簿, 사헌부장령司憲府掌令, 사헌부집의司憲府執義 등의 벼슬이 거의 내렸다.

안산생활은 하곡에게 분명 학문적으로 많은 성과를 가져다주었지만 그의 주변에는 불행한 일이 연이어 일어나 그를 외롭게 만들었다. 46세 때는 모친을, 47세 때는 스승 박세채를, 48세 때는 그의 평생의 지기요 학문적인 동반자였던 민이승閔以升을, 50세 때는 동생인 정제태鄭齊泰를, 52세 때는 재취부인인 서씨를, 60세 때는 오랜 문우이자 친구인 박심朴鐔 을, 61세 때는 장손을 잃는 슬픔까지 맛보아야 했다. 이러한 불행 속에 있던 그를 더욱 힘들게 만든 것은 당시의 정계 상황이었다. 당시 정계는 서인이 노론·소론으로 나뉘고 노론에 의해 소론계가 조정에서 퇴출당 하는 분위기였다. 이러한 속에서 하곡은 안산보다 더욱 궁벽한 강화로 이거하여 세상을 등지고 은둔하였다. 하곡이 강화로 이주한 이유는 앞에서 본 가정적 불행과 정치적인 불운 때문이기도 하였지만, 그보다는 당시의 학문풍토가 실實은 없고 명名만 좇으며 또한 교조적인 주자학 해석과 주자학 외에는 모두 이단으로 배척하는 분위기라 자신이 추구하는 학문을 완성할 수 없다고 판단하였기 때문일 것이다. 즉 이러한 학계와 완전히 절연하고 은둔하기 위해 강화를 선택한 것으로 보인다.

하곡 생애에서 3기라 할 수 있는 강화 생활은 강화학에 뿌리를 내린 시기라 하겠다. 하곡이 강화와 인연을 갖게 된 것은 숙종 6년, 그의 조부 정유성을 강화 진강산鎭江山에 장사지내면서 비롯된 것 같다. 그 이전에 강화와 하곡 집안이 어떤 인연으로 이어져 있었는지는 알 수 없으나, 명당자리를 찾다 이 곳을 찾게 된 것이 아닌가 한다. 그 후 숙종 17년, 부친의 묘를 안산 추곡에서 조부 묘가 있는 강화 진강산으로 이장移葬하였다.

하곡은 61세 때인 숙종 35년 8월, 선영先塋이 있는 강화 하곡江華 霞谷으로 은둔하였다. 이 곳은 지금의 양도면 하일리霞逸里로, 뒤로는 진강산 (441m)을 두르고 앞으로는 서해에 접한 경관이 좋은 곳인데 예로부터 세상을 등지고 숨어사는 은둔 마을이라 하여 하일리라는 이름으로 불렸다고 전해진다. 이 곳은 하곡과 관련된 지명과 일부 유적이 전해지고 있는데 하곡초당霞谷草堂 터라 불리는 하곡이 살던 집터와 지금 정제두 숭모비가 세워진 하우고개가 있다. 하우고개[霞遇峴]는 하일리에서 삼흥리로 왕래하던 높은 고개로, 이 고개의 남쪽 골에 하곡이 살았고 하곡이 자주 내왕하던 고개라 하여 하곡고개[霞谷峴]라 부르다가 지금은 비슷한 의미를 가진 하우고개로 칭하고 있다. 하곡은 생을 마감한 88세 때까지 강화에 머물며 활발한 저술활동을 계속하고, 강화로 이주한 그의 손서 이광명 등 그를 찾는 후학들에게 학문을 전수하여 강화학의 학맥을 이루었다. 강화에서 60대 때, 『심경집의心經集義』, 『정문유훈程門遺訓』을 편찬하고 『정성서定性書』를 주해하였으며, 70대 때는 『심경집의』, 『경학집록經學集錄』과 『경학집요經學集要』를 수정하고 『중용설中庸說』을 저술하였다. 82세 때는 『천원설天元說』을 저술하는 등 학문에 대해 왕성한 집념을 보였다. 물론 하곡은 강화에서 세상과 절연한 채 이런 학문적 활동에만 전념한 것은 아니고, 나름대로 정계와 인연의 고리를 가지고 있었던 것 같다. 하곡의 강화 은둔시기는 노론과 소론 간의 당쟁이 치열하였던 시기인데, 여전히 국왕의 신임을 잃지 않고 여러 차례 관직을 제수 받은 것으로 보아 알 수 있다. 하곡은 61세 때 통정대부通政大夫 호조참의戶曹參議, 62세 때 강원도 관찰사觀察使, 다음 해에는 회양도호부사淮陽都護府使, 71세 때 가선대부嘉善大夫로 승진, 동지중추부사同知中樞府使, 한성부좌윤漢城府左尹, 74세 때 사헌부 대사헌司憲府大司憲(종2품), 이조참판吏曹參判(종2품), 80세 때 자헌대부資憲大夫로 승진, 의정부우참찬議政府右參贊(정2품), 86세 때 숭정대부崇政大夫 의정부 우찬성議政府右贊成(종1품), 88세 때 세자 이사世子貳師(종1품) 등 매년 벼슬을 제수 받았으나 관직에 머문 것은 극히 짧았다. 그러나 역대 국왕들로부터 특별한 대우를 받아 조정에는 자주 나가 경연經筵 강의와 정국추이에 대한 자문에 응하기도 하고 상소를 통해 자신의 경세론을 피력하기도 하였다. 이는 하곡의 뛰어난 경륜과 인품이 주변에 널리 알려져 국왕을 비롯하여 많은 사람들로부터 존경을 받았고, 하곡의 양명학에 대한 학문적인 견해가 외부에 별로 노출되지 않았기 때문일 것이다. 하곡은 서인계의 선배인 서계 박세당西溪 朴世堂이 숙종 29년 75세의 노령에 주자의 경전해석과 다른 해석을 하였다 하여 사문난적斯文亂賊으로 몰려 삭탈관직削奪官

정제두 숭모비

職, 문외출송門外黜送 등의 곤욕을 치르고 생을 마감한 것을 지켜보았기 때문에 스승이나 가까운 지우, 제자 이외에는 그의 양명학에 대한 견해를 피력하지 않았던 것으로 보인다. 물론 그의 양명학에 대한 견해가 소문이 나 영조 때 그를 탄핵하는 상소가 올라오기도 하였으나 하곡에 대한 신뢰가 깊었던 영조는 이를 무시하고 그를 자주 불러 자문을 구하였다. 하곡은 소론계였지만 영조와는 특별한 관계를 갖고 있었을 뿐 아니라, 영조가 그의 인품을 높이 평가하여 그를 비호하였기 때문이다. 영조 5년(1728) 이인좌의 난 때 이를 처음 고변한 최규서崔奎瑞는 하곡과 친구 사이였고, 하곡은 병란중에 최규서와 함께 도성에 머물면서 영조를 도와 시국을 안정시키는 데 많은 공을 세운 바 있었다. 또 병란을 토벌하는 데 큰 공을 세운 이보혁李普赫이 하곡의 제자이자 그의 아들 정후일과 사돈관계였다. 이러한 연유 등으로 하곡은 소론계면서도 자신과 그의 후손들이 비교적 큰 피해를 입지 않았다.

하곡은 강화도에 정착한 후 그의 자손들과 이 곳에서 그와 사제관계를 맺고 손서가 된 이광명, 신대우와 그 두 집안사람들에게 양명학을 전수하

여 강화에 이른바 강화학파라는 학문의 뿌리를 내리게 하였다. 하곡은
강화에서 노년을 학문활동에 전념하다 영조 12년(1736) 88세로 생을
마감하고 부친의 묘 옆에 묻혔다. 그 7년 뒤인 영조 19년(1754), 조정으로
부터 문강공文康公의 시호諡號를 받았다. 『조선왕조실록』은, 영조 18년
시호를 결정하였는데 하곡이 왕양명의 학문을 존숭한 사람인데도 아름
다운 시호를 내린 것에 대해 식자들이 자못 비난하였다라는 비판적인
평을 실었다. 당시 집권세력인 노론계 입장에서 보면 당연한 평이었을
것이다.

전주 이씨 덕천군파와 강화학

나는 강화학파를 찾아 강화를 찾을 때마다 화도면 사기리에 위치한
이건창의 생가를 찾곤 하였다. 이 곳은 강화학파의 주류를 이룬 전주
이씨 덕천군파德泉君派가 강화와 처음 인연을 맺게 한 이광명李匡明(1701
~1778)이 터를 잡은 고장이다. 이 마을은 6대에 걸쳐 250여 년 동안
대대로 이어온 이씨 가문의 세거지世居地면서 강화학파의 요람으로,
생가가 있는 주변 산에는 누대에 걸친 선대의 묘소들이 있다. 이 생가는
이건창뿐 아니라 그의 조부 되는 이시원李是遠 등의 선대들이 누대에
걸쳐 살았던 곳으로 추정된다. 이 집은 1996년에 대대적으로 보수를
마치고 면목을 일신하였는데, 집의 규모 등을 통해 이 집안이 곧고
청빈한 선비의 가풍을 갖고 있었음을 알 수 있다. 생가 안채는 ㄱ자
모양의 9칸 정도 크기고, 안채에는 명미당明美堂이라는 당호가 걸려
있다. 이 글은 이건창과 세교가 두터웠던 매천梅泉 황현 黃玹이 쓴 것으로,
황현은 한말 일제의 국권침탈에 항거하여 자살한 인물이다.
　전주 이씨 덕천군파가 이 곳 강화로 이주한 배경과 강화학파와의

이건창 생가

인연의 시원을 더듬어 보기로 하자.

덕천군파는 조선조 2대 임금 정종의 열째 아들인 덕천군 이후생李厚生의 후예다. 종반 이씨 중에서도 벼슬길에 나아가 크게 이름을 떨친 몇 안 되는 집안 중 가장 대표적인 집안이다. 뒤에 강화학파와 인연을 맺은 이광명을 중심으로 그의 선대를 보면 그의 고조 석문 이경직石門 李景稷은 이항복李恒福과 김장생金長生 문하에서 수학하고 병자호란 때 도승지, 호란 후에는 호조판서, 사후에는 좌의정에 추증되었다. 석문의 동생 되는 백헌 이경석白軒 李景奭은 병자호란 뒤에 삼전도비문을 찬술한 문장가로, 후에 대제학을 거쳐 영의정까지 지냈다. 이 두 사람의 후손들이 크게 영달하여 주변에서 이들을 6진8광六眞八토이라 일컬으며 부러워하였다. 6진8광이라 함은 석문과 백헌의 후손 2대 가운데 진眞자 항렬 6인(진순眞淳·진수眞洙·진검眞儉·진유眞儒·진급眞伋 : 석문의 후손, 진망眞望 : 백헌의 후손)과 광토자 항렬 8인(광세토世·광보토輔·광려토

256

呂・광사匡師・광찬匡贊：석문의 후손, 광덕匡德・광의匡誼・광도匡度：백헌의 후손)을 칭하는데, 이들 중 13인이 과거시험 대과에 급제하고 대부분 시문과 서화에 뛰어났을 뿐 아니라 조정에 출사하여 관리로서 세인의 존경을 받았다. 이광명의 직계로 그의 증조 이정영李正英은 이조판서, 공조판서를 거쳐 판돈령부사를 역임하고 당대의 가장 뛰어난 명필로 이름을 날렸다. 그의 조부인 이대성李大成은 호조판서, 병조참판, 이조참판을 역임하였다. 부친인 이진위李眞偉는 5형제 중 막내로 그의 큰 형[伯兄] 진유眞儒는 문과에 급제한 후 관로에 나아가 이조정랑을 거쳐 부제학, 이조판서를 역임한 당시 정계의 거물로서 소론의 중심인물이었고 둘째형[仲兄] 진검眞儉도 문과에 급제한 후 대사헌을 거쳐 이조판서를 역임하였다. 셋째형 진휴眞休는 과거시험에서 생원에 급제하였으나 젊은 나이에 죽어 벼슬길에는 나아가지 못했다. 넷째형[季兄] 진급眞伋도 홍문관 교리, 이조정랑에 임명되는 등 관로에서 크게 이름을 떨쳤다. 그의 부친 이진유도 과거시험 진사과에 급제하였으나 불행히도 젊은 나이(30세)에 죽어 벼슬길에 나아가지 못하였다. 이광명은 이러한 명문 거족 집안에 태어났으나 부친을 일찍 여의었을 뿐 아니라 당시 불어닥친 노론・소론 간의 당쟁에 휩싸여 집안이 참화를 당하는 바람에 일생을 초야에 묻혀 지냈다.

이광명 집안에 불어닥친 참화는 숙종 때 격화된 노・소 간의 당쟁 때문이었다. 당시 당쟁은 처음에는 서인과 남인 사이에 벌어졌지만 경신대출척庚申大黜陟으로 서인이 남인을 몰아내고 집권에 성공하자 오랫동안 갈등을 빚어온 송시열계와 윤증계가 노론과 소론으로 나뉘면서 당쟁은 새로운 국면을 맞이하게 되었다. 당시 이광명 집안은 소론계에 속하였으며 특히 이광명의 큰아버지[伯父]인 이진유가 소론의 대표적인 맹장으로서 노론 공격에 앞장을 섰다. 숙종의 뒤를 이어 경종이 즉위하자 세제책봉문제世弟冊封問題로 노·소론 간에 당쟁이 격화되었다. 이 와중에 신임사화辛壬士禍가 일어나 노론 김창집金昌集·이건명李健命·이이명·조태채 등 4대신이 역모로 몰려 극형을 당하고 노론계는 대거 축출되고 소론이 집권한다. 그러나 경종의 뒤를 이어 영조가 등극하면서 다시 노론이 집권하게 되자 소론은 쫓겨나고 많은 소론계 인사가 처형을 당하였다. 당시 소론계의 중심인물이었던 이광명의 백부 이진유도 이때 나주로 유배되었다가 소론과 연계된 이인좌 난의 여파로 서울로 압송되어 영조 6년(1730)에 죽음을 당하고, 그의 동생 이진검도 유배지에서 죽음을 맞았다. 다만 이진급李眞伋만이 벼슬을 하지 않고 숨어 살아 겨우 유배를 면하였다. 그러나 그의 집안의 불행은 이것으로 끝나지 않고 영조 31년(1755), 나주벽서사건羅州壁書事件으로 결정적인 참화를 당하였다. 이 사건은 실상을 알 수 없는 의문투성이의 정치적 사건으로, 영조 등극 이후 집권한 노론계가 자기들의 집권체제를 완성하기 위하여 반대세력인 소론계를 철처히 말살시키고자 일으킨 것이다. 이 사건으로 이미 죽은 이진유에게 다시 형벌이 가해지고 그의 형제들은 이미 죽었으므로 그들의 자손들이 전부 유배되는 참화를 당해 집안이 완전히 무너져 버렸다. 그의 후손들은 동서남북 변방이나 해도로 귀양가 그 곳에서 생을 마감하고 가솔들은 유리걸식하는 비참한 모습으로 전락하였다.

이런 가문의 몰락 속에서도 정제두의 학통을 계승하여 이를 가학으로 승계 발전시키는 데 결정적인 역할을 한 이광명의 생애를 더듬어 보면서 그 전말을 살펴보고자 한다.

이광명李匡明은 숙종 27년(1701), 아버지 진사 이진위李眞偉와 어머니 은진 송씨恩津 宋氏 사이에 한양 반송방盤松坊에서 독자로 출생하였다.

이광명의 묘. 정제두의 학통을 계승하여 이를 가학으로 승계 발전시키는 데 결정적인 역할을 하였다.

유년시절에 대한 기록은 남아 있는 것이 없어 그의 서울 생활 모습은 잘 알 수 없으나 초기에는 명문집안의 독자로 상당히 유복하게 자랐을 것이다. 10세 때 부친상(30세)을 당하였는데 모친인 송 부인의 뜻으로 강화 사기리沙磯里에 부친을 장사지내고 모친과 함께 한양을 떠나 부친의 묘 밑으로 이주하였다. 이 집안과 강화는 어떤 인연이 있는지, 또 송 부인이 강화 중에서도 가장 궁벽한 이 곳으로 어떻게 이주하였는지에 대해서는 현존하는 기록을 가지고는 알 수 없다. 추측해 보건대, 당시 집안에 밀어닥쳐 오는 당화黨禍로부터 어린 외아들을 지키려 한 모정이 가장 큰 이유였을 것이다. 이 곳에 이주한 이광명이 하곡과 어떻게 연계되어 언제부터 그의 문하에서 수학하였는지도 정확하지 않다. 그의 양자인 이충익李忠翊의 글에 보면, 모친인 송씨를 봉양하는 데 지성을 다한 이광명은 하곡의 사랑을 받으며 10여 리 떨어진 진강산 아래를 자주 내왕하면서 그로부터 양명학을 열심히 배우고 이 곳 생활 30여

년 동안 강화부성을 한 번도 찾지 않았다[文康公甚愛之 先考往來多從文康公學于 江華之鎭江十餘里 朝夕在宋夫人側 備志體之養 跡不入城府三十年]는 내용이 나온다. 송 부인의 강화 이주와 하곡과의 사이에 어떤 특별한 연계는 없었던 것으로 보이나, 하곡이 이주한 다음 해에 송 부인이 이주한 것을 보면 단순한 우연이라기보다 어떤 계기를 만들어 준 것이 아닌가 하는 추정도 해볼 수 있다. 예컨대 하곡이 어릴 때 수학한 이상익李商翼은 송준길의 문인인데 그의 손자인 의금부도사 송병원宋炳遠의 딸이 바로 송 부인이라 는 점을 염두에 둔다면, 일정하게 어떤 연관성을 추정해 볼 수는 있다. 어떻든 강화에 이주한 송 부인은 이러한 인연 등을 배경으로 하여 한양에 서부터 가문 간에 내왕이 있었던 하곡을 찾아가 어린 자식의 훈육을 부탁하였을 것이고, 하곡 역시 총명한 그를 기꺼이 제자로 받아들였을 것이다. 이광명은 10여 세부터 하곡을 스승으로 모시고 10여 리 떨어진 사기리에서 지금의 하일리까지 매일 내왕하면서 학업에 성심성의를 다하였다. 이광명은 하곡의 아들 정후일鄭厚一과 함께 하곡의 양명학을 전수받는 데 전념하였고 뒤에는 하곡의 손서孫壻가 되어 영일 정씨가문 과 전주 이씨 덕천군파 두 집안을 잇는 다리가 되었다. 이광명은 하곡의 제자 가운데서도 가장 오랫동안 하곡에게 수학하였고 학문적으로 상당 한 수준에 이르렀던 것으로 보이는데, 그의 생애와 학문을 밝혀줄 문집 등의 기록이 별로 남아 있지 않아 안타깝다. 유배지인 갑산에서 지은 글로 현재 유일하게 전해지는 『증참의공적소시가贈參議公謫所詩歌』와, 그 의 후손들이 쓴 『가승家乘』(6대손 이건승李建昇)에 그의 생애 중 일부가 전해지고 있어 그의 모습을 추리해 볼 수 있다. 그는 명문가의 후손으로 태어났으나 집안에 불어닥친 당화黨禍로 벼슬에 대한 뜻을 버리고 일생 을 강화 사기리 시골에 묻혀 지내면서 하곡 학문을 대성시키는 데 전념하

이광명의 증손 이시원의 묘

였다. 그러나 그의 나이 55세가 되던 영조 31년(1755), 나주벽서사건으로 이미 형사刑死한 그의 백부인 이진유에게 형이 가해지면서 그의 집안은 거의 멸문의 화를 입고, 그도 역시 사건에 연좌되어 우리나라 최북단인 갑산으로 유배되었다. 그는 서울을 떠나 시골에만 묻혀 살며 벼슬을 하지도 않았음에도 불구하고 당시 당쟁의 말기적인 행태 속에서 당화에서 자유로울 수 없었던 것이다. 그는 유배지인 갑산에서 23년간 고초를 겪으며 형을 살다가 정조 2년(1778) 78세로 생을 마감하였다. 후에 그의 증손 이시원李是遠이 높은 관직에 나아가 이조참의吏曹參議로 추증追贈되었다.

그의 『증참의공적소시가』에는 양명학에 대한 그의 생각이 담긴 장편 한시가 유일하게 전해져 오고 있는데, 양명학자로서의 수준이나 면모를 엿보게 해주고 있다. 여기에는 「이주풍속통夷州風俗通」이라는 귀양지 갑산의 사정을 기술한 문학작품이 들어 있어 그의 문학적 재능도 전하여 주고 있다. 이 작품은 귀양지 갑산에 도착한 것으로부터 시작하여 갑산의 생활과 지세 산천 기후 등의 일반지리, 인문, 풍속 등을 차분하게 기술한 순한글 작품이다. 그 곳의 방언까지 섞어가며 기술한 이 작품은 조선왕조 후반기의 가장 대표적인 유배문학작품으로 꼽히며, 뛰어난 갑산 인문지리서로 평가받고 있다. 이 글은 당시 양반의 체통에 어긋나는 한글과 그 지방의 방언까지 그대로 사용하고 있다는 점에서 순수하고 소박함을 본질로 하는 양명학의 방법을 그대로 나타낸 것이라 할 수 있겠는데, 그가 하곡학문에 대해 깊은 이해와 확신을 가지고 있었음을 알 수 있다. 이 밖에『증참의공적소시가』에는 그가 벼슬과 세속적인 욕망을 모두 버리고 어머니를 따라 강화섬으로 은둔하여 어머니께 효도하고, 아버지 산소를 지키며 모든 근심을 다 버리고 여생을 즐기려 했지만 마음대로 되지 않았다는 서글픈 소회를 술회한 별곡도 전해지고 있다.

강화학파의 계승자

하곡 정제두가 죽은 후 그의 학문은 앞에서 본 바와 같이 그의 아들 정후일鄭厚一(1671~1741)과 그의 손서 이광명, 신대우申大羽에게 전해져 이 세 집안의 가학으로서 승계 전수, 발전하였다. 그럼 이 세 집안의 학문 승계자와 이를 중심으로 이루어진 학맥관계를 살펴보기로 하자.

먼저 하곡가문인 영일 정씨 집안을 보면, 아버지 하곡으로부터 학문을 승계한 정후일은 별다른 기록을 남겨 놓지 않아 그의 학문적인 성향이나 수준을 알기 어렵다. 다만 그가 죽은 후 이광신李匡臣이 쓴 제문에 정후일 이 하곡에 뒤지지 않는 인격과 학문적 소양이 깊었다고 되어 있어 그 일면을 짐작해 볼 수 있다. 정후일은 하곡을 모시고 지내다 늦게 벼슬길 에 나아가 가평군수 고양군수를 거쳐 부평부사富平府使를 지내고 하곡

사후 5년 뒤인 영조 17년(1741)에 죽었다. 정후일은 첫 부인 이씨에게서 1남 2녀를 두었는데 아들은 어린 나이에 죽고 장녀는 이광명과 결혼하였다. 둘째 부인 유씨에게서는 1남(정지윤鄭志尹) 3녀를 두었는데 둘째 딸이 신대우와, 셋째 딸이 이광사의 아들인 이영익李令翊과 결혼하였다. 특히 이영익과의 결혼으로 하곡의 손녀는 이광명의 사촌인 이광사의 며느리가 되어 두 집안 간의 인연은 더욱 두터워졌다. 그러나 정후일이 늦게 태어난 아들 정지윤에게 학문을 전수하지 못한 채 죽은데다 아들 역시 영조 30년(1754)에 일찍 죽어 가학의 전수가 어려워졌다. 다행히 뒤에 정지윤의 아들 정술인鄭述仁이 고모부 신대우에게서 하곡학을 수학하여 가학의 학문적인 승계가 어느 정도 이루어졌다.

　강화학파는 하곡의 학문이 세 집안의 가학으로 전승되고, 세 집안이 혼인을 통해 연계되어 후손들이 서로 사제관계를 맺음으로써 학문전통이 계승되었다는 점에 특징이 있다. 영일 정씨의 가학은 정지윤에서 단절되었다가 신대우로부터 전수 승계되었다. 정술인의 학맥은 다음 대인 미당 정문승美堂 鄭文升(1788~1875)에게 승계되는데 그는 벼슬길에 나아가 정경正卿에 이르고 학문적으로도 뛰어났다. 뒤에 전주 이씨 가문의 이건창李建昌이 그의 묘지명에 정문승이 하곡의 학문을 계승하고 이를 계승·발전시켰음을 밝히고 있다. 정문승의 학문은 그의 아들인 도정 정기석都正 鄭箕錫에게 승계되었다. 이건창은 정기석에 대하여도 그가 과거 생원에 급제하고 하곡의 가르침이 집에서 이루어져 선대를 받드는 것에서부터 공에 이르기까지 법도를 갖추고 대대로 이를 지켰다고 쓰고 있어 하곡의 학문이 가학으로 승계되었음을 밝히고 있다. 그의 학문은 그의 아들인 기당 정원하綺堂 鄭元夏로 승계된다. 정원하는 과거에 급제한 후 관계에 나아가 대사헌까지 이르렀으나 일제의 침략이 노골화되자 벼슬을 버리고 정계에서 은퇴하여 강화의 하곡 묘 재실에서 은거하며 양명학 연구와 구국운동을 전개하였다. 을사조약이 체결되자 만주로 망명하여 구국운동에 몰두하다 그 곳에서 1925년 순국하였다. 정원하는 망명 전에 그의 손녀를 이건창의 손자에게 출가시켜 혼맥관계를 맺어두었다.

다음으로는 평산 신씨가문의 학맥 승계와 인맥을 살펴보기로 하자.

신씨 가문이 하곡의 학문과 인연을 갖게 된 것은 완구 신대우宛丘申大羽(1735~1809)가 하곡의 손서孫壻가 되면서였다. 현존하는 기록으로는 신대우가 어떻게 하곡의 손서가 되었는지 알 수 없지만 평산 신씨 가문 역시 명문이었기에 평상시에 두 집안 간에 내왕이 있었던 것으로 보이며, 혼사도 이러한 관계 속에서 이루어진 것으로 보인다. 신대우는 고려의 개국공신 신숭겸申崇謙의 후손으로, 그의 선대는 임진왜란 때 도순변사를 지낸 신립申砬, 그의 아들로 인조반정에 참여하여 뒤에 영의정을 지낸 신경진申景眞, 그의 손자로 훈련대장을 지낸 신여철申汝哲 등 주로 무장을 배출한 당대의 명문 집안이다. 신대우는 14세 되던 영조 25년(1749), 하곡의 아들 정후일의 재취부인 유씨 소생의 2녀와 결혼하여 하곡의 집안과 인연을 맺었다. 이 때는 하곡이 세상을 떠난 지 13년이나 되었고 정후일 역시 이미 죽은 뒤였기에 하곡이나 정후일에게 직접 가르침을 받지는 못하였지만 동서인 이광명에게 수학하여 하곡의 학문을 전수받았다. 더욱이 신대우는 영조 30년(1754), 모든 가족을 데리고 그의 처가 부근인 현재 강화군 양도면 하일리 옹일雍逸마을로 이주하여 하곡학 연구에 몰두하였다. 신대우가 이주한 곳은 하곡이 살던 곳에서 가까운 곳이고 이광명이 사는 곳과도 10여 리 정도 떨어진 곳이라 두 집안을 내왕하며 수학하기 편한 곳이었다. 신대우는 이광명으로부터 이어받은 하곡학을 그의 세 아들에게 전수하였다. 그의 세 아들 중 석천 신작石泉 申綽(1760~1828)은 조선후기의 새로운 학풍을 대표하는 양명학자로서 정약용과 쌍벽을 이루었는데, 두 사람은 두터운 학연으로 이어져 있었다. 신작은 부친과 함께『하곡유집』을 편집, 출판하여 하곡에 대한 추모의 마음을 보이고 하곡학을 정리하여 후대의 하곡 연구에 중요한 자료를 남겨주었다. 그는 과거에 합격하여 여러 차례 벼슬을 받았으나 벼슬에의 뜻을 접고 평생을 학문연구에 전념하여 학자로 대성하였다. 부친이 순조 9년(1809)에 돌아가자 경기도 광주 사마루[社村]에 있는 모친 정부인의 묘에 합장, 장사지내고 곧 부친의 묘 밑으로 이주 정착하였다. 순조 18년(1818), 다산 정약용이 18년간의 유배생활을 마치고 광주 소내꿈川로 돌아온 후 석천에 대한 소문을 듣고 곧 그를 찾아왔다. 다산이 석촌을 찾았을 때 다산은 58세, 석천은 60세였다. 이후 다산은 자주 석천을 찾아 학문적인 교유를 하였으며 이 교유는 순조 28년(1828) 석천이 병사할 때까지 지속되었다. 순조 24년(1824), 신대우의 3남인 실재 신현實齋 申絢이 강화유수로 임명되어 강화학을 가학으로 전수한 세 집안의 좋은 인연을 돈독하게 하는 데 기여를 하였다. 특히 신현은 하곡의 외손자인 이덕윤(하곡의 사위 이징성의 아들)의 손녀와 결혼하여 두 집안의 혼맥을 더욱 강하게 하고 학맥도 두텁게 하였다. 석천은 아우가 강화유수로 임명되자 곧 강화를 찾아 강화 외가인 정씨 묘소를 찾고 이모(이광명의 처) 묘 등을 참배하였다. 그리고 세 집안의 가학으로 내려온 하곡학을 놓고 신작 3형제와 이충익의 아들 이면백李勉伯과 그의 아들인 이시원李是遠 등과 만나 하곡학의 계승자로서 서로의 학문적 견해를 밝히고 가학의 시대적인 사명들을 논의하였다.

　강화학의 주류를 이룬 전주 이씨 덕천군파의 학맥과 인물을 살펴보기로 하자.

전주 이씨 집안이 하곡학과 연계를 갖게 것은 앞서 본 바와 같이 이광명이 하곡에서 직접 수학을 하고 그의 손서가 되면서다. 그 뒤 이광명의 사촌형제인 원교 이광사員嶠 李匡師(1705~1777)와 항재 이광신 恒齋 李匡臣(1700~1744)이 하곡과 인연을 맺고 하곡이나 그의 아들인 정후일에게 직접 수학하게 되어 두 집안 간의 학연이 두터워졌다. 원교 이광사가 하곡과 어떻게 인연을 맺게 되었는지는 정확하지 않지만 그 자신이 쓴 글을 통해 보면, 하곡의 아들인 정후일과 그의 부친인 이진검李 眞儉은 나이가 동갑으로 가깝게 내왕하던 사이고 원교가 어릴 때부터 그를 자주 접하고 많은 가르침을 받았던 관계로, 하곡이 원교를 이미 알고 있었던 것으로 생각된다. 그러나 이광사가 하곡의 가르침을 받을 수 있었던 것은 이미 하곡에 사숙하고 있던 그의 사촌형 이광명의 역할이 컸던 것으로 생각된다. 원교가 처음으로 강화를 찾아 하곡을 만나게 된 것은 그의 나이 27세 때인 영조 7년(1731)으로 당시 하곡은 83세였다. 원교는 이후 강화를 자주 내왕하면서 하곡으로부터 가르침을 받았다. 영조 12년(1736), 하곡의 문하에 들어가 하곡학 연구에 전념할 계획으로 모든 가족을 이끌고 강화로 이주하였으나 하곡이 세상을 떠나는 바람에 뜻을 이루지 못하였다. 원교는 강화에서 머물다 다음 해 서울로 다시 이사하였지만 그 뒤 평생을 하곡학 연구에 전념하였다. 이광사는 역사와 시문, 글씨와 그림에 일가를 이루어 강화학의 바탕을 이루었는데, 독특 한 원교체를 남기고 시문과 역사를 모은 필생의 역작『원교집圓嶠集』 10권을 남겼다. 그러나 원교도 집안에 불어닥친 당화黨禍를 벗어나지 못하고 영조 31년(1755)년 함경도 부령으로 유배되었다가 제자들이 그를 찾아 유배지로 모여들자 8년 만에 다시 전라도 신지도로 유배되어 이 곳에서 정조 1년(1777) 생을 마감하였다. 하곡을 사모한 원교는 그의 아들 이영익李令翊을 하곡의 손녀와 혼인시켜 집안 간의 인연을 더욱 돈독하게 하였다. 그의 학문은 자신의 두 아들인 연려실 이긍익燃黎室 李肯翊과 신재 이영익信齋 李令翊에게 전수되어 하곡학의 사상적인 영향 아래 역사와 문학 부문에 새로운 학풍을 이루었고, 그의 8촌 동생인 월암 이광려月巖 李匡呂에게도 전수되어 가학이 이어지게 되었다. 이긍익은 조선후기 영·정조시대의 실학자이자 양명학자로서 조선 후기 사학사에 큰 족적을 남겼다. 평생을 불우한 가정환경 속에서 살며 벼슬길에 나아가지 못하고 초야에 묻혀 야인으로서 학문연구에 몰두한 그는『연려실기술燃黎室記述』이라는 역작을 남겼다. 그러나 이긍익 개인에 대한 기록은 남아 있는 것이 별로 없어서 그의 생전 활동이나 생활 모습을 알 수 없다. 그의『연려실기술』이 객관적이고 공정한 역사 기술로 일관함으로써 그의 집안의 당색인 소론을 편들지 않은 데 대한 서운함에서 후손들이 그에 대한 기록을 남기지 않은 것이 아닌가 추정되기도 한다. 이영익은 부친의 귀양지를 따라다니며 부친으로부터 가학인 하곡학을 전수받고 학문 연구에 전심전력을 다해 양명학자로 널리 이름을 알렸다. 특히 그는 이충익·이문익 등 족문族門에게 학문적으로 많은 영향을 주었으나 43세라는 젊은 나이에 죽어 학문적으로 큰 업적을 남기지는 못하였다. 이에 따라 원교의 두 아들에게 전수된 가학은 그들의 다음대인 후손들에게 전해지지 못하고, 초원 이충익에게 크게 영향을 주어 그의 직계손들에게 전수된다. 한편 항재 이광신도 사촌동생인 원교가 하곡을 만난 비슷한 시기에 하곡을 만나게 되고 그에게 직접 수학하지는 못하였지만 하곡이 죽기 전까지 자주 내왕하면서 학문적인 영향을 깊게 받았다. 처음에 양명학에 비판적이었던 항재는 하곡과의 만남을 기피하였지만 우연하게 그를 만난 후 하곡학에 깊이 빠져들었다. 하곡 사후에는 하곡의 아들인 정후일과 함께 하곡학의 연구와 전수에 중요한 역할을 하여 하곡의 가장 대표적인 계승자가 되었다. 하곡의 사상과 학문을 옹호하기 위하여 「의주왕문답擬朱王問答」을 지었으며, 하곡과 정후일이 죽은 후 그들의 제문을 짓고 하곡의 문집을 정리하고 하곡학을 알리는 「논정하곡학문설論鄭霞谷學問說」을 내놓아 하곡학의 계승자임을 밝혔다.

항재는 영조 20년(1744), 45세에 유행병에 걸려 죽고 그의 두 아들 이경익李敬翊과 이춘익李春翊도 일찍 죽어 그의 학문은 후손들에게 가학으로 전승되지 못하였다. 이씨 집안에 가학으로 수용된 양명학은 앞서 기술한 바와 같이 집안이 정치적인 당쟁의 소용돌이에 휩싸이면서 꽃을 피우지도 못하고 시들어 버렸다. 당화 속에서 가학뿐 아니라 집안의 명맥조차 잇기 어려운 궁지에 몰렸기 때문이다. 항재의 집안은 당화로 가문의 대부분의 사람이 죽음을 당했고 목숨을 부지한 사람들도 대부분 귀양을 가 유배지에서 죽었다. 이광사는 부령을 거쳐 전라도 신지도로, 이광정은 길주로, 이광언은 단천으로, 이광찬은 명천으로, 이광현은 경상도 기장으로, 이광명은 함경도 갑산으로 귀양 가 대부분 그 곳에서 죽었다. 그러나 그들의 학문만은 유배지를 내왕하던 그들의 자손이나 주변 인물들을 통해 용케 명맥이 유지, 전수되었다.

강화학을 꽃피운 이광명 후손의 인맥

엄청난 당화의 정치적인 격변기를 거치면서 전주 이씨 가학家學인 강화학의 학맥은 후대로 내려오면서 강화에 뿌리를 내린 이광명의 직계후손을 중심으로 전승 발전하여 만개하게 되었다.

이광명은 앞서 본 바와 같이 하곡의 손녀와 결혼하였는데 딸만 둘을 두어 그의 사촌동생 이광현(1708~1776)의 아들인 초원椒園 이충익 李忠翊(1744~1816)을 양자로 맞아들여 대를 잇게 하였다. 이충익은 나주벽서사건으로 경상도 기장으로 유배간 생부인 이광현을 모시다가 영조 36년(1760), 17세의 나이로 이광명의 양자로 들어가게 된 후에는 양부가 유배가 있는 갑산을 내왕하며 생부와 양부를 모셨다. 강화 사기리 서쪽의 초피산椒皮山 밑에 살았던 관계로 호를 초원椒園이라 하였다고 전해진다. 이충익은 양부인 이광명을 찾아 갑산을 자주 내왕하면서 가학을 전수받았지만 그 기간이 길지 않았던 관계로 큰 영향을 받지는 못하였다. 오히려 그는 이광사에게서 가학을 전수받은 그의 아들 신재 이영익(충익의 사촌형)과 이광사의 8촌동생 월암 이광려(충익의 11촌 족숙族叔)로부터의 영향이 더 컸다. 이충익은 이영익과 많은 편지를 주고받으며 가학인 양명학에 대해 의견을 나누면서 학문적인 성숙을 꾀하였다. 이들이 주고받은 왕복 논변은 이영익이 남긴『신재집信齋集』에 일부 남아 있는데 그 분야에서는 상당한 깊이를 가진 내용들로 채워져 있다. 또 그는 이모부인 신대우와 학문적인 교유를 깊게 한 사이로, 사제간을 넘어 친구처럼 가깝게 지냈다고 전해지고 있다. 신작은 자기 부친과 초원과의 관계에 대해 "매양 친구로서 학문적인 도움을 많이 받았다[每麗澤惠好]"라고 두 사람의 깊은 관계를 표현하였다. 가문의 몰락 속에서 과거를 포기하고 불우한 삶을 영위하면서 학문연구에 몰두하다 순조 16년(1816) 73세로 생을 마감한 초원은 시집 1권과 문집 1권을 묶은『초원유고椒園遺稿』를 남겼다. 18세 때 형 이문익李文翊을, 30때 초반에 생부와 양부를 여의고 20여 년 동안 자신의 집을 갖지 못한 채 가솔을 이끌고 유랑생활을 하다 말년에 강화에 돌아와 정착하였다. 당시 곤궁했던 그의 생활의 일면은 그가 남긴「구차설龜樣說」을 통해 짐작해 볼 수 있는데, 눈먼 거북과 같이 바다에서 뜬 나무 하나 만나지 못하듯 물결 따라 구을러 일생을 마칠 따름이라고 평생을 회고하고 있다. 또 그의 아들이 쓴 묘지墓誌에는 그가 생계를 꾸리기 어려워 온 가족을 데리고 유랑하였으며, 어머니 권씨가 삯바느질을 하여 제사를 모시고 아이들의 호구책을 삼았다고 적혀 있다. 결국 그의 집안은 거의 부인인 안동 권씨가 꾸려나갔고, 그는 곤궁한 생활을 견디며 학문연구에 전념하고 가학을 외아들 대연 이면백岱淵 李勉伯에게 계승시켰다.

이면백(1767~1830)은 강화에 파묻혀 부친으로부터 전수받은 가학 연구에 평생을 바쳤다. 과거시험에 응시하여 진사시에 합격하였으나 대과에는 응시하지 않고 부친을 뜻을 이어받아 평생을 벼슬에의 뜻을 버리고 학문에 힘써 학자로서 많은 사람들의 존경을 받았다. 그는『감서憨書』를 남겨 양명학자로서 본 당시 사회상에 대해 날카로운 비판을 가하였다. 특히 당시의 통치이념으로서의 주자학의 허위의식을 공격하고, 조선이 문약에 흐른 원인을 규명하고 당쟁의 원인과 병폐를 폭로 비판하였다. 그의 가학은 아들인 사기 이시원沙磯 李是遠(1790~1866), 이지원李止遠, 이희원李喜遠에게 전승되었다.

이시원 형제는 향리인 강화에서 할아버지 초원과 아버지 대연으로부터 가학을 전수받으며 학문 연구에 전력하였다. 이 때는 정치적으로 소론에 대한 정치적 탄압이 어느 정도 완화되어 벼슬길에도 나아갈 수 있었으나, 곤궁한 가세 속에서도 벼슬에의 뜻을 접고 가학 연구에만 전념하며 가훈을 지켜갔다.

이러한 가문의 전통 속에서 이시원이 순조 15년(1815), 대과에 급제함으로써 비로소 벼슬길이 열렸지만 당시 생존해 있던 할아버지 초원은 이를 별로 반기지 않았다고 한다. 집안의 가훈이 이렇다 보니 이시원도 처음 10여 년은 현직顯職에 나아가지 않고 순조, 헌종, 철종, 고종의 네 국왕 밑에서 70세까지 살았지만 스스로 원하여 얻은 벼슬은 부모를 봉양하기 위해 향리에서 가까운 강령현康翎縣에 난 자리뿐이었다. 강화 출신인 철종이 즉위하면서 즉위공신이 된 소론계 정원용鄭元容(정인보의 증조부)이 권력의 중심부에 자리하고 있었고 또 철종과 동향이라 하여 왕의 배려로 공조참판, 개성유수, 형조판서, 함경감사 등을 제수 받았으나 대부분 사양하고 받아들였다 해도 오래 벼슬자리에 머무르지 않았다. 고종 때는 이조판서를 제수하였으나 사양하고 강화 사기리에 은거한 채 학문연구와 저술활동에 전념하면서 그의 학문을 아들인 이상학李象學과 손자 이건창李建昌에게 전수하는 데만 힘을 기울였다. 그는 아버지 이면백의 『감서』를 이어 소론계쪽 입장에서 당화의 원인을 밝힌 정치사인 『국조문헌國朝文獻』 백여 권을 저술하였다. 하지만 이는 불행히도 전하지 않고, 오늘날은 이건창이 이를 집약해서 만든 『당의통략黨議通略』 2권이 남아 그 내용의 일부를 전해주고 있다. 이건창에 따르면, 그의 학문 성향은 정치에서도 명보다는 실을 더 중시하고 글을 지을 때도 외적인 화려함은 피하고 실을 추구하였다고 한다. 또 왕왕 마음이 솔직하고 탁 트여 왕양명을 닮았다[避致政之名 而存致政之實也……爲文章 祛華就實……往往眞摯明暢 似王新建……]라고 하면서 가학인 양명학을 계승하고 있음을 밝히고 있다. 이시원은 고종 3년(1866), 병인양요가 일어나 강화성이 프랑스군에게 함락되자 자손들의 피난 권유를 물리치고 국왕에게 유소遺疏를 올려 "국가가 위난에 처했을 때 죽는 사람이 한 사람도 없고 모두가 도망한다면 훗날 역사책에 무어라고 기록하겠습니까"라고 하면서 동생인 이지원李止遠과 음독 순국하였다. 그는 유소에서 병인양요를 나라의 중흥의 전기로 삼아 절용節用과 애민愛民을 통치의 도道로 삼을 것을 당부하였다.

이상학李象學(1829~1888)은 아버지로부터 가학을 전승받아 이를 연구하는 데 평생을 바쳤다. 철종 6년(1855) 과거에 응시하여 소과에 합격하고 진사가 되었으나 벼슬에는 큰 뜻을 두지 않았다. 정약용의『흠흠신서』를 비롯한 많은 저서를 접하고 이를 연구하는 데 힘을 기울였다. 이건창은 그의 부친을 "젊어서 정약용의『흠흠신서』를 익혀 거의 외우다시피하였다"라고 하여 실학 연구에 몰두하였음을 증언하고 있다. 이와 같이 이상학은 정약용의 학풍을 강화학에 접목시켜 한말에 강화학파의 새로운 학풍을 형성하는 데 큰 기여를 하였다는 점에서 높이 평가할 수 있다. 이상학은 병인양요 때 부친의 순국을 막고자 지성으로 간하였으나 부친이 임종하자 불효를 한탄하며 몇 차례 기절하기도 하였다. 그러나 곧 부친의 유지를 받들어 프랑스군을 물리치기 위해 마을 사람을 이끌고 관군에 군량을 공급하는 등 외적을 격퇴하기 위해 적극적으로 활동하였다. 이 공적으로 나이 51세 때인 고종 17년(1880) 음직으로 석성현감에 제수되었다. 이후 안의현감, 증산현감, 은진현감, 양산군수 등을 역임하였다. 그가 뒤늦게 벼슬길에 나선 것은 그가 연구하고 익혔던 가학과 실학을 직접 행정에 반영하고 싶다는 생각이 가장 큰 이유였던 것으로 보인다. 그는 지방 수령의 윤리강령을 "엄정함은 방종하지 않는 데 머물고, 시혜는 민요를 일으키지 않는 데 머물며 청렴함은 취하지 않는 데 머문다. 나는 오성吾性에 맡길 뿐이다."라고 하여 권세가의 부탁을 모두 거절하고 모든 것을 자신의 판단에 따라 처리하였다. 그는 양산군수로 재직중이던 고종 25년(1888) 59세로 세상을 떠났다. 특별한 저서를 남기지는 않았으나, 이건창은 자기 부친이 조부 이시원의『국조문헌』100여 권을 보강하는 데 힘을 기울였으며 자신이 저술한『당의통략』은

부친의 저술을 이어받은 것이라고 회고하고 있다. 이상학은 가학을 그의 아들인 명미당 이건창明美堂 李建昌(1858~1898), 해경당 이건승海耕堂 李建昇(1858~1924)과 재종질인 난곡 이건방蘭谷 李建芳(이지원의 학통을 계승, 1861~1939)에게 전수하였다.

이건창은 철종 3년(1852), 양산군수 이상학과 파평 윤씨 사이에 장자로 태어나 강화에서 성장하였다. 어려서부터 총명하여 조부 이시원의 특별히 사랑을 받으며 10여 년간 그에게서 수학하고 가학인 양명학을 전수받았다. 그의 나이 15세 되던 고종 3년(1866) 12월, 병인양요로 고통받는 강화도민을 격려

이건창의 묘(위)와 불망비(아래).

하고 이 전쟁에서 순절한 사람을 기리기 위해 강화도에서 실행한 과거 별시에 급제하였다. 나이가 어려 관직에 나아가지 못하다가 18세 되던 고종 7년, 처음으로 관직에 나아갔다. 고종 12년(1874), 23세 나이로 중국사절의 서장관으로 발탁되어 청을 다녀왔다. 청나라에서 한림학사 황옥黃鈺, 장가양張家驤 등과 만나 교류하였는데, 그들은 하나같이 이건창 의 학문과 인격에 찬탄을 아끼지 않았다. 강화도조약 체결(1876) 이후 개화파 인사들과 접촉하였으나 서구침략에 대항하여 순국한 조부 이시 원의 영향이 강하였던지 개화파 인사와의 교류에는 소극적이었고 개화 사상에 대해서도 상당히 비판적인 입장을 견지하였다. 그는 미국과의 조약체결을 권고한 청의 이홍장李鴻章을 '거간꾼'이라고 비난하고 일본 에서 김홍집이 가져온 황준헌黃遵憲의 『조선책략朝鮮策略』의 "친중국 결 일본 연미방親中國 結日本 聯美邦"을 척사상소를 올려 비판하였을 뿐 아니라 갑오개혁이나 단발령을 거부하는 등 보수적인 입장을 지켰다. 이러한 개혁들이 주체적이지 못하고 외세 침략의 방편으로 이용되고 있었다는 것이 반대의 큰 이유였는데, 어떻든 개화에 대해 그는 굳게 거부감을 갖고 있었다. 그는 동학농민운동에 대해서도 비판적이었다. 이 운동이 지방관리들의 가렴주구에서 발단된 것임을 알면서도 비판적인 태도를 취했던 것은, 기존체제를 지키려는 입장을 고수하기 위해서인 것으로 보인다.

그는 고종 14년(1877), 26세의 나이로 호남우도 안렴사安廉使로 임명되 어 충청감사 조병식의 학정을 파헤쳐 그를 파면시켰다. 그러나 이 일로 조병식·민규호의 무고를 받아 압록강변의 벽동碧潼으로 유배되었다가 1년 뒤 민영익의 도움으로 겨우 귀양이 풀렸다. 임오군란 후에 경기어사 로 봉직하다가 모친(1884)과 부친(1888) 상을 당해 강화로 낙향하여

『당의통략黨議通略』을 저술하는 등 학문연구에 몰두하였다. 고종 28년 (1891)에는 한성소윤에 임명되어 외국인들이 가옥과 토지 등을 매점하는 것을 막고자 하였으나 청 공사 등 국내에 들어와 있는 외세의 항의와 방해로 실패하였다. 다음 해 함흥민란이 일어나자 안핵사로 임명되어 이를 수습하고 승지로 임명되었으나, 매직 관리를 탄핵하다 오히려 이들의 탄핵을 받고 보성으로 유배되었다. 다음 해 유배에서 풀려나 여러 관직에 임명되었으나 모두 거절하고 강화에 은둔하였다.

고종 32년(1895), 을미왜변이 일어나 민비가 시해되자 기당 정원하(정제두 후손) 등과 「청토복소請討復疏」를 올려 민비의 복위와 국장을 주장하여 전국적인 을미의병의 기폭제가 되었다. 다음 해 해주관찰사에 제수되었으나 이를 거절하여 고군산도로 유배되었다. 유배는 두 달 만에 풀렸지만 그 후 중앙정계와의 인연을 끊고 고향인 강화 사기리에 머물면서 저술에 전념하다 광무 2년(1898) 47세의 나이로 별세하였다.

명미당은 이름 높은 문장가로, 당시 문사로 이름을 떨친 김택영金澤榮, 황현黃玹, 강위姜瑋, 이원팔李元八, 여사원呂士元 등과 교류하면서 영향을 주고받았다. 특히 매천 황현梅泉 黃玹에 따르면 명미당에게서 많은 가르침을 받았으며, 자신의 대표적인 역사서인 『매천야록梅泉野錄』 등의 바탕인 역사의식의 형성에 명미당이 많은 영향을 주었다고 한다. 명미당은 사실 정치가로보다 문장가로 더 널리 알려져 있지만 그는 가학으로 승계된 강화학(양명학) 학풍을 꽃피우며 이를 실천에 옮긴 대표적인 강화학파라고 할 수 있다. 명미당의 묘소는 강화군 양도면 건평리 동네 집 뒷동산에 위치해 있다. 그의 묘역은 비석이나 상석 같은 석물 하나 없이 봉분만 서 있어 초라한 모습을 하고 있다. 입구인 산둔덕에도 입간판 하나가 서 있는데 보기 민망할 정도다. 영락한 후손 때문이라기보다 관계 당국의 무관심이 가장 큰 원인일 것이다. 나는 이 곳을 찾을 때마다 성역화까지는 아니라도 정성어린 비석 등 우리 주변에서 볼 수 있는 보통 묘역의 모습이라도 갖추었으면 하는 기대를 한다.

강화학파를 계승한 학자로서 유일하게 최근까지 생존해 있었던 연세대 민영규 명예교수는 이건창을 비롯한 당시 강화학파에 대해 「강화학 최후의 광경」이라는 글 속에서 다음과 같이 평하였다.

이건창을 비롯해서 정기당(원하), 이건승, 이건방 등 강화에서 양명학을 강론하던 인사들이 시대가 요구하는 커다란 물결을 적극적으로 평가하지 못했던 점, 뒷날의 역사가들로부터 반시대적이라는 지탄을 받는다 해서 나는 굳이 거기에 반대할 의사는 없다.…… 이건창과 그들은 갑오개혁을 용서하지 않았다. 이들은 갑오정국을 "아닌 방중에 일본군대가 기습해 들어와서 서울의 요소와 궁궐의 안팎을 점령한 것이 무엇이 그리 경사라고 이리 뛰고 저리 뛰며 나라 체모를 뜯어 고친다고들 하니 이것이 욕이 아니고 무엇이겠는가"라고 하였다. 지팡이를 휘두르면 개화장이요, 안경을 걸치면 개화경이었다. 어떠한 새 얼굴의 정치개혁도, 어떤 경제적 유복함의 약속도 한낱 구호의 연발로 성취되는 것은 아니다. 여기에 엄숙한 동기론으로서 강화학의 본령이 있다. 갑오년의 개혁 파동과 을사년의 조약 파동은 순풍에 돛단 듯, 경술년의 망국으로 치달았다. 일본의 군국주의를 배경으로 한 이른바 '개화' 논의의 필연적인 귀결이기도 하다. 총 한 방 쏘는 일 없이, 유명대신들이 꽝꽝 도장만 찍은 종이장 하나로 한 나라를 송두리째 넘겨주는 사례가 도대체 세계 어느 나라 역사에 있었던가. …… 마지막 순간까지 갓 망건을 벗지 않았다. …… 오늘날의 이악한 문명인들은 웃음을 참지 못할 것이다. 약간의 멸시와 연민이 따르지 않는다고 장담키 어렵다. 그러나 나는 웃지 못한다. 웃을 수 가 없는 것이다.

이건창 가문의 불망비들

이는 강화학파가 성립되어 250년 동안 전승되어 오는 동안 수구보다는 개혁적·진보적이었고 성리학적 명분과 대의보다 실질적이고 현실적인 입장에 서 있었음에도 한말 개화에 대해 부정적이었던 것은 동기론動機論에 터전하여 개화가 외세 침략의 수단이라는 것을 간파하였기 때문이다. 즉 비주체적인 개화에 반대했던 것이고, 이는 성리학자들이 전개한 위정척사운동과는 근본적으로 차이가 있다고 해야 할 것이다.

강화학은 이건창 사후 그의 동생 이건승과 육촌동생 이건방에게 이어진다.

강화에서 가학을 연구하고 강론하 며 후진양성과 구국운동을 전개한 이들은 먼저 구국운동의 방편으로 1907년 강화 사기리에 근대교육기관인 계명의숙啓明義塾을 설립하였다. 이건승은 그가 발표한 「계명의숙 취지서」에서 우리에게 국욕國辱이 닥친 원인은 국토가 작거나 민지가 낮아서가 아니라 사람을 교육하지 않은 데 있다고 하였다. 그리고 이곳에 밀어닥친 일본세력으로부터 나라를 구하기 위하여 교육에 전념하였다. 그러나 1910년 일제에게 국권을 강탈 당하자 그 해 9월 구국을 위해 망명을 결행한다. 하곡의 종손인 정원하가 먼저 떠나고 이건승, 이건방은 문원 홍승헌汶園 洪承憲(1854~1914)과 개성에서 만나 망명을 떠나기로 하였다. 홍승헌은 영·정조 때의 명신인 홍양호洪良浩의 5대종손으로, 38세에 이조참판직에 머물렀으나 일제의 침략을 보고 이건창·정원하와 뜻을 함께하여 강화에 낙향한 후 이건창 형제와 양명학 강론과 구국운동에 전념한 인물이다. 이들은 개성에서 회동하여 이건방만을 국내에 남긴 후 망명을 떠났다. 함께 망명길에 나선 이건방이 망명을 포기한 것은, 두 사람이 이건방에게 국내에 남아 가통과 학통을 계승하라고 설득한 결과가 아닌가 추정된다. 이들은 중국 망명지에서 독립운동에 진력하다 홍승헌은 1914년 61세로, 이건승은 1924년 67세로, 정원하는 1925년 72세로 생을 마감하였다.

이건방은 1908년, 서울 화동으로 이사하였는데 망명을 포기하고 돌아온 직후 위당 정인보爲堂 鄭寅普(1892~?)를 만나 그를 제자로 삼아 가학인 강화학(양명학)을 전수하였다.

<u>03</u> 강화학파의 사상

양명학의 전래

강화도에는 강화의 역사와 문화를 사랑하는 사람들이 만든 '강화역사문화연구소'라는 단체가 있다. 이 단체는 역사를 전공한 김형우 박사를 중심으로 다양한 직업과 전공을 가진 분들이 모여 향토역사 문화를 연구하는 모임이다. 이들은 정기적으로 강화와 관련된 지역을 답사하며 관련 역사문화 주제를 정하고 그 주제를 중심으로 관계 자료를 수집·정리·출판하고 관계된 전공학자를 초청하여 학술연수를 실시하고 있다. 작년에는 강화학파를 주제로 연구를 진행하였고, 나도 강화학 전공자는 아니지만 이 모임에 초청받아 이야기할 기회를 갖기도 하였다.

최근에는 이 모임의 교동도 역사답사에 참여할 기회를 가져 많은 수확을 얻기도 하였다. 이 답사에서 우리나라 유학 흥성과 중요한 관련을 가진 교동향교를 다시 찾을 기회를 가졌다. 교동향교는 우리 나라 향교 가운데 가장 먼저 만들어진 향교(1127)이며 회헌 안향晦軒 安珦(1243~1306)이 원나라에서 공자의 상을 들여와 최초로 문묘가 설치된 유서 깊은 곳이다. 그 후에도 중국에서 서해를 통해 들어오는 유학을 비롯한 중국 문화의 첫 기착지 역할을 하여 우리나라의 유학 전래와 발전에 중요한 몫을 담당하였다. 이 곳은 더욱이 조선조 사회를 풍미한 성리학을 들여온 안향이 처음 자리를 잡았던 곳이기도 하였다. 나는 이 답사를 통해 다시 한 번 유학에 대해 생각해 볼 기회를 가졌다.

유학이 우리나라에 처음 소개된 것은 정확하지 않지만 대체로 삼국시대 초기로 볼 수 있다. 백제로부터 일본에 천자문과 논어가 전해진 것이 5세기 전후였던 점으로 미루어, 그 이전에 이미 고구려와 백제에는 유학이 전래되었을 것이다. 우리나라에 수용된 유학은 시대에 따라 부침의 역사를 가지고 있으나 유학이 가장 번성한 것은 조선시대였다. 조선시대의 유학은 고려말 신진사대부들이 새로운 개혁사상으로서 유학인 성리학(주자학)을 수용하고 이들이 조선건국의 주역이 됨으로써 조선왕국의 건국이념으로 정착하였다. 성리학은 "성명 의리지학性命義理

之學"이라는 말의 준말로 중국 송宋대에 주자에 의해 완성되었다. 이는 우주자연과 인간사회 문제를 형이상形而上[理]과 형이하形而下[氣]로 나누어 포괄적으로 설명하는 사상체계면서 극단적인 관념론이나 유물론을 배격하고 중도적이고 합리적인 입장을 추구한 객관적 관념론이다. 종래의 유교에는 우주의 본질이나 인간의 심성을 통일적으로 설명하는 형이상학이 없어 이를 불교나 도교가 맡고 있었는데, 성리학의 수용으로 이러한 영역을 주도적으로 맡게 되었다. 즉 유학이 종래의 훈고학적인 유학일 때는 정치이념만의 역할을 맡아 종교로서의 불교와도 공존할 수 있었으나, 유학이 철학적인 형이상학적 유학으로 변화하면서 유불교체儒佛交替의 계기가 되었을 뿐 아니라 불교사상의 쇠퇴를 가져오게 되었다. 거기에서 성리학을 보급·발전시키는 것을 건국이념을 지키고 종사宗社를 수호하는 것으로 이해하게 되었다. 이에 조선시대에는 모든 교육기관에서 성리학을 가르치게 되고, 과거시험 과목에서도 큰 비중을 차지하게 되어 성리학은 급속하게 보급 발전하게 되었다.

성리학은 조선 초기에는 정치개혁에 주안점을 둔 유교적 이상정치의 실현에 초점을 맞추었으나, 15~16세기에는 훈척勳戚 계열의 비리를 거치면서 도덕적 자기완성을 목표로 하는 인간의 심성心性에 관한 연구로 방향을 전환하였다. 이러한 변화 속에서도 성리학은 정치적·사상적으로 독보적인 위치를 유지하며 조선사회에 가장 강한 영향력을 미쳤고 모든 부면에 강력한 통제 기능을 발휘하였다. 더욱이 양란을 거치면서 정치적·사상적으로 큰 동요를 겪었지만 병자호란 후 서인이 권력을 잡고 이들이 성리학적 절의節義와 대의명분大義名分을 집권의 수단으로 고집하면서 성리학은 사상적으로 더욱 비타협적이고 완고해졌다. 이렇게 되자 성리학은 학문적인 탄력성을 상실하고 위기지학爲己之學이라

하여 자신들의 정권유지 수단으로 전락되어 버렸다. 특히 서인이 노론과 소론으로 나뉘고 노론의 영수인 송시열宋時烈의 정치계와 사상계에 대한 영향력이 커지면서, 주자학 이외의 모든 학문과 사상을 이단으로 몰아 탄압의 대상으로 삼았다. 주자의 유학경전에 대한 해석에 이의를 제기한 다거나 다른 해석을 시도한다던가 하는 일도 용납되지 않았다. 서계 박세당西溪 朴世堂은 『사변록思辨錄』에서 유학경전을 재검토하고 주자의 경의經義에 반기를 들고 주자와 다른 해석을 하였다 하여 사문난적으로 몰려 곤욕을 치렀다. 이와 같이 조선시대에는 주자학이 정치적 권력과 결탁하여 학문의 다양성을 인정하지 않았을 뿐 아니라 공자·맹자 사상 에 바탕한 유학사상이라 해도 그것이 주자학에 위배되거나 주자 학설에 반하는 것일 경우에는 철저히 탄압, 처벌하였다. 그래서 당시의 유학은 주자학에서 한 치도 벗어나지 못하고 유학이 곧 주자학이요 주자학이 유학이라는 극단적인 분위기에 휩싸여 주자학과 그 사상이나 학맥을 달리하는 불교 및 도가 사상은 물론 양명학을 한다는 것도 상상할 수 없는 상황이었다.

이러한 시대적인 상황 속에서 양명학은 어떻게 전래, 수용되었고 그 전래시기는 어떻게 보아야 할 것인가.

양명학陽明學은 중국 명대明代에 왕수인王守仁(양명陽明, 1472∼1528)에 의해 완성된 도덕철학이다. 유교적 도덕질서를 이념적으로 체계화한 이 철학의 근본 사상은 심즉리心卽理, 치양지致良知, 지행합일知行合一, 친민론親民論으로 요약된다. 양명학은 도덕적 인간관이라는 면에서 성리 학과 유사한 점이 많으나, 명대에 성리학이 지나치게 관학화하여 과거시 험 과목학으로 변질되자 이를 비판하고 그 토대 위에서 출발하였다. 왕수인은 성리학이 인간의 심心과 이理를 별개의 것으로 설정함으로써 인식주체인 심과 인식대상인 이를 분리하는 잘못을 범했다고 보았다. 즉 심 속에 이미 이理가 내재되어 있음에도 불구하고 심과 이를 따로 분리하여 생각하였기 때문에 심心이 이理를 알 수 없게 되었다는 것이다. 그래서 왕수인은 사람의 심 그 자체를 이理로 보고 도덕적 이와 사람의 심을 하나로 보았다. 이러한 심즉리心卽理는 왕양명 이전에 육구연陸九淵(상산象山, 1139~1192)이 주장한 학설로서, 육구연은 우주란 곧 오심吾心이요, 오심은 곧 우주라 하여 우주의 보편적인 하나의 원리를 이理라하고 이 이理를 유심론적唯心論的으로 해석하여 '심즉리'라고 하였다. 왕양명은 이 같은 견해를 계승하여 다음과 같이 주장하였다. 삼라만상이나 그 이치는 곧 내 마음과 다름없고 마음은 선악을 초월하고 있는데 마음이 발동發動한 것을 의意라 하며 의意의 움직임에 따라 선악정사善惡正邪가 생긴다. 그래서 의意에 따라 생기는 사악邪惡을 버리고 마음의 본체인 정正을 완성하는 것이 격물치지格物致知다. 격물格物(사물의 이치를 밝힘)은 양지良知를 만전萬全하게 하는 구체적인 방법이며 이를 치지致知라 한다. 양지는 천리天理며 마음의 본체다. 지행합일은 아는 것이 행동하는 것의 시초가 되며 행동하는 것은 아는 것의 완성이라는 뜻으로, 이 둘은 일체로 보아야 한다. 또한 왕양명은 "마음이 곧 이다[心卽理]"라고 하면서 지행합일에 따른 지식과 실천의 일치 곧 선천적 양지良知를 도덕원리로 보는 치양지致良知 등을 강조하였다. 이러한 의미에서 양명학은 인간의 심心을 중시하고 심의 절대성을 주장하였다. 또한 친민론親民論에 따르면, 대학大學 원문에 있는 명명덕明明德, 친민親民, 지어지선至於至善의 친민을 주자학에서는 신민新民으로 읽는데, 왕양명은 원문대로 친민이라고 읽어야 옳다고 보았다. 이 같은 견해는 백성을 새롭게 한다는 '통치 대상으로서의 백성'에서 백성을 친하게 한다라고 읽음으로써

'교敎와 양養의 대상으로서의 백성'으로 바꾸어 놓은 것이다. 즉 주자학에서 파악하는 백성이 관료인 치자治者의 대상으로서의 백성이었던 것에 비해, 양명학에서는 백성이 도덕실천의 직접 대상이 아니라 그 실천 주체로서 파악된 것이다. 이러한 주장은 사민평등관四民平等觀과 유기적으로 관련된 것으로, 사민(사농공상士農工商)은 인간의 타고난 재능에서 나타난 것이며 기능적·분업적 차이에 지나지 않는다고 보았다. 또 성인聖人과 중인衆人의 나뉨[分]이 있기는 하지만 이는 철저히 절대적일 수 없다는 것이다. 이는 모든 사람을 정해진 신분에 따라서 평가하는 주자학의 정분론定分論과는 상당한 차이를 갖는 것으로, 기본적으로 평등한 인간관에 기초한 것이다. 이상에서 본 바와 같이 양명학은 육상산陸象山과 왕양명王陽明의 심즉리心卽理라는 같은 명제를 제시·발전시켰기에 일명 육왕학陸王學이라고 부르기도 한다.

양명학의 전래시기에 대해서는 앞에서 본 당시의 시대 분위기 때문에 정확히 밝혀내기가 쉽지 않다. 현재 학계에서는 여러 가지 견해가 나와 있지만, 중국에서 양명학이 성립된 시기가 16세기 초라는 점에 비추어, 당시 긴밀하였던 조선과 명의 관계를 감안하면 전래시기는 명종대인 16세기 중엽으로 보는 것이 옳을 것이다. 양명학의 전래는 사신들의 내왕을 통해 왕양명의 대표적인 저서인 『전습록傳習錄』(1518년 간행)이 유입되면서 비롯된 것으로 보인다. 『전습록』의 유입시기는 정확하지 않지만 중종 16년(1521)에 박상朴詳이 『전습록』을 읽고 양명학에 비판적인 「변왕양명수인전습록辨王陽明守仁傳習錄」을 쓴 것으로 보아 중종 15년 전후로 추정해 볼 수 있다. 또 퇴계 이황退溪 李滉이 『전습록』의 내용을 조목별로 비판한 「왕양명전습록변王陽明傳習錄辨」을 쓴 것이라든지 서애 유성룡西厓 柳成龍의 『서애집西厓集』에 양명학 관련 책을 명종 13년(1558)

에 구입했다는 내용이 나오는 것 등을 보아 중종·명종대에 『전습록』을 비롯한 양명학 서책이 유학자들 사이에 상당히 널리 전파되었음을 알 수 있다. 더욱이 당시 조선에 왔던 명의 사신들 가운데 양명학자들이 많았고 임란 중에는 명의 원병 가운데 양명학자들이 많이 섞여 있어 이들을 통해 양명학의 보급이 촉진되었다. 선조대에는 어전에서 양명학이 논의될 정도로 유학자들 사이에 양명학 이야기가 구체적으로 오간 것으로 추정된다. 『조선왕조실록』에 따르면 선조 27년 남언경南彦經(초기의 양명학자로 추정)의 제자인 이요李瑤가 선조에게 양명학에 대해 긍정적으로 소개하고[瑤曰 臣嘗見陽明及象山書 臣之心 以爲好矣] 그의 스승인 남언경의 양명학을 칭송하자 유성룡이 이를 비판했다는 내용 등이 기술되어 있다.

그렇다면 당시 조정과 유학자들은 양명학을 어떻게 평가하고 대응하였는지 살펴보자.

양명학이 전래되었던 16·17세기는 임진왜란과 병자호란을 겪으면서 정치적·사회적으로 커다란 변화가 일어났던 때다. 당시는 조선사회의 전통적인 신분질서가 동요되면서 이에 대해 위기감을 느낀 양반지배층이 지배적인 권위를 더욱 강화하고 폐쇄적이고 보수적인 태도를 강하게 드러낸 시기다. 이러한 속에서 이 체제를 유지하는 데 사상적인 기반이 되었던 성리학은 점차 현실사회와 유리된 공허한 이론과 당리당략에 함몰하는 모습을 드러내, 분파적인 학파분열이 가속화되면서 성리학의 학설 다툼이나 예송禮訟 싸움 같은 모습이 나타났다. 이러한 모습에 환멸을 느낀 유교지식층 사이에서는 공리공론에 빠진 성리학적 형식을 깨고 이를 대신할 혁신적인 새로운 학문사상에 대한 요구와 기대가 팽대되어 갔다. 이러한 시대적인 상황 속에서 새로운 학문사상인 양명학이 전래되자 많은 식자층이 관심을 보이게 된 것은 당연한 귀결이었다.

양명학에 대해 대응태도는, 유림계의 양대 산맥인 율곡계인 기호학파와 퇴계계인 영남학파 사이에 큰 차이가 있었다. 율곡은 양명학을 적극적으로 공격하여 배척하기보다 묵인하고 포용하는 자세를 취하였다. 이는 기호학파의 학문적인 성향이 성리학에 대해 교조적이기보다 비교적 다양성을 인정하는 분위기였기 때문이다. 그래서 초기 양명학에 대해 이해 내지 호의적인 태도를 보인 초기 양명학 수용자들은 대부분 율곡과 우계 성혼牛溪 成渾(1535~1598)의 기호학파들이었다. 뒤에 양명학자로 알려진 조익趙翼(1579~1655), 최명길崔鳴吉(1586~1647), 장유張維(1587~1638) 등이 기호학파에 속하고 앞에서 쓴 바와 같이 강화학파를 이룬 정제두 역시 기호학파의 영향을 받았으며 이 학파로 분류할 수 있다. 이에 비해 퇴계는 양명학을 성리학과 상반되는 이단으로 거부하며 공격하였다. 영남학파는 양명학이 성리학의 인식과 실천의 분리를 비판하고 지행합일知行合一을 내세운 것은 성리학과 상반되는 이단이라며 공격하였다. 퇴계는 「왕양명전습록변」에서 왕양명에 대해 인의仁義를 해치고 천하를 어지럽히는 사람이라고 공격하였고 그의 문인들도 이 주장에 따랐다. 양명학에 대한 퇴계의 비판체계가 확고하였고 이러한 영남학파의 입장이 조선조 유학의 전통주의적 학풍에서 주류를 차지하였기 때문에 조선조 유학계에서는 양명학을 이단으로 비판하며 수용을 거부하였고, 성리학자들은 양명학에 대한 비판의 태도를 굳혔다. 더욱이 노론을 중심으로 해서 성리학적 대의명분론을 자신들의 집권 명분으로 제시하고 존중화양이적尊中華攘夷賊에 근거한 숭명배청崇明排淸의 의리론에 입각하여 자신들의 주장만을 고집하고 이에 반하는 다른 이론이나 학문성향을 철저히 탄압하였기 때문에, 성리학 이외의 학문은 공개적으로 연구할 수가 없었다. 따라서 당시 많은 진보적인 유학자들은 성리학을 보완하거나 대체 학문사상으로서 양명학에 대해 관심을 갖고 연구는 하였지만 어느 누구도 표면적으로 양명학을 표방하지는 못하였다. 연구한 내용도 외부로 노출되지 않도록 몇몇 지인이나 자제들에게 가학으로 전수할 수밖에 없었다. 당연히 양명학자들의 문집 등도 당화를 피하기 위해 후손들에 의해 양명학과 관련된 내용이 삭제 내지 파괴되기도 하고 내용이 변조되는 경우가 많았다. 일부 몇몇 집안은 선대의 가학으로 수용된 양명학이 후손들에 의해 전수되지 않은 채 단절되는 경우도 많았다. 그러다 보니 양명학의 수용 실상을 제대로 파악하기란 매우 어려울 수밖에 없다.

그럼 정제두 이전에 양명학을 수용한 것으로 알려진 인물들에 대해 살펴보기로 하자.

먼저 동강 남언경東岡 南彦經과 그의 문인 이요李瑤가 있다. 남언경은 서경덕의 문인으로서 양명학에 대한 이해와 지식 수준이 상당히 깊었던 것으로 보이며, 이를 그의 문인인 이요에게 전수하였다. 이요는 선조에게 양명학을 소개할 정도로 양명학에 대해 학문적으로 신뢰를 하고 있었던 것으로 보인다. 이들은 우리 나라 최초의 양명학자로 볼 수 있으며, 양명학을 옹호하는 입장에서 퇴계를 비판하다 주자학파에 의해 탄핵당하여 관직에서 축출되었다. 또 이 시기의 대표적인 양명학 수용자로 교산 허균蛟山 許筠(1568~1618)을 들 수 있다. 그는 광해군 6년(1614)과 그 이듬해의 두 번에 걸쳐 명나라에 사신으로 갔다가 명의 양명학자들과 교유하면서 양명학에 대한 이해를 갖고 긍정적인 생각을 갖게 되었다. 귀국할 때에 많은 서책(4천여 권)을 구입해서 가져왔는데 이 속에 양명학에 관한 서책이 상당수 있었던 것으로 추정된다. 그는 뒤에『한정록閑情錄』17권을 저술하였는데 여기에서 왕양명의 설을 많이 인용하고 소개하였다. 허균은 후에 양명학에 상당히 심취하여 성리학에 대해 상당히 비판적인 자세를 취하였을 뿐 아니라 소설『홍길동전洪吉童傳』을 통해 당시의 정치적·사회적 모순을 양명학적인 입장에서 신랄하게 비판하였다. 허균과 같은 시기의 인물로 지봉 이수광芝峰 李晬光(1563~1628)을 들 수 있는데, 그도 세 차례에 걸쳐 명에 사신으로 다녀오면서 양명학뿐 아니라 서학西學까지 접촉하면서 학문적으로 상당한 관심을 가졌다. 특히 그는 당시 명나라에 와 있던 이탈리아 선교사 마테오 릿치가 쓴 『천주실의天主實義』 등을 가져와 이를 양명학과 함께 그의『지봉유설芝峰類說』에서 소개함으로써 우리 나라 최초의 기독교 전래자가 되었다. 그러나 지봉도 기독교나 서구문물에 대해서는 호기심 이상의 깊은 연구에까지 들어가지는 않았던 것으로 보이며, 그가 주로 관심을 갖고 연구대상으로 삼은 것은 양명학 즉 심학心學이었다. 지봉은 양란을 거치면서 국가통치이념으로의 성리학이 갖는 한계를 절감하고 이를 보완·대체할 수 있는 새로운 학문사상으로서 양명학을 생각한 것이 아닌가 한다. 이들과 조금 시기는 좀 떨어지지만 거의 비슷한 시기에 양명학자로 널리 알려진 인물이 지천 최명길遲川 崔鳴吉(1586~1647)과 계곡 장유谿谷 張維(1587~1638)다. 최명길은 광해군 6년(1614), 폐모문제와 연관되어 파직 당한 후 가평加平에 은둔하였는데, 광해군 4년(1612) 김직재金直哉의 무옥誣獄(대북파가 소북파를 제거하기위하여 일으킨 옥사)으로 역시 파직된 장유張維 등과 교유하게 되면서 두 사람은 양명학 연구에 힘을 기울여 학문적으로 상당한 수준에 이르렀다. 지천과 계곡은 인조반정에 참여하여 인조치하에서 이조참판, 병조참판, 공조판서 등을 거치면서 양명학적 입장에서 정치개혁에 앞장섰다. 특히 집권 서인들의 주자학적 대의명분론에 입각한 친명배청정책親明排淸政策에 대하여 두 사람은 현실론에 근거하여 명분보다는 국익을 위한 청과의 주화론主和論을 주장하였다. 병자호란 뒤에도 전후 수습이나 대청 문제에서 두 사람은 일관해서 현실적 정세에 적응하려는 자세를 보여주었다. 지천과 계곡의 이러한 자세에는 양명학자로의 식견과 의식이 크게 작용하였던 것으로 볼 수 있다.

양명학의 수용

양명학은 앞에서 본 바와 같이 16세기 중반을 전후하여 전래되었으나 성리학자에 의하여 주도된 정계·학계의 강력한 반대에 부딪혀 뚜렷하게 내세울 만한 학맥을 형성하지 못하였다. 이러한 양명학이 하나의 학맥을 이루어 조선조 사회에 뿌리를 내린 것은 하곡 정제두에 의해서였다.

하곡이 양명학을 접하고 난 후 본격적으로 연구를 시작한 것은 앞에서 기술한 바와 같이 24세 때인 현종 13년(1672), 과거를 포기하고 학문연구에 전념하던 때가 아닌가 생각된다. 그리고 양명학 수용 사실을 구체적으로 밝힌 것은 34세 때 병이 깊어져 동생과 스승에게 쓴 「임술유교壬戌遺敎」와 「의상박남계서擬上朴南溪書」에서였는데, 그는 이 글을 통해 양명학에 대한 자신의 학문적인 소신을 뚜렷하게 나타냈다. 그 뒤 하곡은 안산 은둔시기에 양명학 연구에 몰두하면서 학문적으로 이론을 정리 확립하고, 강화로 이주한 후에는 후계자를 키워 양명학을 강화학파라는 학맥으로 뿌리 내리게 하였다.

　　그런데 하곡을 조선시대의 유일한 양명학자로 평가하면서도 아직까지 그가 이룩한 하곡학(양명학)의 성격에 대해서는 정확한 규명이 이루어지지 못한 상태다. 우선 하곡학과 관련하여 양명학과 주자학의 연계성 문제와 차이점 등에 대해 많은 견해 차이를 보이고 있다. 또 『조선왕조실록』에는 하곡이 젊어서는 양명의 설을 좋아했지만 선배와 친우들이 서신을 통하여 견책해서 마침내 정주학으로 돌아왔다는 기록과 그의 말년 저서 등을 들어 하곡학에 대해 다른 견해를 펴는 주장도 있다.

　　하곡의 양명학 수용이나 하곡학의 성립 과정을 그의 글을 통해 추적해 보면 다음과 같다. 하곡은 20대 중반 이전까지는 성리학 수학과 연구에 몰두하였고 그 이후부터 30대 중반까지는 「임술유교」와 「의상박남계서」에서 쓴 바와 같이 성리학적 학문을 바탕으로 해서 양명학 연구에 몰두하면서 학문적인 신념과 신봉을 굳건히 하고 이를 표명하였다. 이 시기 하곡은 양명학에 대한 자신의 신념을 스승(박세채 朴世采, 윤증 尹拯)이나 친우(민이승 閔以升) 들과의 논쟁을 통

정제두 신도표(鄭齊斗神道表), 1803년 신대우 찬(申大羽 撰), 서영보 서(徐榮輔 書)

하여 명확하게 규명하고 정리하였다. 그리고 60대까지 양명학 연구를 더욱 심화시켜 「존언存言」과 「학변學辯」에서 양명학에 대한 그의 학설을 더욱 체계화시키고 주자학에 대한 비판의 강도를 높였다. 이 시기에 하곡은 주자적인 사물인식과 물리物理」등에 대한 비판을 통해 주자학 비판을 학문적으로 정리하였다. 이로써 하곡은 그 이전의 양명학 이해의 수준에서 벗어나 학문적으로 독자적인 경지에 들어갔다고 볼 수 있다. 강화로 이주한 60대 이후, 자신의 저술인 『심경집의心經集義』 등에서 양명학과 주자학과의 연계 내지 상호 보완적인 모습을 보여주고 주자학의 논리방식을 많이 인용하였다. 일부 학자들은 이것을 들어 하곡이 주자학으로 회귀하였다는 해석을 내리고 있는데, 이는 하곡학의 실체를 잘못 이해한 데서 나온 것 같다. 즉 이는 주자학적 논리방식을 인용하는 나름대로의 독자적인 이해방식을 제시한 것으로서, 그의 양명학적 사유의 결정체라고 볼 수 있다. 이상에서 본 바와 같이 하곡은 20대 후반부터 양명학과 접촉하고 30~40대를 통해 연구와 논쟁을 거쳐 양명학자로서 학문적 확신을 갖게 되고 이후부터는 하곡학으로서 독자적인 경지를 이르게 되었다.

조선조 양명학(강화학파)

조선조 양명학의 가장 두드러진 특징은 무엇일까. 보는 관점에 따라 많은 차이가 있어서 한 마디로 답하기 어렵지만 대체로 조선조 양명학(강화학파)의 특징은 다음 몇 가지로 나누어 볼 수 있다.

첫째는 심학心學을 중심으로 발전하였다는 점이다.

조선조 양명학을 연 하곡과 그의 후계자들은 대부분 심학에 경도되어 있었다. 물론 중국의 양명학도 심학을 경시하였던 것은 아니지만 조선조 양명학은 특히 이를 중시하였고 이를 중심으로 발전하였다고 볼 수 있다. 하곡이나 그의 후계자들, 즉 강화학파가 심학에 관심을 갖고 이를 연구 발전시킨 데에는 당시의 정치·사회적 분위기가 큰 역할을 하였다. 하곡이 양명학을 수용한 조선조 후기(17·18세기)는 억압적이고 폐쇄적인 사회로서 학문·사상적으로는 주자학이 유일한 정학正學의 위치를 차지하고 있었다. 따라서 주자학 이외의 학문은 공개적인 연구 및 논의가 불가능하였고 정치적으로는 노론 중심의 지배체제로서, 소론이나 남인은 정계에 소외세력으로 전락한 시기였다. 이러한 시대분위기 속에서 소론계였던 양명학 수용자들은 산야에 묻혀 거의 은둔에 가까운 생활을 하였고 그 속에서 자연히 인간의 본질이나 삶의 참뜻 즉, 인간의 내면세계를 추구하는 심학에 경도될 수밖에 없었다. 또 이러한 심학을 통해 자신들 내면세계의 변혁과 이를 바탕으로 하여 외부에 노출되지 않은 속에서 소극적이지만 사회적인 개혁까지 시도하였다. 이러한 심학 문제는 앞서 본 바와 같이 조선조 양명학에서 독창적으로 만들어 낸 이론이 아니라 중국 양명학과 옛 유학에서 근본 주제로 삼아온 것이었다. 성리학과 양명학은 학문적 방법론의 관점에서는 차이가 있지만 심법지학心法之學의 본질을 추구한다는 면에서는 유학의 양축으로 공존할 수 있다. 그러나 송대에 들면서 성리학(주자학)이 극성하면서 유학은 성리학 일변도로 흐르게 된다. 이러한 학풍이 조선조에 들어와 통치이념 내지 관학화되면서 성리학은 곧 유학이라는 극단적인 학풍을 만들어 내며 유학에서 성리학 이외의 학문이 존립하는 것을 허용하지 않았다. 더욱이 조선중기 이후 성리학은 더욱 교조화되어 주자의 해석은 한자 한 획도 수정할 수 없을 뿐 아니라 다른 해석도 용납되지 않았다. 이렇게 성리학에 대한 자유로운 학문적 연구가 폐쇄됨으로써 성리학 자체가 경직되어

유학 본래의 근본정신은 물론이고 주자의 본 뜻도 왜곡되는 경우가 많았다. 하곡은 당시 주자학을

> ……주자를 배우는 것이 아니니 바로 가짜 주자며, 가짜 주자도 되지 못하니 바로 주자를 억지로 끌어들임이요,……주자를 끼고서 그 위세로 사욕을 챙기려는 것이다.
>
> 至於今日說者則 不是學朱子 直是假朱子 直是傳會朱子 以就其意挾朱子 而作之威濟其私

라고 비판하였다. 하곡은 이러한 성리학을 대체·보완할 수 있는 대안으로서 바로 양명학(심학을 중심)을 제시하였다고 볼 수 있다.

하곡은 심心에 대해

> ……양명은 다만 심체心體가 밝으면 만 가지 이치가 모두 이로부터 나가서 부족함이 없고 다함이 없다고 생각할 뿐이요, 만 가지 이치가 미리 마음 속에 나열되어 있다고 말하는 것은 아니다. 양명은 본래 "마음이 곧 이치다"고 하였는데, 이것은 그 이치가 마음에서 발하는 것이요, 마음의 조리는 곧 이치를 말함이다.
>
> 陽明只以心體明 即萬理明 萬理皆由 此出以無不足無窮盡云耳 非謂萬理預先羅列也 陽明本曰 心卽理耳 謂其理之發於心而心之條理卽所謂理也

라고 하여 심心과 이理에 대한 이해를 성리학과 양명학을 구분하는 가장 중요한 기준으로 보았다. 즉 성리학의 성즉리性卽理에 대해 양명학에서는 심즉리心卽理, 심心에서 이理가 출발하는 것으로 보았다. 즉 주자학은 우주만물을 이와 기의 결합으로 파악하고 이것을 인간의 심을 설명하는 방식에도 그대로 적용하여 인간의 심心도 '기氣와 이理의 합合'

으로 파악함으로써 심 속에 이와 기가 내재하였다고 설명하였다. 이에 비해 양명학은 심을 이理와 기氣로 나눌 수 없으며 심이 곧 이理라고 설명하고 사물의 이치나 마음의 이치가 모두 마음 속에 있는 것이라 하였다. 이것을 하곡은 쉽게 주자학은 머리[頭腦]로 하는 학문이고 양명학은 가슴 즉 심心으로 하는 학문이라 표현하였다. 이상과 같이 하곡은 양명학이 심心을 근본으로 하고 나머지 여타의 물리物理는 심에 갖추어져 있다고 보고, 양명학의 핵심을 심心에 두었다. 이러한 입장에서 하곡이나 그의 후계자들인 강화학파의 양명학은 심을 중심으로 발전하였고 앞에서 이야기한 정치·사회적 이유가 이를 더욱 가속화시켰다고 볼 수 있다.

둘째는 시대문제를 해결하고자 하는 진보적인 개혁성향을 갖고 있었다.

조선조 양명학은 심학을 중심으로 하여 인간의 내면세계를 추구한 철학적인 학문으로서, 사회개혁론 등의 경세적經世的인 면이 관심 대상에서 제외된 것은 아니다. 본래 양명학이 중국에서 발생한 과정을 보면, 통치이념으로서의 주자학이 갖는 한계를 극복한다는 뜻에서 출발하였기 때문에 경세의식이 강하게 담겨 있다. 그래서 중국의 양명학자들은 사회개혁사상을 가지고 양지良知를 사회적으로 실현하는 양명학적 이상사회를 추구하였다. 하곡이나 그의 후계자들 역시 이러한 중국의 양명학을 수용하면서 중국과 다른 여러 가지 여건을 의식하면서 이를 조선후기 사회에 적용하여 당시의 정치·사회문제를 개혁하고자 하는 의지를 강하게 품고 있었다. 하곡은 양명학의 친민설親民說에 터전한 사민평등관을 수용하고 이를 바탕으로 한 사회개혁을 주장하였다. 앞에서 본 바와 같이 양명학의 친민설을 현재의 주권재민사상과 동일하게 볼 수는 없으나 상당히 이에 근접한 정치사상으로 이해할 수 있다. 즉 주자학이 친민親民을 신민新民으로 읽고 백성을 새롭게 한다는 '백성을 통치의 대상'으로 이해한 것에 비해, 양명학에서는 친민을 글자 그대로 친민으로 읽고 백성을 '교敎와 양養 도덕 실천의 대상'으로 이해하였다. 이는 백성을 통치 대상이 아닌 도덕 실천의 주체로 생각한 것으로서, 근대의 민권사상에 견줄 수 있다고 보겠다. 이러한 친민설에 터전한 양명학의 사민평등관은, 사·농·공·상의 구분이란 기능적 분업에 지나지 않는다고 보는 사민평등사상四民平等思想이라 할 수 있다.

이러한 사민평등은 당연히 성리학적 질서체제 즉, 사회적으로 모든 사람은 정해진 신분에 따라 살아야 한다는 정분론定分論의 분分 의식과는 큰 차이가 있다.

하곡은 당시 사회문제의 개혁을 이 같은 양명학적인 사민평등에 근거하여 다음과 같이 구체적으로 제시하였다.

……관직에 등용되는 길을 좁히고 어진 사람을 택하여 등용, 그 자리에 오래 재직하게 하되, 벼슬을 세습하지 못하도록 한다[狹官路賢久任使無世爵].…… 관직에 있지 않은 관리[屬吏]들은 모두 백성으로 돌아가게 하여 할일없이 노는 사람이 없도록 한다[屬吏餘皆歸民 無空遊之士].…… 비록 사족이라도 일정한 직업이 없고 노비도 없으면 농민이 된다[雖士族無所業無奴婢則爲農].…… 양반은 직임을 맡지 않도록 하여 양반과 서민의 구별을 없게 한다[兩班多不世任 使無兩班庶人]. 이와 같이 한다면 30년이면 붕당이 희소해지고 50년이 지나면 붕당과 양반이 없어질 것이다[三十年稀 五十年盡消朋黨兩班之限同此]. 개가에 관한 법도 고쳐야 한다[改嫁之法不可已].

하곡은 변화하는 시대에 맞추어 종래 양천제도에 기초한 조선조 신분

사회의 부당함과 모순을 개혁하고자 하였다. 하곡은 사민四民을 모두 평등한 것으로서 신분이 아닌 직분 개념으로 인식하고, 양반 역시 특권계급이 아니라 '관직에 있는 사람' 즉 관직이라는 직분을 가진 사람으로 이해하였다. 이러한 의식 하에서 사민은 모두 평등하고 모든 사람은 자기 생업을 가지고 맡은 일에 종사하며 관직이나 어떤 특권을 가지고 놀고 먹는 사람[坐食之人]이 없도록 하여야 한다, 이렇게 함으로써 조선사회의 가장 큰 병폐인 당쟁문제도 자연히 해결될 수 있다고 생각하였다. 또한 조선사회의 악폐로 불리던 개가금지법에 대해 전향적인 개혁을 생각한 것 등은 당시의 폐쇄적인 신분사회에서는 거의 획기적인 개혁안이라 할 수 있겠다.

하곡은 사회문제 외에도 당시의 정치문제 현안으로서 오랫동안 쟁점이 되어 왔던 대청문제에 대하여, 양명학적인 현실론에 입각하여 해결책을 제시하였다. 당시의 집권세력인 노론계는 그들의 집권 명분으로 존화양이적尊華攘夷的 존명사대尊明事大의 대의명분론大義名分論을 앞세웠기에 현실성이 부족하였다. 그럼에도 대부분의 유학자들은 이를 지지하고 여기에 정당성을 부여하였다. 이미 남한산성의 치욕을 당하고 청과 군신관계君臣關係를 맺고도 여전히 명의 연호를 고집하고 청에게 무릎 꿇고 절하는 궤배를 정치적인 쟁점으로 부각시키곤 하였다. 노론계를 중심으로 한 성리학파에서는 청의 연호를 받아들여 사용하는 것까지야 어쩔 수 없다지만 궤배와 같은 신하의 도리는 행할 수 없다는 주장을 하였다. 이에 대해 하곡은 이미 군신관계를 맺고 칭신稱臣하고 있는 것은 현실을 인정한 것이니 마땅히 연호도 받아들이고 그에 따른 궤배도 하여야 한다, 칭신과 연호사용과 궤배는 하나의 형식이기에 하나를 받아들였다면 다른 것들도 마땅히 받아들여야 한다고 주장하였다. 이는 현실적인 입장에서 성리학자들의 허위허식을 비판한 것이라고 할 수 있다. 더 나아가 존화주의에 얽매여 있던 당시 성리학자들에게 오랑캐인 청에게도 현실적으로 패배를 인정하고 칭신하는 것은 과거 명에 대한 칭신과 다를 바 없다는 '화이일야華夷一也'를 일깨운 것이라 하겠다. 이 '화이일야'론은 중화족과 오랑캐를 동일시한 것으로서, 인간평등을 주장하는 근대적 시민의식으로까지 비약 해석할 수도 있다. 이 같은 주장은 당시 숭명배청崇明排淸 의식이 지배하던 정치계와 사상계에 모두 엄청난 파문을 불러왔다. 또 당쟁문제에서도, 앞서 본 바와 같이 사회개혁과 연관시켜 관리의 등용을 제한하여 관리의 수를 줄이고 관리는 한 자리에 오래 머물게 하면서 성과를 내도록 촉구하였다. 정치를 행하는 데 엄하고 밝게 한다면 조정이 깨끗해지고 한가한 양반의 수가 줄어들면 자연히 당론도 줄어들어 붕당이 없어지게 될 것으로 보았다. 이러한 하곡의 개혁론은 양명학을 수용하고 양명학적 현실론에 터전하여 이루어진 것으로, 중국과 다른 조선왕조의 현실을 바탕으로 하여 발전한 조선조 특유의 양명학적 개혁론이라 볼 수 있다. 이 개혁안은 그의 후계자들에게도 이어져 시대변화에 따라 변화를 보이는데, 이는 근본 정신으로서 맥맥히 전승되어 온 조선조 양명학(강화학파)의 한 모습이 되었다.

셋째 학문연구에 새롭고 창조적인 학풍을 선도하였다.

양명학(강화학파)의 경세관에 터전한 개혁적인 노력은 현실적인 정책으로 반영되기에는 많은 제약이 있었다. 교조적인 성리학이 주도하던 학계나 조정의 폐쇄적 분위기 때문에 개혁적인 주장이 허용될 수 있는 상황이 아니었던 것이다. 더욱이 강화학파(양명학)는 정권에서 소외된 소론계를 중심으로 하였기 때문에 이들의 개혁안이나 주장은 재야의 작은 목소리로 끝날 수밖에 없었다. 그래서 이들은 양명학적인 양지良知

의 실현을 점차 경세적인 것보다 국학연구나 새로운 예술 영역의 개척 쪽으로 방향을 전환하고, 여기에 관심을 갖고 이러한 분야의 연구와 업적을 통해 성리학 일변도의 학계에서 새로운 창조적인 학풍을 일으켰다. 강화학파의 국학 연구는 우리 역사와 우리 글 연구가 대종을 이루었다. 앞 편에서 이야기한 바와 같이 역사연구로는 이긍익李肯翊의『연려실기술燃藜室記述』, 이충익李忠翊의『군자지과君子之過』, 이면백李勉伯의『감서』, 이시원李是遠의『국조문헌國朝文獻』, 이건창李建昌의『당의통략黨議通略』등이 있다. 이 연구서들은 양명학의 양지의 자기실현이라는 입장에서 성리학의 존화주의에서 탈피하여 우리의 역사를 중국과 대등하고 우리를 중심으로 하여 주체적으로 서술하고, 이는 뒤에 민족주의 사관으로 개화하였다. 또 이들은 자기반성을 통해 조선조의 병폐였던 성리학의 허례허식, 문약, 당쟁 등의 원인과 역사적 배경을 규명하는 등 비교적 객관적인 서술을 통해 근대적인 역사학의 학풍을 조성하였다. 우리 글에 대한 연구로는 이광사李匡師의『오음정서五音正序』, 유희柳僖의『언문지』등 획기적인 연구업적을 이룩하였다. 이 밖에도 많은 양명학자들이 우리말의 정음 연구에 관심을 기울였다. 이들은 우리 정음 연구를 통해 우리말과 글을 찾고 이를 체계적으로 정리하여 이해하고자 하였다. 이러한 업적이나 연구들은 한말 한글학자들에게 한글 연구의 초석이 되었다. 강화학파의 예술분야에 대한 관심은 양명학이 인간의 내면세계를 추구한 심학을 중심으로 하였기 때문에 자연히 시문, 서화 등에 많이 참여하고 업적을 이루었다. 그래서 강화학파를 이룬 양명학자들은 대부분 문예와 서화에서 일가를 이루고 뛰어난 작품들을 남겼다. 특히 서예부분에 이광사는 원교체圓嶠體라는 독창적인 서체를 개발하였고 이 밖에도 서화에 이긍익·이충익·정문승, 시문에는 이건창·이건승·이건방 등이 훌륭한 작품들을 남겼다.

이러한 조선조 양명학의 심학이나 경세관, 주체적인 학풍은 강화학파의 가학으로 한말까지 이어져 이건창, 이건방, 이건승, 정원하 등에 의해 빛을 발하고 뒤를 이은 정인보 등이 국학연구의 맥을 이어 꽃을 피우게 되었다.

04 강화학파의 영향

강화학파와 실학

2000년 5월 2일, 앞 장에서 쓴 바와 같이 나는 실학을 연구하는 원유한 교수 등과 강화를 찾았다. 이 답사는 정제두, 이건창 등 강화학파의 흔적을 답사하는 것이 주목적이었지만 강화학파와 실학과의 관계도 더듬어 보기로 하였다.

강화학파(양명학)와 실학과의 관계에 대해서는 여러 가지 견해가 있지만, 학풍이나 학맥적 연계를 보아 이들은 실학에 깊은 영향을 주었다고 믿어진다. 강화학과 실학과의 관계를 구체적으로 살펴보기로 하자.

첫째 강화학과 실학과의 지역적인 연계관계를 살펴보자.

이번 답사에 동행한 원유한 교수는 아직까지 미연구 분야인 실학의 생성지역을 연구한 분으로, 조선후기 실학과 개성지방을 연계하여 실학의 생성 과정을 새로운 시각 아래 개척하였다. 그에 따르면, 개경지방은 조선 초기부터 성리학 중심의 한양문화권에서 소외되어 반성리학적 실학중심의 사회사조가 생성, 발전하였으며 16세기 전반에는 화담 서경덕花潭 徐敬德(1489~1546)에 의해 개경학으로 학문체계가 이루어지게

되었다. 서경덕의 개경학은 주기론적主氣論的인 인식을 기반으로 체계화
되고 17세기 후반 유형원柳馨遠(1622~1673)에게 전승되어 조선후기
실학으로 연계된다고 보았다. 그의 연구에 따르면, 개경이라는 지역으로
한정되었던 국지적 개경학이 실학으로까지 확대 전승될 수 있었던 것은
반성리학적 양명학(강화학파), 고증학, 서학과의 접촉에 의해서였다.

　개경학파가 실학의 형성에 중요한 바탕이 되었다는 것은 실학의 생성
지역 및 시대상황을 연계시킨 새로운 연구로서 높이 평가할 수 있다.
이처럼 개경학이 실학의 생성에 중요한 바탕이 되었다면, 개경학파와
역사·지리·사회경제적인 면이나 학풍에서 상당한 공통점을 공유하
고 있던 강화학파와 학문적인 교류가 활발히 이루어졌을 것이다. 바로
이 때문에 강화학도 조선조 후기의 실학에 중요하게 연관되어 있다고
생각해 볼 수 있겠다. 그렇다면 강화학과 개경학이 공유하고 있는 공통점
이란 무엇일까? 개경과 강화는 같은 고려의 도읍지였을 뿐 아니라 근거
리에 위치하고 있기 때문에 고려유민의식이 지역정서로 자리잡고 있었
다. 또 문화·사상적으로 한양 중심의 성리학적 문화권에서 소외되어
있었기 때문에 이에 대응하여 반성리학적인 지역정서가 지역적 정체성
으로 자리하고 있었다. 이런 지역정서와 새 왕조를 거부하고 은둔한
'두문동 72인'의 정신 등의 영향으로 서경덕은 관계로의 진출을 외면하
고 개경의 화담에 은둔한 채 강학과 학문 연구로 평생을 보냈다. 강화학
파 역시 정계에서 소외된 소론계로서 관계와는 연을 끊고 학문 연구와
강학에 전념하였다. 학풍적인 면에서도 개경학은 서경덕의 주기론적
학풍을 바탕으로 하고, 강화학파의 중심학문인 양명학도 이른바 주기파
主氣派로 분류되는 서경덕계나 우계 성혼牛溪 成渾(1535~1598), 율곡 이이
栗谷 李珥(1536~1584)의 기호학파에 속한 학자들 속에서 그 수용자가

많았다. 이 점에서 보더라도 두 학파는 유사한 학풍을 갖고 있음을 볼 수 있겠다. 특히 율곡은 개성과 지역적인 정서가 거의 비슷한 파주가 고향이었는데, 서경덕과 그의 문인 민순閔純 등의 학문적인 영향을 받으며 그의 학문을 정리하고 체계화하였다. 또 개경학파의 많은 인물들이 양명학을 접하고 이에 대해 상당한 이해를 가졌던 것으로 보이는데, 특히 개경학의 학풍을 가학(유관柳寬 9대조, 유계문柳季聞 10대조. 개성 유수 출신으로 개경학을 수용하여 이를 가학으로 전승)으로 이어받아 조선 후기 실학을 체계화시킨 유형원도 양명학을 수용하지는 않았어도 양명학에 대해서는 상당한 이해를 갖고 있었던 것으로 보인다. 이상에서 본 바와 같이 강화학은 개경학과 학문적·사상적으로 공유점을 갖고 있기 때문에 조선 후기 실학의 생성에서 양대 축으로 추정해도 지나친 논리의 비약은 아닐 것이다. 이와는 직접 관련은 없지만 1910년, 일제에게 국권을 강탈 당한 후 강화학파의 마지막 후계자들인 이건승·이건방·홍승헌 등이 개성에서 만나 국외망명을 계획하고 실행에 옮겼는데, 이것도 개경학과 강화학이 갖는 역사적 상징적 의미를 시사해주는 것은 아닐까 한다.

둘째 강화학파(양명학)와 실학과의 인적관계와 학풍과의 연계관계를 살펴보자.

앞 장에서 쓴 바와 같이 양명학에 대해 지식인이 관심을 갖고 수용하기 시작한 것은 양란 이후 노정된 통치이념으로서의 성리학이 갖는 한계 때문이라 하겠다. 특히 노론계가 집권하면서 현실과 거리가 먼 대의명분론에 집착하여 시대변화에 대응하지 못하고 형식적인 권위에 안주하는 모습에 환멸을 느끼고, 진보적 성향의 기호학파 일부지식인들이 새로운 시대정신에 맞는 학문과 사상으로서 양명학에 관심을 갖게 되었다고 볼 수 있다. 이들은 양명학을 통해 성리학의 비현실적인 형식주의를 공격하고, 새로운 양명학적 이상사회의 실현을 위한 개혁을 주장하였다. 이러한 양명학은 유사한 생각을 가지고 시대정신에 맞는 개혁을 생각한 실학자들에게 영향과 시사를 주었다고 볼 수 있다. 하곡을 비롯한 강화학파의 개혁의지는 실학자들에게 수용되었고, 이들에 의해 새로운 형태의 개혁안으로 제기되었다. 실학자들이 성리학의 형식주의와 공리공담空理空談의 대안으로 제시한 실사구시實事求是, 이용후생利用厚生은 양명학의 현실적이고 실천적인 학풍에 영향받아 이루어진 것으로 볼 수 있겠다. 강화학파(양명학)의 친민설을 바탕으로 한 사민평등사상은 실학자들에게 자극과 영향을 주어 근대적인 민권개혁안으로 전승, 개화되었다. 실학자들의 인간평등과 관련된 개혁안을 보면, 양명학적 인간관과 직업관에서 많은 영향을 받은 것을 알 수 있다. 이는 하곡의 개혁안과 실학자인 담헌 홍대용湛軒 洪大容(1731~1783)의 개혁안을 비교해 보면 잘 알수 있다. 즉 관리임용제도를 현명한 인재의 추천 임용제도로 본 점, 사민四民(사농공상)에 대해서는 사민평등의 직업관 아래 재능에 따른 기능적 분업이라고 본 점, 백성은 모두 생업에 종사해야 하며 놀고 먹는 유한계급을 없애야 한다(만민개로사상萬民皆勞思想)고 본 점 등 거의 비슷한 개혁안을 내놓고 있다. 강화학파의 정문승鄭文升(하곡의 현손)은 농서를 저술하여 토질 이용과 수리시설, 농지확보, 이농방지책 강구, 조세문제의 공평성, 근로정신의 향상 등 농업발전과 농민들의 생활향상에 크게 이바지하였다. 그의 주장이나 활동은 실학파의 중농학파와 차이가 없으며 실제로 그를 실학파로 분류하기도 한다. 그의 학문적인 업적은, 실학파들 사이에 상당한 교류가 이루어지고 상호 영향을 주고받았음을 엿보게 한다. 또 국학 연구에 대한 실학자들의 관심과 업적은 강화학파들이 이룬 학풍과 업적을 계승, 발전시킨 것으로 볼 수 있다.

양명학(강화학파)과 실학의 인적인 연계관계를 보면, 앞 편에서 본 바와 같이 초기에 양명학에 관심을 가졌던 인물들 가운데 허균과 이수광 등은 실학의 선구자로서 뒤에 실학자들에게 학문적으로 상당한 영향을 주었다. 이들은 모두 양명학을 성리학이 갖는 통치이념으로서의 한계를 보완해줄 수 있는 학문으로 보고 수용하고자 하였다.

양명학과 실학의 학문적인 접목에서 중요한 역할을 한 인물로는 덕촌 양득중德村 梁得中(1665~1742)이 있다. 그는 시대적인 모순을 극복할 통치이념으로서 성리학이 갖는 한계를 느끼고 그 대안으로서 양명학에 관심을 가졌다. 학문적으로 양명학에 대해 깊이 있는 연구를 행하면서 동시에 실학자인 유형원의 영향을 받아 새로운 학풍을 이루어 냈다. 덕촌은 하곡과는 명제 윤증明齊 尹拯(1629~1711)의 제자로서 동문수학 한 처지였기 때문에 두 사람 사이에는 학문교류가 활발하였을 것으로 추정된다. 덕촌은 화석화化石化된 성리학의 교조주의를 대치할 대안으로서 양명학의 '양지설良知說'과 유형원의 '실사구시 사상'을 절충하여 현실론에 터전한 실사구시와 이용후생을 제시하였다. 덕촌의 실사구시 사상은 바로 의리를 내세워 허위를 숭상하는 성리학의 허위풍조에 대한 배격을 근본으로 하고 있다. 그는 당시 사회를 "입으로는 의리를 끊임없이 지껄이고 있으나 오히려 의리가 지금보다 더 어두워지고 막힌 때가 없었으며, 염치를 심히 부르짖고 있으나 염치의 도가 상실된 것이 지금보다 심한 때가 없었다."라고 하면서 당시 성리학파의 허위허식을 공격하였다. 이러한 그의 현실관이나 개혁 주장은 양명학자가 허세적 현실을 개혁하기 위해 양지를 근거로 들고 있는 양명학과 견해를 같이한다고 볼 수 있다. 그는 숙종 20년, 관직에 천거되어 벼슬길에 나아가 여러 관직에 머무르면서도 기회 있을 때마다 영조 등에게 개혁을 건의하고, 실학이 현실정치에 반영될 수 있도록 많은 노력을 강구하였다. 이러한 덕촌의 학풍은 실학자에게 전승되어 양명학과 실학이 연계된 독특한 경세관이 형성되었다.

이 학풍은 홍대용, 연암 박지원燕岩 朴趾源(1737~1805), 다산 정약용茶山 丁若鏞(1762~1836)으로 이어져 실학의 학풍에서 큰 줄기를 이루었다. 이 중 다산은 유형원, 성호 이익星湖 李瀷(1681~1763)으로 연계되는 남인계통의 학통을 승계한 실학의 대표적인 인물로서 실학을 근대지향 시대사조의 지배적 학풍으로 자리잡게 하였다. 다산은 성호학파의 좌파로 불리는 반주자학적 문인인 녹암 권철신鹿菴 權哲身(1736 ~1801) 등의 학맥과 연결하여, 천주교 교리뿐 아니라 양명학에 대한 이해와 연구를 통해 이를 종합한 개혁적인 학풍을 이루었다. 특히 다산은 귀양에서 풀려나 고향인 경기도 광주 소내召川로 돌아온 뒤에 이웃인 사마루[社村]로 낙향, 이주한 강화학파 석천 신작石泉 申綽과 교류하게 된다. 신작은 하곡의 외손자로 하곡학의 학맥을 계승하고 강화학의 정리 및 연구에 평생을 바친 대학자다. 두 사람의 학문적인 교류는 순조 18년부터 석천이 병사한 순조 28년까지 10년간 지속되었다. 다산은 이 교유를 통해 양명학에 대한 이해와 관심의 수준을 넘어 폭넓은 연구를 행하게 되고, 이는 그의 학문과 사상에 심대한 영향을 주게 된다. 강화학(양명학)을 좀더 일찍 그리고 깊이 연구하였더라면 귀양지에서의 학문 연구와 저술이 좀더 쉬웠을 것이라는 다산의 술회를 통해, 양명학이 그에게 주었던 영향 정도를 이해할 수 있겠다. 이와는 반대로 강화학파의 이상학李象學은 다산 학문을 연구하고 이를 강화학에 접목시켜 강화학에 새로운 학풍을 만들어 냈다. 이상학의 아들인 이건창은 부친이 젊어서 다산

연구에 몰입하여 다산의 『흠흠신서欽欽新書』를 거의 암송하다시피 했을 정도라고 기술하고 있다.

이상과 같이 학풍이나 학맥의 연계를 통해 실학과 양명학 사이에 학문적인 교류가 행해졌음을 보았다. 대표적인 강화학(양명학) 연구자 민영규 교수는 강화학파 스스로가 자신들을 실학파라 자칭하였다고 지적하면서 양명학과 실학의 두 학파는 모두 성리학자들의 관념적이고 사변적인 태도를 비판하고 실질적이고 현실적인 민생이나 민리民利를 추구한 점 등을 들어 두 학파의 관계를 정의하였다. 이와 같이 강화학파와 실학파는 학문적 유대관계를 두텁게 하고 현실 인식의 시의성時宜性을 중시하면서 다같이 근대지향적 사유체계로 발전하였다.

나는 강화도 답사를 통해 강화학파와 실학파의 관련을 입증할 흔적을 찾아보고 싶었지만 별로 눈에 띄는 것이 없었다. 강화를 찾을 때마다 이러한 생각을 갖고 있었으나 강화학파의 유적지인 하일리 뒷산 진강산을 오르거나 사기리의 초피산에 올라 그들의 옛모습을 그려보며 강화학파와 실학파의 연계관계를 머리 속에 정리해 보는 것으로 만족할 수밖에 없었다. 금년 봄에도 강화를 찾아 실학을 염두에 두고 개경학파와 강화학파 간의 관계를 생각하며 이들의 왕래에 교착점이 되었던 양사면 철산리 산이포에서 해협 건너 개풍군 대성면의 풍덕을 건너보며 조선조 때 이 두 지역이 공유한 정체성과 문화적인 모습을 그려보고 두 학파가 조선후기 실학의 생성에 중요한 초석이 되었음을 되뇌어보았다.

강화학파와 구국운동

강화학파가 뿌리를 내린 강화도는 외국 침략세력에 저항하며 독립 자존을 위한 구국운동을 전개한 전통과 지역정체성을 갖고 있는 지역이다.

고려시대 때 몽골과의 오랜 전쟁을 이끈 고려정부가 자리잡은 곳이며 몽골과의 화의에 반대하여 일어난 삼별초의 봉기지이기도 하다. 조선시대에는 정묘호란 때 인조가 이 곳으로 파천播遷하여 전쟁을 지휘하였고 병자호란 때는 강화성을 지키던 원임대신 선원 김상용仙源 金尙容(1561~1637)이 성이 함락되자 남문 문루에서 자폭, 순국한 곳이다. 이러한 토양 속에서 성장하였기 때문에 강화학파는 민족적인 자주의식과 외세에 대한 저항의식이 뚜렷하였고 이러한 의식은 양명학적인 시각을 통해 더욱 강화되었다. 강화학파는 19세기 외세의 침략이 노골화되자 여기에 적극적으로 저항하였다. 고종 3년, 병인양요가 일어나고 프랑스군에 의해 강화성이 함락되자 강화학의 승계자인 이시원·이지원 형제가 나라를 위해 음독 순절하였고, 이 사건은 이후 강화학파의 애국운동에 촉진제 역할을 하였다. 물론 이시원 형제의 순국이 손자인 이건창이나 그 주변 인물들에게 개화에 대해 소극적인 자세를 갖도록 한 면이 있으나 결과적으로 강화학파가 구국운동에 헌신할 수 있는 힘과 용기를 주게 되었다고 볼 수 있다.

그럼 한말, 일제침략기에 강화학파가 전개한 구국운동에 관해 살펴보기로 한다.

첫째 구국운동의 정신적 지주가 되었던 민족주의사관의 정립에 바탕이 되었다.

강화학파가 역사를 중심으로 한 국학 연구에 관심을 갖게 된 것은 앞서 지적한 것처럼 조선후기 사회의 폐쇄성이 크게 작용하였다고 볼 수 있다. 이러한 현실 속에서 그들의 양명학적 개혁안을 국가정책에 반영하기는 어렵고 자유로운 학문 사상연구도 절망적이었기 때문에 양명학적 양지養知의 자기 실현을 이러한 부분에서 이루고자 하였다.

강화산성

그리고 강화학파는 강화도라는 구국정신의 지역정체성과 양명학적 자기실현을 조화시켜 자기중심적 주체성의 학풍을 이루었다. 이러한 학풍을 통해 강화학파의 역사의식은 민족의식과 연결되고, 주체적인 민족주의 사관을 정립하는 데 궁극의 목표를 두게 되었다. 그래서 강화학파는 초기부터 역사에 대한 연구와 업적이 크게 축적되어 있었다. 물론 초기의 역사 연구나 저술은 후대 민족주의 사관의 시각에서 보면 미흡한 점이 많으나 이들 연구가 후대의 민족주의 사관의 정립에 크게 기여한 것은 분명하다. 대표적인 것으로 이긍익의 『연려실기술』, 이충익의 『군자지과』, 이면백의 『감서』, 이시원의 『국조문헌』, 이건창의 『당의통략』, 황현의 『매천야록』 등을 들 수 있다. 이들 역사서의 특징으로는 양명학을 바탕에 깔고 비교적 객관적이고 주체적인 입장에서 역사를 서술하고 있으며, 성리학의 형식주의에 대해 비판적 입장을 취한 점 등을 들 수 있다. 특히 이긍익은 자신이 당쟁의 가장 큰 피해자였음에도 불구하고 자기의 견해는 개입시키지 않고 불편부당不偏不黨한 입장에서 역사를 기술하였다. 그러다 보니 뒤에 그의 후손들로부터 소론의 입장을 도외시하였다는 비난을 받아야 했을 뿐 아니라 그 때문에 이긍익에 대한 기록도 남기지 않았을 정도였다. 『연려실기술』은 400여 종의 야사를 참고하여 조선왕조 정치사를 객관적 입장에서 서술하고 우리나라의 역대 문화를 백과사전식으로 정리한 자료적 가치가 높은 사서로, '조선시대 최량의 사서'라는 평가를 받고 있다. 매천 황현梅泉 黃玹(1855~1910)은 강화학파와 직접적인 사승관계는 없지만 강화파의 학맥 및 학풍과 밀접하게 연계되어 있다. 한말의 역사를 기록한 그의 『매천야록』은 현재 우리나라 최근세사 연구에 가장 귀중한 사료가 되고 있다. 매천은 강화학파 최후를 장식한 이건창과는 20여 년에 걸쳐 우정을 나누었는데, 그와의 잦은 교유를 통해 학문적으로나 사상적으로 깊게 마음을 나누는 동지적 관계를 맺고 강화학의 역사관이나 학풍으로부터 영향을 많이 받았다고 매천 스스로 밝히고 있다. 매천은 일제에게 국권을 강탈 당하자 고향 구례에서 자결하여 나라의 운명과 목숨을 같이하였다. 그는 자살하기 전에 천리길을 걸어 이건방을 찾고, 강화에 있는 이건창의 묘를 찾아 최후의 작별을 고하고 고향으로 돌아가 자결하였다.

강화학파의 역사의식을 이어받아 이를 민족주의 사관으로 꽃피운 인물은 위당 정인보爲堂 鄭寅普(1893~1950)다. 그는 18세(1910)경, 강화에서 서울 화동으로 이사온 이건방의 제자가 되어 그로부터 학문을 전수받았다. 따라서 위당의 사상과 학문의 연원은 난곡 이건방蘭谷 李建芳(1861~1939)에게 있다 할 것인데, 난곡은 육촌형 이건창(1852~1898), 이건승(1858~1924) 그리고 정원하, 홍승헌과 함께 강화학파의 마지막을 장식한 인물이다. 위당은 난곡의 제자가 되면서 강화학(양명학)을 배우고 스승과 함께 문예와 고금사를 논하면서 망국의 슬픔을 나누기도 하였다. 위당과 강화학파의 인연은, 위당의 외숙과 이건승과의 교유관계에서 시작된다. 위당은 어려서부터 이건승의 사랑을 받았고 자연스럽게 이건방과 연계되어 뒤에 서울로 이주한 난곡과 사승관계를 맺게 되었을 것이다.

30여 년에 걸친 두 사람의 각별한 사제관계를 알려주는 아름다운 이야기 하나가 전한다.

비가 억수같이 퍼붓던 날, 서대문 네거리에서 전차를 타려다 어떤 허수룩한 차림의 노인을 보고는 위당이 황망하게 달려가 그 앞에 무릎을 꿇고 절을 올렸다. 그 노인은 난곡이었다. 또 이와 유사한 일이 서울역 광장에서도 있었다.

민영규 교수에 따르면, 이 이야기는 한학자인 권오돈 옹이 직접 목도한 이야기라고 한다. 위당이 학문적으로 가장 활발히 활동한 시기는 일제하에서 연희전문학교(현 연세대학교) 교수생활을 하던 30대에서 40대 전반까지다. 위당은 『동아일보』에 「양명학연론陽明學演論」을 연재하여 강화학파를 비롯하여 조선 양명학의 계보와 그 사상적인 특성을 소개하였고, 실학을 연구하여 『여유당전서與猶堂全書』를 간행하고 정약용의 경세 의지를 높이 평가하였다. 또 『동아일보』에 「오천년간 조선의 얼」(『조선사 연구』)을 연재하여 민족주의 사관의 입장에서 우리 역사를 정리 기술하였다. 위당의 역사 연구의 목적은 일제 식민주의 사관에 맞서 민족정신과 독립의식을 고취하는 데 있었다. 위당의 민족주의 역사관은 '얼 사관'으로 불리는데, '얼'이란 양명학의 양지養知를 바탕으로 한 것이다. 위당에 따르면, '얼'이란 배워서 얻을 수 있는 것이 아니라 누구에게나 다 있는 것으로서 자기가 자신임을 판단할 수 있는 앎으로써 이해할 수 있다. 위당은 이것을 "제가 남이 아닌 것과 남이 제가 아닌 것을 아는가, 이것이 얼이다."라고 하여 양명학의 양지 개념으로 해석하였다. 위당은 개개인이 가지고 있는 '얼'이 동족을 구성하는 중요한 근원이며 이를 통해 형성된 동족의 삶이 민족의 역사라고 보았다. 즉 위당은 민족의 정체성과 민족적 동질성을 유지할 수 있는 것이 '얼'이라고 보았으며 이 '얼'을 통해 민족의 역사를 인식할 수 있고 '얼'이 곧 민족정신의 흐름이며 역사의 흥망성쇠는 '얼'에 의해 결정된다고 보았다. 이와 같이 위당은 우리 민족이 일제의 폭압 속에서 고난을 겪고 있지만 우리의 '얼'이 살아 있는 한, 민족사의 흐름은 도도하게 이어질 것으로 보았다. 이러한 위당의 민족주의 사학은 일제 치하에서 구국운동의 정신적 지주가 되었을 뿐 아니라 우리 민족에게 민족정신의 역동적인 힘을 불어넣어 독립의 희망과 확신을 갖게 하였다. 결국 강화학은 위당을 통해 새로이 수혈을 받고 민족을 위한 학문으로서 거듭났다고 하겠다. 강화학파의 계승자인 위당의 제자 민영규 명예교수(연세대학교)는 "선생에 관해 너무도 아는 바가 적고 사실과 다르게 오해하고 있는 부분이 많다."라고 하면서 그의 학문적인 업적이 축소 내지 잘못 이해되고 있는 부분이 많음을 지적하고 애석해하고 있는데, 우리에게 시사하는 바가 많다고 하겠다.

한말에 강화학파와 직접 사승관계를 맺지는 않았지만 양명학자로서 민족주의 사관 정립에 크게 기여한 인물로 백암 박은식白巖 朴殷植(1859~1926)이 있다. 물론 백암의 양명학을 강화학파와 연결시키는 학자도 있다. 그가 강화학파의 이건창과 긴밀한 관계에 있던 창강 김택영滄江 金澤榮(1850~1927)과 사승관계에 있었기에 그를 통해 이건창·이건승

과 연결, 강화학의 영향을 받아 양명학자가 되었다고 보는 견해가 그것이
다. 그러나 이를 입증할 만한 확실한 기록이 없어서 그의 학문 사상적인
학맥관계를 확실하게 추적하기는 역부족이다. 실제로 백암은 망명지인
만주에서 1911년에 이건승을 만나지만 특별한 학문적인 교류가 이루어
진 것 같지는 않다. 물론 그의 행적이나 양명학적인 역사관을 보면,
그가 강화학파의 학풍으로부터 영향을 받았다고 보아도 크게 잘못된
것은 아닐 것이다. 어떻든 백암은 망명 전 국내에서 양명학을 연구하고
이에 터전한 새로운 구국방안과 민족주의 역사를 정립한 후『한국통사韓
國痛史』,『한국독립지혈사韓國獨立之血史』등을 저술하여 우리 민족에게
민족의식을 일깨우는 큰 업적을 남겼다. 그는 혼백魂魄사상의 논리를
적용하여 "국체는 비록 망한다 할지라도 국혼國魂이 멸하지 않으면 부활
할 수 있다."라는 역사관을 형성 발전시켜 독립운동에 크게 기여하였다.

　둘째 한말 일제하에서 애국운동과 해외의 독립운동에 중요한 역할을
하였다.

　나는 이건창의 생가를 찾을 때마다 이건창의 동생인 이건승이 나라
잃은 슬픔을 되씹으며 고향을 떠나는 모습을 그린 민영규 교수의「강화
학 최후의 광경」을 떠올리곤 하였다. 그 한 대목을 보자.

　1910년 9월 24일. 대지팡이 하나를 짚고, 이웃마을에 볼 일이라도
있는 것처럼 이건승은 가벼운 옷차림으로 사골 집을 나선다. 이 날
새벽, 이건승은 사당문을 열고 하나 하나 위패 앞에 마지막 하직을
고했다.…… 멀어져 가는 고향마을을 뒤돌아보며, 뒤돌아보며……
장조카 범하(이건창의 아들)가 작은아버지 춥겠다며, 이부자리를 메고
먼 길을 뒤따라왔다.……

　9월 26일 밤늦게 이건승은 승천포 나루를 건너 개성에 도달한다.……

진천 홍문원과 서울 이건방이 만반의 준비를 갖추고 여기서 회동하기로 약속했다.…… 이건승 홍문원 두 사람은 개성역에서 북행열차에 올랐다. 살아서 이별과 죽어서 이별이, 이차제 무엇이 다른가.

이와 같이 강화학파 최후의 인물인 이건승·홍문원·정원하는 유일하게 국내에 이건방만을 남겨 놓은 채 망명길에 올랐고 이들은 독립운동에 헌신하다 망명지에서 모두 생을 마감하였다. 이건승과 정원하는 처음에 자결을 하기로 하고 간수簡水(두부를 만들 때 쓰는 짠물로 자살용으로 많이 사용한다)를 준비하여 이를 먹으려 하였다. 그러나 이들을 몰래 지켜보던 가족에게 그릇을 빼앗기고는 칼을 들었으나 다시 이를 빼앗으려는 가족들과 실랑이를 벌이다 정원하는 손바닥이 끊어져 오른손을 쓰지 못하게 되었다. 강화학파의 주변에 있던 인물들도 역시 이들과 같은 길을 걸었다. 황현은 자결하고 김택영과 박은식 등은 망명하였다.

강화학파 최후의 인물들이 일제에게 국권을 강탈 당하자 이와 같이 모두 망명이나 자결의 길을 택한 것은 병인양요 때 이시원·이지원 형제가 자결한 것과 맥락을 같이하는 것으로서, 주체적 입장에서 자기 것을 끝까지 지키고자 한 고도의 지적인 결백성에서 연유하였다고 하겠다.

강화학 최후의 인물들이 망명하기 전 국내에서 행한 구국운동의 모습을 거슬러 올라가 살펴보자.

한말 강화학파 중에 구국운동의 중심인물로서 이건창이 있다. 이건창은 조부인 이시원에게 10여 년간 가학인 양명학을 사사받고 그의 죽음을 옆에서 지켜보았기 때문에 의식과 사상에서 가장 많은 영향을 받았다. 그는 조부로부터 민족적 자존의식과 애국사상을 이어받고 조부의 순절을 통해 서구열강의 침략으로부터 국가와 민족을 지켜야 한다는 확고한 민족자존의식을 갖고 있었다. 그는 한말 국가가 위기에 처한 격동기 속에서 확고한 민족자강의식을 일관되게 구국의 방책으로 내세웠다. 그의 이러한 민족자존적 주체사상은 비록 국가적 정책으로 수용되거나 국민적인 호응을 얻지는 못했지만, 역사적으로 민족주체의 확립에 크게 기여한 구국방책으로 평가받고 있다. 이건창의 사후 그의 정신은 이건승 과 이건방에게 계승되어 구국운동의 정신적 지주가 되었다.

이건승과 이건방은 강화학파의 마지막 구국의 불길을 태운 인물들이 다. 이들은 을사조약이 체결되자 구국운동의 방안으로 계몽운동과 교육 운동을 전개하였다. 이건승은 고향이자 강화학파의 250년간 보루인 강화도 사기리에 신식학교인 계명의숙啓明義塾을 설립하고(1907년) 교 육구국운동을 전개하였다. 학교를 설립한 가장 중요한 목적은 동양의 전통적 학문과 서구의 학문을 조화시킨 새로운 교육을 실시하여 국권을 회복하는 데 있었다. 이러한 교육운동은 국권상실에 대한 자기반성에서 시작되었다고 볼 수 있다. 즉 국권상실의 가장 큰 책임은 나라를 지킬 힘을 갖지 못한 우리 스스로에게 있다고 보고, 실력 양성만이 국권회복을 할 수 있는 길이라는 자강독립론을 주장하였다. 이 독립자강론은 교육자 강론, 식산자강론, 정신자강론 등의 방법론으로, 한말에 강화학파를 비롯한 많은 지식인들의 지론이었다. 교육자강론은 문명교육과 실업교 육, 애국교육을 통해 부국강병을 이루어 독립을 쟁취하자는 것이다. 이는 강화학파가 추구해 온 민족의 주체성과 민족정신에 터전한 것으로 양명학 양지의 자기 실현의 모습으로 이해할 수 있다.

이건승이 발표한 「계명의숙 취지서」에 담겨 있는 내용을 보면 국민은 모두 교육을 받아야 한다(의무교육), 국권을 회복하려면 국민 모두가 신학문을 배우고 익혀야 한다, 우리가 나라를 잃은 것은 국민을 교육하지 않은 데 있다, 지금 서양의 부강은 전적으로 인재를 교육한 데 있다, 오늘날과 같이 서구와 아시아가 혼처하고 있는 시대에는 교육을 행하지 않으면 멸망할 수밖에 없다고 하였다. 이건승을 중심으로 한 강화학파의 이러한 교육구국운동에의 꿈은 1910년, 국권을 강탈 당하자 허망하게 무너지고 말았다. 이에 국내에서의 활동을 중단하고 망명길에 올랐던 것이다.

그들의 망명생활은 곤궁하기 그지 없었고, 나이가 이미 노령에 접어든 그들로서는 이 같은 생활을 이겨내기가 쉽지 않았다. 움집 같은 집에서 만주의 혹한을 견디며, 만주 특유의 수질이 가져다준 수토병에 시달려야 했다. 비록 망명한 처지라도 본인이 원한다면 국내에 그 같은 곤궁한 생활에서 벗어날 수 있는 좋은 배경을 가지고 있었음에도 불구하고 끝까지 이 생활을 고집한 것은 나라 잃은 망국인으로서 스스로 택한 고난의 길이었고, 또 양명학적인 결백성에 기인한 것이 아닌가 하는 생각이 든다.

어려운 생활 속에서도 구국의 의지를 꺾지 않았으나 노령과 밀려드는 병마에 홍승원(1916), 이건승(1924), 정원하(1925)가 망명지에서 차례로 세상을 떠났다. 이건승은 이건방의 손에 의해 고향인 사기리에 그의 조부 이시원의 묘 옆에 안장되었다. 난곡은 이건승을 장례지내며 "그 뜻이 진실로 애달프고 슬프기는 해도, 하늘을 우러르고 땅을 굽어보아 부끄러울 게 없이 호연하게 스스로 수행하였으니 공에게야 무슨 한이 있겠습니까.…… 아 공을 슬퍼할 것이 없으리이다. 나 또한 공을 슬퍼할 것이 못 되오.……"라며 나라 잃은 슬픔과 그의 애국의지를 칭송하였다. 그들의 애국구국정신은 이건방에서 위당으로 전승되고, 그의 제자인 홍이섭, 민영규에게로 맥맥히 이어졌다.

05 에필로그

강화학파는 강화도라는 특별한 지역정체성을 가진 토양에 뿌리를 내리고 성장한 학파다. 강화도는 우리나라 역사의 애환을 압축해서 담고 있는 곳이며 수차례에 걸린 외침 속에서 나라를 지켜온 호국의 본 고장이기도 하다. 강화학이 이 곳과 인연을 맺은 것은 하곡 정제두가 강화로 이주한 것으로부터 비롯된다. 하곡은 양란 이후 국가통치이념으로서 자정능력自淨能力을 상실한 성리학을 대신할 새로운 학문으로서 양명학을 수용하고 이를 집대성하여 조선조 양명학의 개조가 되었다. 그의 학문은 아들 정후일, 손서 이광명과 신대우로 이어져 정·이·신 씨 가문을 중심으로 250여 년간 가학으로 전승, 발전하여 독특한 학맥을 이루었다.

강화학은 강화도의 호국적인 지역 정체성과 소론계통 가학의 한계성을 가지고 다양한 모습과 독특한 학풍을 형성하였다. 양명학의 심학을 중심으로 발전한 강화학은 학문의 궁극적인 방향을 양명학적인 양지養知의 자기 실현에 두었다. 이러한 학풍은 조선후기의 실학 형성에 중요한 영향을 주었는데, 특히 강화학파가 사상적으로 성리학의 교조적이고 폐쇄적인 학풍에 도전하여 학문의 다양성을 추구한 점, 우리 것을 연구하고 찾고자 하는 민족주의적 국학 연구에 많은 업적을 남긴 점 등이 실학으로 계승·발전되었고, 이것들은 두 학파가 공유하고 있는 공통점이라 하겠다. 이러한 면에서 조선후기 실학의 생성과 발전에 강화학이 기여한 역할을 가늠해 볼 수 있다.

한편 강화학파는 한말, 국가의 망국 과정에서 항일독립운동의 주축이 되어 민족주의 사관을 확립, 민족의식의 정신적 지주가 되고 애국교육운동을 전개하며 국민계몽에 앞장섰다. 망국 후에는 대부분의 인물이 자결하거나 망명, 순국하는 길을 택하였다. 이들의 역사적 학맥은 위당 정인보로 이어져 민족의 주체성과 민족정신을 추구하고 민족주의 이념을 확립하는 데 중요한 역할을 하였다. 강화학파의 고고한 행적과 꺾이지 않는 민족정신은 후에 수많은 사람들에게 독립에 대한 희망과 확신을 심어주어 국권회복의 중요한 바탕이 되었다.

나는 강화를 찾아 강화학파의 학맥을 더듬으며 정제두의 현실론에 터전한 개혁을 향한 노력, 신작의 학문에 대한 집념, 이긍익의 객관적이고 공정한 역사 서술자세, 이시원의 외세침략에 맞선 순국의 의기, 이건창의 주체적인 구국방략, 이건승의 고고한 의기 등을 보면서 우리가 간직할 고귀한 역사적인 자산을 갖고 있음에 다시 한 번 기뻐하였다. 그러면서 이것이 가치의 혼돈 속에 빠져 국가경영의 방향성을 상실하고 있는 오늘날의 지도자들에게 훌륭한 역사적인 교훈이 되어주기를 기대하여 보았다. 이 글을 쓰는 데 많은 자료(『난곡존고蘭谷存稿』, 『전주이씨덕천군파족보全州李氏德泉君派族譜』 등)를 제공해준 난곡의 증손 명주 군이 유명을 달리하여 이 책을 보지 못하게 된 안타까움을 전하며 그의 명복을 빈다.

전주이씨 덕천군파 가계도(강화학파를 중심)

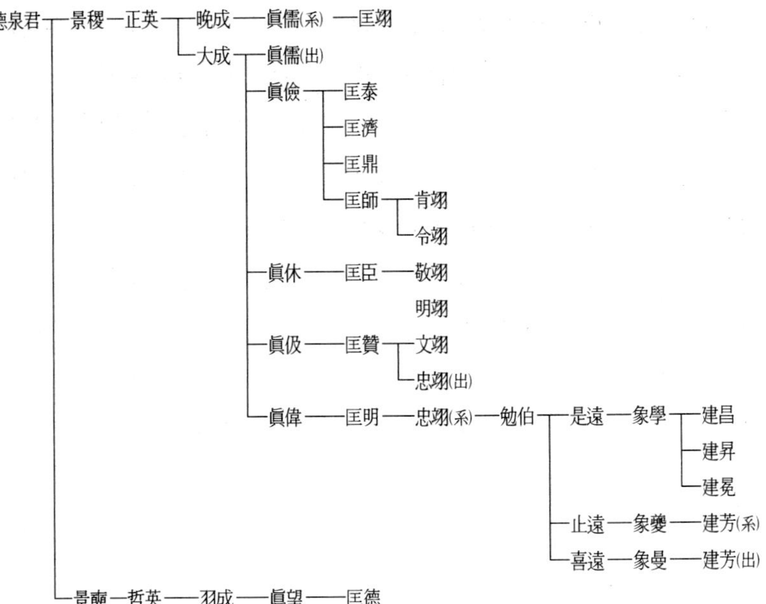

참고문헌

『조선왕조실록』

『하곡집』, 민족문화추진위원회(국역본).

『난곡존고』, 청구문화사, 1971(영인본).

『전주이씨 덕천군파 족보』.

민영규, 『강화학 최후의 광경』, 우양, 1994.

윤병석, 「이광명의 생애와 『이쥬풍쇽통』에 대하여」, 『어문연구』, 1977.

서경숙, 「원교 이광사의 양명학」, 『양명학』 3, 1999.

박경자, 「수산 이종휘」, 『숙대 원우총론』, 1983.

송석준, 「한말 전환기 사상과 양명학」, 『양명학』 5.

심경호, 「다산 정약용과 석천 신작의 교유에 대하여」, 『연민학지』 1993.

심경호, 「19세기말 20세기 초 강화학파의 지적 고뇌와 문학」, 『어문론집』, 2000.

심경호, 「항재 이광신론」, 『진단학보』, 1997.

심경호, 「강화학과 담원 정인보」, 『어문연구』 107, 2000.

박광용, 「강화학파의 인물과 사상」, 『황해문화』 10, 1996.

박준호, 「초원 이충익의 생애와 시」, 『한문학 연구』 9, 1994.

김재명, 「넝마에 묻힌 어느 귀골의 이력」, 『정경문화』 232, 1984.

유준기, 「강화학파의 학맥과 사상사적 전개」, 『국사관논총』, 1989.

김기승, 「이건창의 생애에 나타난 척사와 개화의 갈등」, 『순천향인문과학논총』, 1998.

송석준, 「영재 이건창의 심학사상」, 『유학연구』 2, 충남대, 1994.

조철제, 「이건창과 박은식의 양명학」, 인하대 대학원 석사학위논문, 1986.

김기락, 「조선조 후기 양명학에 있어서 근대정신의 형성과 전개」, 『유학연구』 1, 충남대, 1993.

이용규, 「영재 이건창 사상연구」, 동국대 교육대학원 석사학위논문, 1999.

강화역사문화연구소, 『하곡정제두 그의 연보와 행장』, 2003.

강화역사문화연구소, 『정제두실록』, 1996.

이상호, 「정인보의 양명철학연구」, 계명대 대학원 석사학위논문, 1998.

서경숙, 『강화학파의 양명학에 관한 연구』, 성균관대 대학원 박사학위논문, 2001.

금장태, 「하곡 정제두의 심학과 경학」, 『종교학연구』 17, 서울대, 1998.

김길환, 『한국 양명학 연구』, 일지사, 1981.

윤남한, 『조선시대의 양명학 연구』, 집문당, 1982.

부록

삼별초 관련 연표

고려조	서기	사적
의종 24	1170	정중부 이의방 집권 무신정권 시작
명종 9	1179	경대승 정중부를 죽이고 집권
명종 13	1183	경대승 병사
명종 14	1184	이의민 집권
명종 26	1196	최충헌이 이의민 죽이고 집권
신종 3	1200	최충헌 사저에 도방 설치
고종 6	1219	조충 김취려 몽골과 강동성 함락, 몽골이 강화를 청해 옴, 최우 집권
고종 12	1225	몽골 사신 저고여 압록강 부근에서 피살, 최우 사저에 정방 설치
고종 18	1231	몽골군 침입(살리타이), 몽골과 강화
고종 19	1232	강화도로 천도, 몽골군 침입, 살리타이 처인성에서 사살(김윤후)
고종 36	1249	최우 죽음, 최항이 집권
고종 44	1257	최항 죽음, 최의 집권
고종 45	1258	유경 등 최의 죽이고 왕정복고
고종 46	1259	고종 죽음
원종 1	1260	태자 몽골에서 귀국 즉위
원종 11	1270	삼별초 해산령, 배중손이 삼별초 이끌고 항쟁 선언, 삼별초군 진도 웅거 삼별초군 제주도 장악
원종 12	1271	김방경 몽골군과 진도 함락, 승화후 온 사망, 삼별초 제주도로 이동
원종 14	1273	김방경 몽골군 탐라 공격 함락, 김통정 죽음

광해군光海君 연보年譜

조선조	서기(나이)	사적
선조 8	1575(1)	태어남, 동서 분당
선조 23	1590(16)	일본 통신사 황윤길 김성일 파견
선조 25	1592(18)	임진왜란 일어남, 왕세자로 책봉, 선조 파천, 광해군 분조 활동
선조 26	1593(19)	조명연합군 평양 탈환, 명군 벽제관에서 패퇴, 권율 행주산성 대첩
선조 30	1597(23)	정유재란, 이순신 명량해전 승리
선조 31	1598(24)	이순신 노량해전대첩(이순신 순국), 임진왜란 종전
선조 35	1602(28)	선조 인목왕후 맞이함, 정인홍 대사헌에 임명
선조 41	1608(34)	선조 돌아감, 광해군 즉위, 유영경 사약
광해군 1	1609(35)	일본과 기유약조 체결
광해군 2	1610(36)	동의보감 완성,
광해군 3	1611(37)	정인홍이 이황 등 비판
광해군 5	1613(39)	계축옥사(7서의 옥), 김제남 사약, 폐모논의 부각
광해군 6	1614(40)	영창대군 강화부사 정항에 의해 죽음
광해군 8	1616(42)	후금(누루하치) 건국
광해군 10	1618(44)	후금 명 공략 푸순撫順 함락, 명의 원병 요청 거부
광해군 11	1619(45)	도원수 강홍립이 이끈 조선군 파병, 명군패전 조선군 투항
광해군 13	1621(47)	명의 원병 요청, 명장 모문룡 조선에 들어옴
광해군 14	1622(48)	모문룡 가도에 웅거
광해군 15	1623(49)	인조반정, 광해군 폐위, 광해군 강화도 위리안치
인조 2	1624(50)	광해군 태안으로 위리안치(이괄 난), 난후 강화로 옮김
인조 5	1627(53)	정묘호란 일어남, 광해군 교동도로 일시 옮김
인조 6	1628(54)	광해군 유효립 반란사건으로 곤욕 치름
인조 14	1636(62)	병자호란 일어남, 광해군 교동도로 옮김
인조 15	1637(63)	인조 청태종에게 항복, 광해군 제주도로 위리안치
인조 19	1641(67)	광해군 유배지 제주도에서 돌아가다
인조 22	1644	명나라 멸망

서계西溪 박세당 朴世堂 연보年譜

조선조	서기(나이)	사적
인조 7	1629(1)	남원에서 태어남
인조 10	1632(4)	부친 상
인조 19	1641(19)	정사무(고모부)에게 수업
인조 23	1645(23)	결혼(남일성 딸)
인조 26	1648(20)	장남 태유 출생
인조 27	1649(21)	모친상
효종 1	1650(22)	조모상
효종 5	1654(26)	차남 태보 태어남
현종 1	1660(32)	생원시 초시 수석, 회시 2등, 증광과 장원
현종 3	1662(34)	사간원 정원 임명
현종 5	1664(36)	황해도 어사 임명
현종 7	1666(38)	부인 남씨 상
현종 9	1668(40)	중국사신 서장관으로 임명, 연경으로 출발
현종 10	1669(41)	귀국 청에 대한 정세보고
현종 11	1670(42)	통진현감 임명, 이조좌랑 임명
숙종 2	1676(48)	『색경』 초고 완성
숙종 4	1678(50)	부인 정씨[繼室] 상
숙종 5	1679(51)	궤산정 완성
숙종 6	1680(52)	승정원 동부승지 임명, 대학 사변록 완성
숙종 7	1681(53)	이조참의 임명, 대사간 임명
숙종 12	1686(58)	장남 태유 사망
숙종 13	1687(59)	중용 사변록 완성
숙종 14	1688(60)	논어 사변록 완성
숙종 15	1689(61)	맹자 사변록 완성, 차남 태보 사망
숙종 17	1691(63)	상서 사변록 완성
숙종 21	1695(67)	공조판서 임명
숙종 24	1698(70)	대사헌 임명
숙종 25	1699(71)	예조판서 임명
숙종 26	1700(72)	이조판서 임명
숙종 29	1703(75)	옥과로 귀양, 사망

하곡霞谷 정제두 鄭齊斗 연보年譜

조선조	서기(나이)	사적
인조 27	1650(1)	한성부 반석방 저택에서 태어남
효종 4	1653(5)	부친 상
현종 5	1664(16)	조부 상
현종 6	1667(17)	파평 윤씨 부인으로 맞이함
현종 9	1670(20)	별시로 초시합격
현종 12	1671(23)	아들 후일(厚一) 태어남
		부인 윤씨 상
현종 15	1674(26)	남양 서씨 부인으로 맞이함
숙종 10	1684(36)	공조좌랑에 임명
숙종 14	1688(40)	평택현감에 임명
숙종 17	1691(43)	부친묘를 강화로 이장
숙종 20	1694(46)	모친 상
숙종 22	1696(48)	서연관에 선출
숙종 26	1700(52)	부인 서씨 상
숙종 33	1707(59)	사복시정에 임명
숙종 34	1708(60)	사헌부집의에 임명
숙종 35	1709(61)	강화 하곡으로 이사
		통정대부 호조참의에 임명
숙종 36	1710(62)	강원도 관찰사에 임명
숙종 45	1719(71)	가선대부로 승진
		동지중추부사에 임명
경종 1	1721(73)	경학집요 편찬
경종 2	1722(74)	사헌부 대사헌에 임명
		이조참판에 임명
영조 3	1727(79)	사헌부 대사헌에 임명
영조 4	1728(80)	자헌대부로 승급
영조 10	1734(86)	숭정대부 의정부 우찬성에 임명
영조 12	1736(88)	세자이사에 임명
		사망